ZETA

Título original: *Castille for Isabella*
Traducción: Isabel Ugarte
1.ª edición: febrero 2010

© 1994 Mark Hamilton, albacea literario de la exinta E.A.B. Hibbert
© Ediciones B, S. A., 2010
   para el sello Zeta Bolsillo
   Bailén, 84 - 08009 Barcelona (España)
   www.edicionesb.com

Printed in Spain
ISBN: 978-84-9872-318-2
Depósito legal: B. 879-2010

Impreso por LIBERDÚPLEX, S.L.U.
Ctra. BV 2249 Km 7,4 Polígono Torrentfondo
08791 - Sant Llorenç d'Hortons (Barcelona)

LOS REYES CATÓLICOS I
Castilla para Isabel

JEAN PLAIDY

ZETA

1

La huida a Arévalo

El Alcázar se alzaba en lo alto de un risco desde donde se podían ver a lo lejos los picos de la Sierra de Guadarrama y la llanura, regada por el río Manzanares. Era una imponente masa de piedra que había ido elevándose en torno a lo que una vez fuera una poderosa fortaleza erigida por los moros cuando conquistaron España. Ahora, era uno de los palacios de los reyes de Castilla.

Ante una de las ventanas del palacio, una niña de cuatro años permanecía inmóvil, mirando los picos coronados de nieve de las montañas, a lo lejos, sin que la impresionara sin embargo la magnificencia del paisaje, pues estaba pensando en lo que sucedía del lado de adentro de las murallas de granito.

La pequeña tenía miedo, pero no lo traslucía. Sus ojos azules eran serenos; aun siendo tan pequeña, había aprendido ya a ocultar sus emociones, y sabía que el miedo era lo que más había que esconder.

En el palacio sucedía algo extraordinario, y, además, muy alarmante. Isabel se estremeció.

En los aposentos reales se habían producido muchas idas y venidas, y la niña había oído cómo los mensajeros que atravesaban presurosos los patios se detenían para hablar en susurros con otras personas que estaban en los salones y sacudían la cabeza como si presintieran un horrible desastre, o presentaban ese aire de inquietud que

—ella ya lo sabía— significaba que tal vez fuesen portadores de malas noticias.

No se atrevía a preguntar qué era lo que sucedía, porque una pregunta así podría provocar un reproche que sería una afrenta a su dignidad. Y ella debía recordar constantemente su dignidad, decía su madre.

—Recuerda siempre —había dicho más de una vez la reina Isabel a su hija—, que si tu hermanastro Enrique muriera sin dejar herederos, tu hermanito Alfonso sería Rey de Castilla; y si Alfonso muriera sin dejar descendencia, tú, Isabel, serías reina de Castilla. El trono sería tuyo de derecho, y que la desgracia caiga sobre quien intentara arrebatártelo.

La pequeña Isabel recordaba que su madre había sacudido los puños firmemente cerrados, que todo el cuerpo se le había estremecido y que ella había sentido deseos de gritar: "Por favor, Alteza, no habléis de esas cosas", pero no se había atrevido. Tenía miedo de todo lo que pudiera alterar a su madre, porque cuando la reina se alteraba aparecía en ella algo terrorífico.

—Piensa en eso, hija mía —seguía diciéndole—. Es algo que nunca debes olvidar. Y cuando te sientas tentada de obrar de un modo que no sea el mejor, pregúntate a ti misma si eso es digno de quien puede ser un día reina de Castilla.

—Sí, Alteza, lo recordaré —contestaba siempre Isabel en esas ocasiones—. Lo recordaré.

Habría prometido cualquier cosa con tal de que su madre dejara de sacudir los puños, con tal de no ver en sus ojos esa mirada enloquecida.

Y por eso lo tenía siempre presente, porque cada vez que sentía la tentación de perder los estribos, o incluso de expresarse con demasiada libertad, se le aparecía la imagen de su madre cuando era presa de esas aterradoras actitudes histéricas, y no necesitaba nada más para dominarse.

Jamás permitía que su abundante pelo castaño estuviera en desorden, sus ojos azules se mantenían siempre serenos, y ya estaba aprendiendo a caminar como si llevara una corona sobre la cabeza.

—La infanta Isabel es muy buena —decían los sirvientes en el cuarto de los niños—, pero sería más natural si aprendiera a ser un poco humana.

—Yo no tengo que aprender a ser humana. Lo que debo aprender es a ser reina, porque a eso puedo llegar un día —habría podido explicarles Isabel, si hacerlo no hubiera menoscabado su dignidad.

En ese momento, a pesar de lo ansiosa que estaba por saber el motivo de la tensión que se percibía en el palacio, y de tantas idas y venidas, de tantas miradas expectantes en los ojos de cortesanos y mensajeros, no preguntó nada: se limitó a escuchar.

Escuchando se conseguía mucho. Isabel no había visto el fin del gran Álvaro de Luna, el amigo de su padre, pero había oído que lo pasearon por las calles, vestido como un delincuente común, y que el pueblo, que antes lo odiaba tanto que había pedido su muerte, había vertido lágrimas al ver caído a un hombre semejante. Había oído hablar de la forma en que subió al cadalso, con su porte sereno y la misma dignidad que exhibía cuando llegaba al palacio a entrevistarse con el padre de Isabel, el Rey de Castilla. Sabía que el verdugo había hundido el cuchillo en la orgullosa garganta para seccionar esa noble cabeza, sabía que habían cortado el cadáver en pedazos, para que al verlo el pueblo se estremeciera, para que recordaran cuál era el destino de quien, poco tiempo atrás, fuera el más querido amigo del rey.

Si uno escuchaba, todas esas cosas se podían saber.

—Todo fue cosa de la reina —comentaban los sirvientes—. El rey... vaya, sí, el rey habría revocado la sentencia en el último momento, sí, pero..., no se atrevió a ofender a la reina.

En ese momento, Isabel había sabido que no era ella la única que se sentía atemorizada por los extraños estados de ánimo de su madre.

La niña amaba a su padre, el más bondadoso de los hombres. Juan II quería que su hija estudiara sus lecciones para poder, como él decía, apreciar las únicas cosas que valían la pena en la vida.

—Los libros son los mejores amigos, hija mía —le decía—. Yo lo he aprendido demasiado tarde; ojalá lo hubiera sabido antes. Pienso, hija, que tú serás una mujer prudente, por eso, cuando te confío este conocimiento mío, sé que lo recordarás.

Como era su costumbre, Isabel escuchaba con gravedad. Quería ayudar a su padre, que parecía tan fatigado. Sentía que ambos compartían un miedo del cual ninguno de los dos hablaría jamás.

Isabel se prometía ser buena, se prometía hacer todo lo que se esperaba de ella, por temor a disgustar a su madre.

Le parecía que su padre, el Rey, hacía lo mismo; hasta podía enviar al cadalso a su amigo más querido, Álvaro de Luna, porque su mujer se lo exigía.

Con frecuencia, la niña pensaba que si su madre hubiera sido siempre tan dulce y serena como podía mostrarse a veces, todos habrían sido muy felices. Isabel amaba tiernamente a su familia. Era tan grato, pensaba, tener un hermanito como Alfonso, que indudablemente era el niño más bueno del mundo, y un hermanastro que era siempre tan encantador con su pequeña hermanastra...

Deberían haber sido felices, y podrían haberlo sido muy fácilmente, de no haber sido por ese miedo siempre presente.

—¡Isabel!

Era la voz de su madre, en la que vibraba levemente la aspereza de esa nota estridente que despertaba siempre las señales de alarma en el ánimo de Isabel.

La niña se volvió sin prisa, y vio que su gobernanta y las sirvientas se retiraban con discreción. La reina de Castilla les había indicado que deseaba estar a solas con su hija.

Lentamente, y con toda la dignidad que podía desplegar una criatura de cuatro años, Isabel se acercó a la reina y se inclinó hasta el suelo en una graciosa reverencia. En la corte la etiqueta era rígida, incluso dentro del círculo familiar.

—Mi querida hija —murmuró la reina y, mientras la niña se levantaba, la abrazó fervientemente. La pequeña, aplastada contra el corpiño recamado de pedrería, soportó su incomodidad, pero sintió que el miedo se hacía más intenso. Esto, pensó, es algo realmente terrible.

Finalmente, la reina aflojó el violento abrazo con que retenía a la pequeña y la separó de sí, sin soltarla. La observó con atención, y los ojos se le llenaron de lágrimas. Aquellas lágrimas eran un signo alarmante, casi tan alarmante como los ataques de risa.

—Tan pequeña, sólo cuatro años, mi querida Isabel, y Alfonso no es más que un niño aún en la cuna.

—Alteza, es muy inteligente. Debe de ser el niño más inteligente de toda Castilla.

—Pues lo necesitará. ¡Pobres..., pobres hijos míos! ¿Qué será de nosotros? Enrique ya buscará la manera de librarse de nosotros.

¿Enrique?, se preguntó Isabel. ¡El bondadoso, el jovial Enrique, que siempre tenía dulces para ofrecer a su hermanita, y que la levantaba en brazos y la hacía cabalgar sobre sus hombros, diciéndole que algún día sería una mujer muy bonita! ¿Por qué habría de querer Enrique librarse de ellos?

—Voy a decirte una cosa —prosiguió la reina—. Estaremos preparados... No debes sorprenderte si te digo que hemos de partir sin demora. Y será pronto. No podemos demorarnos más.

Isabel esperó, temiendo hacer otra de esas preguntas que podían valerle una reprimenda. La experiencia le enseñaba que si esperaba y atendía, muchas veces podía descubrir tanto como haciendo preguntas, y en ocasiones más.

—Es posible que tengamos que partir de un momento a otro... ¡De un momento a otro!

La reina empezó a reírse, pero seguía teniendo los ojos llenos de lágrimas. Silenciosamente, Isabel rogó a los santos que no se riera tanto que no pudiera detenerse.

Pero no, no iba a haber otra de esas escenas terroríficas. La reina dejó de reírse y se llevó un dedo a los labios.

—Manténte alerta —le dijo—. Seremos más astutas que él —y acercó el rostro al de la pequeña—. Él jamás tendrá un hijo —continuó—. Nunca..., ¡jamás! —de nuevo estaba próxima a esa risa aterradora—. Es por la vida que ha llevado. Ésa es su recompensa, y bien que se la merecía. Pero no importa, ya nos llegará el turno. Mi Alfonso subirá al trono de Castilla..., y si por algún azar él no llegara a la edad viril, siempre está mi Isabel. ¿No es verdad, eh? ¿No es verdad?

—Sí, Alteza —murmuró la pequeña.

Su madre le tomó entre el pulgar y el índice la mejilla regordeta, y se la pellizcó con tanta fuerza que a la niña se le hizo difícil impedir que las lágrimas acudieran a sus ojos azules. Pero ella sabía que la intención era la de un gesto de afecto.

—Manténte alerta —insistió la reina.

—Sí, Alteza.

—Ahora debo volver con él —anunció su madre—. ¿Cómo puede una saber qué es lo que se trama a sus espaldas, eh? ¿Cómo se puede?

—Verdaderamente, Alteza —respondió Isabel, obediente.

—Pero tú estarás preparada, Isabel mía.

—Sí, Alteza, lo estaré.

Otro abrazo, tan vehemente que era difícil no dejar escapar un grito de protesta.

—No tardará mucho —dijo la Reina—. Ya no puede tardar mucho. Manténte preparada y no te olvides.

Isabel hizo un gesto de asentimiento, pero su madre volvió a la tan repetida frase:

—Un día, tú puedes ser reina de Castilla.

—Lo recordaré, Alteza.

De pronto, la reina pareció calmarse. Se dispuso a partir, y una vez más su hijita la saludó con una reverencia.

Isabel tenía la esperanza de que su madre no entrara en la habitación donde el pequeño Alfonso dormía en su cuna. La última vez que su madre le había abrazado con tanta vehemencia, su hermanito había gritado. Pobre Alfonso, cómo se podía esperar que supiera que jamás debía protestar, que nunca debía hacer preguntas, sino limitarse a escuchar; pronto tendría edad suficiente para que le dijeran que algún día podría ser rey de Castilla pero, por ahora, no era más que un bebé. Cuando se quedó sola, la pequeña Isabel aprovechó la oportunidad para colarse en el cuarto en el que se encontraba su hermanito. Era obvio que el niño no percibía la tensión imperante en el palacio. Pataleaba alegremente en su cuna, y gorjeó de placer al ver aparecer a su hermana.

—Alfonso, hermanito —murmuró Isabel.

El niño se rió, mirando a su hermana, y pataleó·con más fuerza.

—¿Tú no sabes, verdad, que algún día podrías ser rey de Castilla?

Furtivamente, Isabel se inclinó sobre la cuna para besar a su hermano. Con cautela, miró a su alrededor. Nadie había advertido su pequeña debilidad, y la niña se excusó ante sí misma por haber traicionado su emoción. Alfonso era un bebé muy bonito, y ella le quería muchísimo.

La reina de Castilla estaba arrodillada junto al lecho de su marido.

—¿Qué hora es? —preguntó él, y mientras su mujer se apartaba las manos de la cara, prosiguió—: Pero, ¿qué importa la hora? La mía ha llegado ya, y es ahora el momento de las despedidas.

—¡No! —clamó la reina, y el enfermo advirtió la creciente nota de histeria en su voz—. La hora todavía no ha llegado.

El Rey volvió a hablar suavemente, compasivo.

—Isabel, Reina mía, no debemos engañarnos. ¿De qué nos serviría? En breve habrá nuevo Rey en Castilla, y vuestro marido, Juan II, empezará a convertirse en un recuerdo..., y no muy feliz para Castilla, me temo.

Ella había empezado a dar golpecitos sobre la cama con el puño cerrado.

—No debéis morir aún, todavía no. ¿Qué será de los niños?

—Los niños, sí —asintió el Rey—. No os excitéis, Isabel. Yo me ocuparé de que se cuide de ellos.

—Alfonso... —murmuró la Reina— todavía está en la cuna. Isabel... ¡acaba de cumplir cuatro años!

—Tengo puestas grandes esperanzas en nuestra enérgica Isabel —declaró el Rey—. Y también está Enrique, que será un buen hermano para ellos.

—¿Así como ha sido buen hijo para su padre? —preguntó ásperamente la reina.

—No es éste un momento para recriminaciones, esposa mía. Bien puede ser que hubiera fallos por ambas partes.

—Sois..., sois blando con él..., muy blando.

—Soy un hombre débil, y estoy en mi lecho de muerte, lo sabéis tan bien como yo.

—Siempre fuisteis blando con él..., como con todos. Aun cuando os encontrábais bien, os dejásteis gobernar.

El Rey levantó débilmente la mano, pidiendo silencio, y prosiguió:

—Creo que el pueblo está satisfecho. Creo que está deseando feliz despedida a Juan II y dando la bienvenida a Enrique IV, en la esperanza de que sea mejor Rey de lo que fue su padre. Pues bien, esposa mía, en eso es posible que tengan razón, porque mucho y muy lejos tendrían que buscar para hallar uno peor.

Empezó a toser, y los ojos de la Reina se dilataron de espanto, aunque hizo un esfuerzo por dominarse.

—Descansad —clamó—. Por todos los santos, descansad.

Su temor era que el Rey se muriera antes de que ella hubiera hecho sus planes. Isabel desconfiaba de su hijastro Enrique. Parecía de buena disposición, una especie de réplica menos intelectual y más voluptuosa de su padre, pero se dejaría manejar por los favoritos, que no tolerarían fácilmente que hubiera rivales al trono, e insistirían en que, si Enrique no satisfacía a sus súbditos, ellos se congregarían en torno a los pequeños Alfonso e Isabel. Es decir, que había que estar alerta.

La Reina no confiaba en nadie, y estaba cada vez más decidida a lograr que su hijo heredara el trono. ¿Qué haré?, se preguntó, mientras de nuevo empezaba a golpear con el puño sobre la cama. ¡Yo, una débil mujer, rodeada por mis enemigos! Sus ojos desesperados se posaron sobre el moribundo que yacía en la cama.

Juan no debía morirse mientras ella no estuviera preparada para lo que significaba su muerte. Debía seguir siendo Rey de Castilla hasta que Isabel estuviera en condiciones de llevarse a sus hijos de Madrid.

Se irían a un lugar donde pudieran vivir en paz, donde no existiera el peligro de que les deslizaran en el plato o en la bebida un bocado envenenado, donde fuera imposible que un asesino se introdujera a hurtadillas en el dormitorio de los niños para sofocarlos con una almohada mientras dormían. Debían irse a un lugar donde pudieran esperar el momento oportuno —y la Reina estaba segura de que llegaría— en que se pudiera despojar a Enrique del trono para que, triunfantes, el pequeño Alfonso o Isabel se convirtieran en Rey o Reina de Castilla.

El rey Juan volvió a recostarse sobre las almohadas mientras observaba a su mujer.

Pobre Isabel, pensó, ¿qué será de ella, contaminada ya por el terrible flagelo que azota a su familia? Había una vena de locura en la casa real de Portugal; por el momento, la enfermedad no se había apoderado completamente de Isabel, su Reina, pero de vez en cuando se advertían indicios de que tampoco la había pasado por alto.

Aunque hubiera sido un mal Rey, Juan no era en modo alguno estúpido, y en ese momento se preguntaba si sus hijos habrían heredado la tendencia a la locura.

Todavía no se advertía signo alguno. En Isabel no asomaba nada de la histeria de su madre, rara vez se encontraba una criatura más serena que su inconmovible hijita. ¿Y el pequeño Alfonso? Todavía era muy pequeño para decir nada, pero parecía un niño normal y feliz.

El rey rogaba que la terrible enfermedad mental los hubiera perdonado, y que Isabel no hubiera aportado su tara a la casa real de Castilla, en detrimento de las futuras generaciones.

Jamás debería haberse casado con Isabel. ¿Por qué lo había hecho? Porque era débil, porque se había dejado llevar por otros.

A la muerte de María de Aragón, la madre de Enrique, naturalmente había sido necesario que Juan buscara nueva esposa, y el Rey había creído que sería un gesto admirable aliarse con los franceses. Además, había pensado en casarse con una hija del Rey de Francia, pero su querido amigo y consejero, Álvaro de Luna, había pensado de otra manera. Le dijo que él consideraba ventajoso para Castilla —y para sí mismo, pero eso no lo mencionó— establecer una alianza con Portugal.

¡Pobre y extraviado De Luna! Poco se imaginaba lo que habría de significar para él ese matrimonio.

Una sonrisa asomó a los labios del rey moribundo al recordar a De Luna en los primeros días de su amistad con él. Álvaro había llegado a la corte como paje, apuesto y atractivo, de personalidad deslumbrante. Era tan hábil como diplomático, tan airoso como cortesano, y Juan había caído inmediatamente bajo su hechizo. Lo único que pedía era permanecer en la corte y, a cambio del placer que le daba la compañía de ese hombre, Juan le había concedido todos los honores que ambicionaba. De Luna no sólo había sido Gran Maestre de Santiago, sino también Condestable de Castilla.

Oh, sí, pensaba Juan, he sido un mal Rey, pues me entregué por completo a los placeres. No tuve aptitudes de estadista, y tanto más criminal fue mi comportamiento cuanto que no era un estúpido y tenía ciertas inclinaciones intelectuales. No tengo la excusa de la incapacidad para gobernar; si fracasé, fue por indolencia.

Pero mi padre, Enrique III, murió demasiado joven, y yo quedé, siendo aun menor, como Rey de Castilla. Hubo un regente que gobernó en mi lugar, ¡y qué bien lo hizo! Tan bien que hasta eso me sirvió de excusa para entregarme al placer y despreocuparme del gobierno de mi país.

Pero lamentablemente había llegado el día en que Juan tuvo la edad necesaria para ser, y no sólo de nombre, Rey de Castilla. Joven, apuesto, versado en las artes, se había encontrado con que había muchas cosas que le interesaban más que gobernar un reino.

Había sido frívolo y amante del esplendor, había llenado su corte de poetas y soñadores. Y él también era un soñador, tocado tal vez por la influencia morisca de su ambiente. Había vivido como un califa de leyenda árabe. Rodeado de sus amigos, se había sentado a leer poesía, había organizado coloridos espectáculos, y en compañía de su león nubio domesticado había paseado por los magníficos jardines del Alcázar de Madrid.

El esplendor del palacio era tan notorio como la extravagancia y la frivolidad del Rey. Y las penurias y la pobreza del pueblo iban de la mano con esta frivolidad. Se habían establecido impuestos para aumentar las rentas de los favoritos, y en el país cundían la privación y la miseria. Eran los resultados inevitables de su mal gobierno, y si el país se había visto desgarrado por la guerra civil, y su propio hijo Enrique se había vuelto en contra dé él, Juan se culpaba sólo a sí mismo, porque ahora, en su lecho de muerte, veía con más claridad en qué había fracasado.

Y junto a él había estado siempre su amigo Álvaro De Luna, que tras haber empezado su vida humildemente, no pudo resistirse a la tentación de alardear de sus posesiones, de hacer ostentación de poder. Se había enriquecido aceptando sobornos, y donde fuera iba rodeado de lacayos y ornamentos de una magnificencia tal que hacían sombra al séquito del Rey.

Hubo quien comentara que De Luna andaba en brujerías, y que a ellas se debía el poder que había alcanzado sobre el Rey. Una falsedad, se decía ahora Juan. Si había admirado al brillante y ostentoso cortesano, hijo ilegítimo de una noble familia aragonesa, era porque en Álvaro encontraba la fuerza de carácter de que él mismo carecía.

Juan era uno de esos hombres que parecen aceptar de buen grado la dominación de otros, y cuando accedió a la boda con Isabel de Portugal se había mostrado tan dócil como de costumbre.

Si ese matrimonio no le había aportado mucha paz, para De Luna había sido el vehículo del desastre, ya que la novia era una mujer de carácter fuerte, pese a su mal latente. ¿O fue simplemente la debilidad de él, y su miedo a los estallidos histéricos de Isabel?

—¿Quién es el Rey de Castilla? —le había preguntado ella—. ¿Vos o De Luna?

Juan procuró razonar con ella, le explicó qué buenos amigos habían sido siempre él y el condestable.

—Por supuesto, él os halaga —había sido la desdeñosa respuesta—. Os engatusa, como lo haría con el caballo que monta. Pero quien lleva las riendas es él, es él quien decide hacia qué lado iréis.

Fue durante el embarazo que culminó con el nacimiento de Isabel cuando empezó a acusarse la enfermedad de la Reina, y fue entonces cuando Juan empezó a sospechar que ella llevaba en su sangre la terrible amenaza. En su angustia, se dispuso a hacer cualquier cosa para calmarla, con tal de no tener que enfrentarse al miedo torturante de haber, tal vez, introducido la locura en la herencia de la regia sangre de Castilla.

Isabel había insistido con empeño hasta conseguir la caída de De Luna; ahora su marido se sentía amargamente avergonzado del papel que a él le había tocado y, aunque lo intentó, no pudo borrar esos pensamientos de su mente. Alguna perversidad de su ser próximo a la muerte lo obligaba a enfrentarse a la verdad de una manera como nunca se había enfrentado antes.

Recordó la última vez que había visto a De Luna, recordó la amistad que le había demostrado, hasta el punto de que el pobre Álvaro se había tranquilizado, diciéndose para sus adentros que nada le importaba la enemistad de la Reina mientras el Rey siguiera siendo su amigo.

Pero Juan no había salvado a su amigo. Aunque siguiera amándolo, lo había dejado ir hacia la muerte.

He ahí la clase de hombre que soy, pensó. Esa acción fue característica de Juan de Castilla. Los sentimientos que experimentaba hacia sus amigos eran cálidos, pero era demasiado indolente, demasiado cobarde para salvar al hombre a quien había amado más que a ningún otro. Había tenido miedo de las escenas de furia que lo habrían forzado a afrontar lo que no quería afrontar. De ese modo la reina, desde ese delicadísimo equilibrio entre cordura e insanía, había conseguido en pocos meses lo que los ministros del Rey venían planeando desde hacía treinta años: la caída de De Luna.

Juan sintió que los ojos se le llenaban de lágrimas al

pensar en la valiente marcha de Álvaro hacia el cadalso. Le habían hablado de la gallardía con que su amigo había ido hacia la muerte.

Y hasta el momento mismo de la ejecución, él —el Rey, que debería haber sido el hombre más poderoso de Castilla— había estado prometiéndose que salvaría a su amigo, había anhelado derogar la sentencia de muerte y devolver a De Luna a su antiguo favor. Pero no lo había hecho, porque tras haber sucumbido en una época al encanto de De Luna, se encontraba ahora bajo el dominio de la locura latente de su mujer.

Lo único que yo quería era paz, pensó el Rey moribundo. ¿Lo único? Nada había más difícil de encontrar en la turbulenta Castilla.

En su aposento cubierto de tapices, Enrique, el heredero del trono, esperaba que llegara la nueva de la muerte de su padre.

Sabía que el pueblo estaba ansioso por aclamarlo. Cuando recorría a caballo las calles, los oía gritar su nombre: estaban cansados del gobierno desastroso de Juan II y ansiaban dar la bienvenida a un nuevo Rey que pudiera introducir en Castilla una forma de vida nueva.

Enrique estaba impaciente por sentir el peso de la corona en su cabeza, y decidido a conservar la popularidad de que gozaba. Estaba seguro de que podría conseguirlo, ya que tenía plena conciencia de su encanto. Tranquilo y de buen carácter, tenía el arte de halagar a la gente, de encantarla de un modo infalible. Sin mostrarse condescendiente, condescendía a ser uno del pueblo, y en esa capacidad residía el secreto del amor que le profesaban.

Estaba resuelto a deslumbrar a sus súbditos, a reunir ejércitos y alcanzar victorias, a librar batalla contra los moros, que desde hacía siglos estaban en posesión de gran parte de España. Los moros eran los enemigos sempiternos, y hablándoles de llevar una campaña en contra de ellos siempre se podía encender el entusiasmo fervoroso de los orgullosos castellanos. Enrique organizaría desfiles y espectáculos que les hicieran olvidar sus penurias, procesiones que les cautivaran la vista. Su reinado sería el reinado continuo de la emoción y el colorido.

¿Y qué era lo que quería Enrique? Quería cada vez más placer, es decir, placeres nuevos. Pero no serían fáciles de encontrar, para un hombre de tanta experiencia erótica.

Mientras Enrique esperaba se le acercó Blanca, su mujer, que también estaba ansiosa. ¿Acaso, cuando llegara la noticia, no sería Reina de Castilla? Estaba deseosa de recibir el homenaje, de estar junto a Enrique y de jurar con él que servirían al pueblo de Castilla con todos los medios a su alcance.

Su marido le tomó la mano para besársela. No sólo era afectuoso en público: ni siquiera cuando estaban solos le demostraba su indiferencia.

Jamás se mostraba activamente agresivo, ya que hacerlo hubiera ido en contra de su naturaleza. En ese momento, la mirada de afecto que le dirigió enmascaraba el disgusto que ella empezaba a provocarle.

Hacía doce años que Blanca de Aragón era su esposa. Al principio Enrique había estado encantado de tomar mujer, pero ella no se parecía a él, era incapaz de compartir sus placeres, como lo hacían muchas de sus amantes. Además, como la unión había resultado estéril, Blanca ya no le servía.

Enrique necesitaba un hijo, y en ese momento más que nunca, de modo que últimamente había estado pensando qué curso de acción seguir para poner remedio a ese estado de cosas.

Era voluptuoso ya de muchacho, cuando no le habían faltado pajes, sirvientes y maestros que estimularan a un alumno muy bien dispuesto, pero siempre la exploración de los sentidos había sido para él más atractiva que el aprendizaje libresco.

Su padre era un intelectual que había llenado la corte de figuras literarias, pero él no tenía nada en común con hombres como Iñigo López de Mendoza, el marqués de Santillana —la gran figura literaria— o el poeta Juan de Mena.

Enrique se preguntaba qué habían hecho esos hombres por su padre. En el reino había imperado la anarquía y el Rey se había hecho impopular; en la guerra civil, una gran proporción de sus súbditos se había vuelto contra él. Juan II no podría haber logrado mayor impopularidad si hubiera perseguido el placer con el mismo tesón que ponía en ello su hijo.

Enrique estaba decidido a salirse con la suya y, al mirar a Blanca, decidió que, puesto que ella no era capaz de complacerlo, debía salir de su vida.

—Entonces, Enrique, el rey se está muriendo —dijo su esposa con voz suave.

—Así es.

—Es decir, que muy pronto...

—Sí, yo seré Rey de Castilla. El pueblo está impaciente por llamarme Rey. Si miráis por la ventana, veréis que ya están reuniéndose alrededor del palacio.

—Es muy triste.

—¿Es triste que yo sea Rey de Castilla?

—Es triste, Enrique, que sólo podáis llegar a serlo a causa de la muerte de vuestro padre.

—Mi querida esposa, a todos debe sobrevenirnos la

muerte. Terminado nuestro parlamento, debemos hacer una reverencia y salir de escena, para dar entrada al actor que nos sucede.

—Bien lo sé, y por eso estoy triste.

Enrique se acercó a ella y le rodeó los hombros con un brazo.

—Mi pobre y dulce Blanca —murmuró—, sois demasiado sensible.

Ella le tomó la mano y se la besó. Por el momento, Blanca se dejaba engañar por la suavidad de sus maneras. Más adelante se preguntaría tal vez qué era lo que él estaba pensando mientras la acariciaba. Enrique era capaz de decirle que ella era la única mujer a quien realmente amaba, en el momento preciso en que proyectaba deshacerse de ella.

Doce años de vida en común con Enrique habían hecho que Blanca lo conociera bien: era tan superficial como encantador, y sería una tonta si se dejara conmover por el solo hecho de que él le diera a entender que seguía ocupando un lugar importante en sus afectos. Bien sabía Blanca la vida que llevaba su marido; había tenido tantas amantes que le era imposible saber cuántas. Era posible que, en el momento mismo en que intentaba sugerirle que era un marido fiel, estuviera pensando en cómo seducir a alguna otra.

Últimamente, Blanca se sentía asustada. Era dócil y mansa por naturaleza, pero no era tonta, y la aterrorizaba la idea de que Enrique se divorciara de ella porque no habían llegado a tener un hijo y verse obligada a volver a la corte de su padre, en Aragón.

—Enrique —exclamó impulsivamente—, cuando seáis Rey, será muy necesario que tengamos un hijo.

—Sí —respondió él con una sonrisa pesarosa.

—Hemos sido tan desafortunados. Tal vez... —Blanca

titubeó. No se sentía capaz de decir: Tal vez si pasarais menos tiempo con vuestras amantes, tendríamos más éxito. Ya había empezado a preguntarse si Enrique era capaz de engendrar un hijo. Algunos decían que ése podía ser el resultado de una vida de desenfreno. Blanca apenas si podía visualizar vagamente lo que sucedía durante las orgías a las que se entregaba su marido. ¿Sería posible que la vida que había llevado lo hubiera dejado estéril?

Volvió a mirarlo, sin poder decidir si ella se lo imaginaba o si, realmente, la mirada de él se había vuelto un tanto furtiva. ¿Habría empezado ya a hacer planes para deshacerse de ella?

Por eso Blanca estaba asustada y se daba cuenta de que le sucedía con frecuencia, pero no se animaba a decir francamente lo que pensaba.

—En la corte de mi padre hay dificultades —dijo, en cambio.

Enrique asintió con la cabeza, haciendo una pequeña mueca.

—Parece que siempre hubiera dificultades cuando un Rey tiene hijos de dos esposas. Aquí mismo, entre nosotros, tenemos el ejemplo.

—Nadie podría evitar que os ciñerais la corona, Enrique.

—Mi madrastra hará todo lo que pueda, estad segura. Ya está haciendo planes para su pequeño Alfonso, y para Isabel. Es peligroso, cuando un Rey enviuda y se vuelve a casar... es decir, cuando hay hijos de ambos matrimonios.

—Creo, Enrique, que mi madrastra es aún más ambiciosa que la vuestra.

—Difícilmente podría serlo, pero admitamos que tiene por lo menos tantas esperanzas puestas en su pequeño Fernando como la mía los tiene en Alfonso e Isabel.

—Según noticias que tengo de Aragón, ha perdido la cabeza por ese niño, y ha hecho que a mi padre le suceda lo mismo. Me han dicho que ama al infante Fernando más que a Carlos, a mí y a Leonor juntos.

—Es una mujer de carácter fuerte, que tiene esclavizado a vuestro padre. Pero no temáis, que Carlos tiene la edad suficiente para defender lo que le pertenece... Lo mismo que yo.

Blanca se estremeció.

—Enrique, me siento tan feliz de no estar allí..., en la corte de mi padre.

—¿Nunca echáis de menos vuestro hogar?

—Desde que nos casamos, Castilla es mi hogar, y no tengo otro más que éste.

—Esposa mía —respondió Enrique con tono ligero—, muy feliz me hace que sintáis así.

Pero lo dijo sin mirarla. No era hombre a quien le agradara mostrarse cruel. Es más, se esforzaba en lo posible por evitar todo aquello que pudiera resultar desagradable, y por eso se le hacía difícil, en ese momento, enfrentarse a su mujer.

Pese a sus esfuerzos por aparentar calma, Blanca estaba temblando, al preguntarse qué sería de ella si tuviera que volver a la corte de su padre, caída en desgracia, humillada..., en condición de esposa repudiada. Carlos, el más bondadoso de los hombres, se mostraría bondadoso con ella. Leonor no estaría en la corte, ya que desde su matrimonio con Gastón de Foix residía en Francia. En su padre no podría encontrar un amigo, ya que todo su afecto estaba volcado en la brillante y atractiva Juana Enríquez, madre del joven Fernando.

Carlos había heredado de su madre el reino de Navarra, y, en caso de que muriera sin dejar descendencia, Navarra sería herencia de la propia Blanca, ya que su madre —viuda de Martín, Rey de Sicilia, e hija de Carlos III de Navarra— había dejado este reino a sus hijos, excluyendo de la línea sucesoria a su marido.

Sin embargo, había estipulado en su testamento que, al gobernar el reino, Carlos debía hacerlo contando con la buena voluntad y aprobación de su padre.

Al asumir su herencia, y dado que su padre no se había mostrado dispuesto a dejar el título de Rey de Navarra, Carlos había accedido a que lo conservara, pero insistiendo en sus derechos al gobierno de Navarra, que ejercía personalmente en calidad de gobernador.

De tal manera, en ese momento Blanca era la heredera de Carlos, y si éste moría sin haber tenido hijos, el derecho al gobierno y a la corona de Navarra le pertenecería.

Tal vez fuera una tontería dejar que esas fantasías la acosaran, pero Blanca presentía que algo terrible le sucedería si alguna vez se veía obligada a regresar a Aragón.

En Castilla se sentía segura. Aunque le fuera infiel, Enrique era su marido. Ella no le había dado hijos, que era lo único que daba sentido a un matrimonio como el de ellos, pero aun así, Enrique se mostraba bondadoso.

Indolente, lascivo, superficial, tal vez fuera todo eso, pero jamás se valdría contra ella de violencia física. En cambio, ¿cómo podía saber Blanca qué suerte podía correr si volvía a la corte de su padre?

En ese momento, él le sonreía casi con ternura.

Es indudable, pensó Blanca, que no podría sonreírme así si no sintiera por mí cierto afecto. Tal vez, como yo, Enrique recuerde nuestros días de recién casados, y sea por eso por lo que me sonríe tan tiernamente.

Pero, aunque siguiera sonriendo, Enrique apenas si se daba cuenta de su presencia. Estaba pensando en la nueva esposa que tendría una vez que se hubiera librado de la pobre, inservible Blanca; una mujer joven, naturalmente, a quien él pudiera modelar con vistas a su propio placer sensual.

Una vez que mi padre haya muerto, se decía, seré dueño de mi libertad.

Tomó de la mano a Blanca y la llevó hacia la ventana. Al mirar hacia fuera, vieron que Enrique había estado en lo cierto al decir que el pueblo empezaba ya a congregarse, esperando con impaciencia, ansiosos de oír la noticia de que el anciano Rey había muerto, y de que se había iniciado una nueva época.

El Rey pidió a Cibdareal, su médico, que se acercara al lecho.

—Amigo mío —susurró—, esto ya no puede durar mucho.

—Preservad vuestras fuerzas, Alteza —rogó el médico.

—¿Con qué objeto? ¿Para vivir algunos minutos más? Ah, Cibdareal, yo habría llevado una vida más feliz y sería en este momento un hombre más dichoso si hubiera sido hijo de un carpintero, en vez de serlo del Rey de Castilla. Enviad en busca de la Reina y de mi hijo Enrique.

Al llegar junto al lecho, ambos le miraron de forma extraña.

En los ojos de la Reina brillaba una mirada extraviada. Lo que lamenta no es la pérdida de su marido, pensó el rey, sino simplemente la pérdida del poder. "Madre de Dios", rogó para sí, "consérvale la cordura. Así podrá ser buena madre para nuestros pequeños, y cuidar de sus derechos. Permite que las preocupaciones que se abatirán ahora sobre ella no la encaminen por la vía que siguieron sus antepasados... antes de que sus hijos tengan la edad suficiente para cuidar de sí mismos."

¿Y Enrique? Enrique lo miraba en ese momento con la mayor compasión, pero Juan sabía que las manos se le estremecían por la ansiedad de adueñarse del poder que no tardaría en ser suyo.

—Enrique, hijo mío —articuló—, no siempre hemos estado en los debidos términos de amistad, y mucho lo lamento.

—También yo lo lamento, padre mío.

—Pero no nos detengamos en las desdichas del pasado. Pienso ahora en el futuro. Dejo dos hijos pequeños, Enrique.

—Sí, mi señor.

—No olvidéis jamás que son vuestros hermanos.

—No lo olvidaré.

—Cuidad bien de ellos. Yo he tomado las debidas providencias, pero ellos necesitarán de vuestra protección.

—La tendrán, padre.

—Me habéis dado vuestra sagrada promesa, y puedo ahora descansar en paz. También os pido que respetéis a su madre.

—Así lo haré.

El Rey expresó que se sentía cansado. Su mujer y su hijo se apartaron del lecho para dejar que se acercaran los sacerdotes.

No había pasado media hora cuando la noticia se difundió por el palacio.

—El rey Juan II ha muerto, Enrique IV es ahora Rey de Castilla.

La Reina estaba lista para abandonar el palacio.

Las mujeres de su servicio la rodeaban. Una de ellas tenía en brazos al pequeño Alfonso, otra llevaba de la mano a Isabel.

Envuelta en una capa negra, la pequeña esperaba, escuchaba, observaba.

El estado de ánimo de la Reina era de una excitación sofocada, que angustiaba mucho a Isabel.

Prestó atención a la voz chirriante de su madre.

—Todo debe parecer perfectamente normal, para que nadie se dé cuenta de que nos vamos. Tengo que proteger a mis hijos.

—Sí, Alteza —fue la respuesta.

Pero Isabel había oído hablar entre ellos a las mujeres.

—¿Por qué hemos de irnos como fugitivos? ¿Por qué hemos de huir del nuevo Rey? ¿Acaso... ya estará loca? El rey Enrique sabe que nos vamos, y no hace esfuerzo alguno por detenernos. Para él no tiene importancia alguna que nos quedemos aquí o nos vayamos, pero debemos partir como si nos persiguieran todos los ejércitos de Castilla.

—Shh... Shh... La niña nos oirá —y en voz más baja, susurrante—: La infanta Isabel es toda oídos. No debemos dejarnos engañar por su aire retraído.

Entonces, él no nos haría daño, pensaba Isabel. Claro que mi hermano Enrique jamás nos haría daño. Pero, ¿por qué mi madre piensa que sí?

Uno de los mozos la levantó en brazos y la montó a caballo. El viaje había comenzado.

Así fue como la Reina y sus hijos salieron de Madrid para dirigirse al solitario castillo de Arévalo.

Isabel no recordaría mucho del viaje: el movimiento del caballo y el abrigo de los brazos del palafrenero le dieron sueño, y cuando se despertó fue para encontrarse ya en su nuevo hogar.

A primera hora del día siguiente su madre entró en las habitaciones donde había dormido Isabel llevando en brazos al pequeño Alfonso, dormido, y acompañada de dos de sus damas de más confianza.

La Reina dejó al niño en la cama, junto a su hermana. Después, cerró los puños, en un gesto que Isabel bien conocía, y levantó los brazos por encima de la cabeza, como para invocar a los santos.

La niña vio que se le movían los labios y comprendió que estaba rezando. Le pareció que estaba mal seguir acostada mientras su madre oraba; sin saber bien qué hacer, se incorporó a medias, pero una de las mujeres sacudió enérgicamente la cabeza para advertirle que no se moviera.

Ahora, la reina hablaba en voz más alta, para que Isabel pudiera oírla.

—Prometo que cuidaré de ellos. Prometo criarlos y educarlos para que cuando llegue el momento sean capaces de hacer frente a su destino. Y el momento llegará, sin duda llegará. Enrique jamás podrá engendrar un hijo. Es el castigo de Dios por la vida de perversión que ha llevado.

Los deditos de Alfonso se habían cerrado en torno de los de Isabel. La infanta estaba asustada, y sentía deseos de llorar, pero permaneció inmóvil, observando a su madre, sin permitir que sus ojos azules revelaran ni por un momento que ese lugar solitario que sería su hogar en lo sucesivo, unido a la creciente histeria de la reina, la aterrorizaba, llenándola de un presentimiento que era demasiado pequeña para entender.

2

Juana de Portugal, reina de Castilla

Juan Pacheco, marqués de Villena, se encaminaba a palacio en respuesta a la convocatoria del Rey.

Estaba encantado con el giro que tomaban los acontecimientos. Desde su llegada a la corte —donde le había enviado su familia para que entrara al servicio de Álvaro de Luna como uno de los pajes integrantes del personal doméstico del influyente personaje—, Juan se había hecho notar por el joven Enrique, entonces heredero del trono y ahora Rey de Castilla.

Enrique se había complacido en la amistad de Villena y su padre, el Rey, le había concedido honores por los servicios prestados al príncipe. Hombre despierto, estaba ya en posesión de grandes territorios en los distritos de Toledo, Valencia y Murcia. Y ahora que su amigo Enrique era Rey, anticipaba glorias aún mayores.

Camino de la sala del Consejo se encontró con su tío Alfonso Carrillo, arzobispo de Toledo. Los dos se saludaron afectuosamente, con plena conciencia de que juntos constituían una fuerza formidable.

—Buenos días os sean dados, marqués —le deseó el arzobispo—. Creo que llevamos el mismo destino.

—Enrique me pidió que viniera a verle a esta hora —respondió Villena—. Hay un asunto de la mayor importancia que desea analizar antes de dar a conocer públicamente sus deseos.

El arzobispo hizo un gesto afirmativo.

—Quiere pedir nuestro consejo, sobrino, antes de tomar cierta decisión.

—¿Sabéis vos cuál es?

—Puedo imaginármelo. Hace tiempo que está cansado de ella.

—Ya es momento de que regrese a Aragón.

—Estoy seguro de que con vuestra prudencia, sobrino —expresó el arzobispo—, veríais bien una alianza con cierta comarca.

—¿Portugal?

—Exactamente. La dama es una hermana de Alfonso V. Y no he oído otra cosa que elogios de sus encantos personales. Y no hay por qué tachar de frívolas estas consideraciones. Conocemos a nuestro Enrique, y sabemos que recibirá con agrado a una novia bella, y es muy necesario que la acoja con entusiasmo. Será la mejor manera de asegurar una unión fecunda.

—Y esta unión debe ser fecunda.

—Coincido con vos en que ello es imperativo para Castilla..., para Enrique..., y para nosotros.

—No tenéis necesidad de decírmelo. Sé que nuestros enemigos tienen los ojos puestos en Arévalo.

—¿Habéis tenido noticias de lo que allí sucede?

—No es mucho lo que se puede saber —replicó Villena—. La reina viuda está allí con sus dos hijos. Llevan una vida tranquila, y los amigos que tengo allí me informan que la dama se muestra más serena últimamente. No ha habido escenas de histerismo. Ella se considera a salvo, y piensa que está ganando tiempo; entretanto, se dedica a cuidar de sus hijos. ¡Pobre Isabel! Alfonso es demasiado pequeño todavía para sufrir por un tratamiento tan riguroso. Me dicen que todo son oraciones... plegarias todo el tiempo. Rogando, me imagino, que la pequeña infanta sea buena y digna del gran destino que tal vez esté aguardándola.

—Por lo menos, no es mucho el daño que la Reina viuda puede hacer desde allí.

—Pero siempre debemos mantenernos alerta, tío. Enrique está en nuestras manos, y nosotros en las de él. Debe complacer al pueblo, o siempre habrá alguien listo para pedir su abdicación y la coronación del pequeño Alfonso. En este reino hay muchos a quienes agradaría ver que la corona ciñe la frente infantil de Alfonso. ¡Una regencia! Bien sabéis que nada hay más deseable para quienes están ávidos de poder.

—Lo sé, lo sé. Y nuestra primera tarea ha de ser conseguir que el rey se vea libre de su actual esposa y proporcionarle otra. El nacimiento de un heredero será un golpe fatal para las esperanzas de la Reina viuda. Entonces, poco importará lo que pueda enseñar a Alfonso e Isabel.

—Habréis oído, sin duda... —empezó Villena.

—Los rumores... claro que sí. Se dice que el Rey es impotente y que es por causa de él, no de Blanca, que el matrimonio es estéril. Es posible. Pero enfrentemos los obstáculos a medida que se nos presenten, ¿eh? Por el momento... ya hemos llegado.

Un paje los anunció y, como era característico de él, Enrique se adelantó a saludarlos. Por más que tal demostración de familiaridad fuera grata para ambos visitantes, también la deploraban como indigna de las antiguas tradiciones de Castilla.

—¡Marqués! ¡Arzobispo! —exclamó Enrique mientras ambos se inclinaban ante él—. Me alegro de veros aquí. —Con un gesto de la mano, dio a entender a su séquito que deseaba quedarse a solas con los dos ministros—. Hablemos ahora de nuestros asuntos —prosiguió—. Ya sabéis por qué os he pedido que vinierais.

—Reverenciado señor —respondió el marqués—. Podemos imaginarlo. Vos deseáis servir a Castilla, y para ello os veis en la necesidad de tomar decisiones que os desagradan. Os ofrecemos nuestras respetuosas condolencias y nuestra ayuda.

—Lo lamento por la Reina —expresó Enrique, levantando las manos en un gesto de desvalimiento—, pero, ¿qué puedo hacer por ella? Arzobispo, ¿creéis que será posible obtener un divorcio?

—Anticipándome a vuestras órdenes, Alteza, he pensado ya mucho en este asunto, y estoy seguro de que el obispo de Segovia prestará apoyo a mi plan.

—Mi tío ha resuelto nuestro problema, Alteza —intervino Villena, decidido a que, por más que el arzobispo recibiera el agradecimiento del Rey, no quedara olvidado su propio e importante papel en la conspiración.

—¡Mi querido arzobispo! ¡Queridísimo Villena! Os ruego que me digáis qué es lo que habéis ideado.

—Se podría conceder un divorcio por impotencia respectiva —precisó el arzobispo.

—¿Cómo podría ser eso?

—El matrimonio ha sido estéril, Alteza.

—Pero...

—La fórmula no significaría una mancha para vuestra regia virilidad, Alteza. Podríamos decir que este desdichado estado de cosas se debió a alguna influencia maligna.

—¿A una influencia maligna?

—Se podría presentar como brujería. Sin profundizar demasiado en el tema, estamos seguros de que, en las actuales circunstancias, todos coincidirían en que Vuestra Alteza debe repudiar a su actual esposa y tomar nueva mujer.

—¡Y Segovia accedería a declarar nulo el matrimonio!

—Así es —aseguró el arzobispo—. Yo mismo lo confirmaré.

—Sin duda —rió Enrique— no podría haber mejor razón. Por impotencia respectiva —repitió—. Alguna influencia maligna.

—No nos preocupemos más por ese aspecto —sugirió Villena—. Tengo aquí el retrato de una hembra deliciosa.

Los ojos de Enrique resplandecieron al detenerse en la imagen de la muchacha joven y bonita que le presentaba Villena, y en sus labios se dibujó una sonrisa lasciva.

—Pero... ¡es encantadora!

—Encantadora y elegible, Alteza, puesto que es nada menos que Juana, princesa de Portugal, hermana de Alfonso V, el monarca reinante.

—Estoy ya impaciente por verla llegar a Castilla —declaró Enrique.

—Entonces, señor, ¿contamos con vuestra autorización para llevar adelante nuestros planes?

—Queridos amigos, no sólo tenéis mi autorización, os doy la más urgente de las órdenes.

Al salir de los aposentos reales, el marqués y el arzobispo sonreían satisfechos.

La Reina había pedido audiencia al Rey. Una de sus damas le había llevado la noticia de que el marqués y el arzobispo habían mantenido una entrevista a solas con el Rey, y de que la conversación debía de haber sido muy secreta, puesto que antes de iniciarla habían hecho salir a todos los testigos de los aposentos reales.

Enrique la recibió con cordialidad. El hecho de saber que pronto se vería libre de ella hacía que casi sintiera afecto por su mujer.

—Blanca, querida mía —la saludó—, parecéis afligida.

—He tenido sueños extraños, Enrique, que me han asustado.

—Mi querida, es locura temer a los sueños en pleno día.

—Es que persisten, Enrique. Es casi como si tuviera una premonición del mal.

Él la condujo hacia una silla y la hizo sentar, inclinándose sobre ella para apoyarle en el hombro una mano tierna y afectuosa.

—Debéis desterrar de vuestra mente esas premoniciones, Blanca. ¿Qué podría sucederle de malo a la Reina de Castilla?

—Siento dentro de mí, Enrique, que tal vez no sea durante mucho tiempo Reina de Castilla.

—¿Pensáis que se haya organizado una conspiración para asesinarme? Ah, querida mía, veo que habéis estado cavilando sobre la Reina viuda de Arévalo. Os imagináis que sus amigos me eliminarán para que el pequeño Alfonso pueda heredar mi corona, pero no temáis. Aunque quisiera, no podría hacerme daño.

—No pensaba en ella, Enrique.

—¿Qué es, entonces, lo que hay que temer?

—No tenemos hijos.

—Pues hay que tratar de remediarlo.

—Enrique, ¿lo decís en serio?

—Os inquietáis demasiado, estáis en exceso ansiosa. Tal vez de ahí venga vuestro fracaso.

"Pero, ¿soy yo quien fracasa, Enrique?", quiso preguntar la Reina. "¿Estáis seguro de eso?"

Sin embargo, no se atrevió. Palabras como ésas lo encolerizarían, y Enrique encolerizado era capaz de culparla; y, planteada esa inculpación ¿cómo saber lo que podía resultar de ella?

—Debemos tener un hijo —repitió desesperadamente.

—Calmaos, Blanca. Todo se arreglará. Habéis permitido que vuestros sueños os perturben.

—Sueño que regreso a Aragón. ¿Por qué he de soñar eso, Enrique? ¿Acaso Castilla no es mi hogar?

—Sí, Castilla es vuestro hogar.

—Sueño que estoy allí... en el aposento que solía ocupar. Sueño que allí están todos: mi familia, mi padre, Leonor, mi madrastra con el pequeño Fernando en brazos..., y todos se acercan a mi cama, y yo siento que van a hacerme daño. Carlos está en algún lugar del palacio y yo no puedo llegar a él.

—Sueños, mi querida Blanca. ¿Qué son los sueños?

—Soy una tonta por pensar en ellos, pero quisiera no tenerlos. El marqués y el arzobispo estuvieron con vos, Enrique. Espero que os hayan traído buenas noticias.

—Muy buenas noticias, mi querida.

Blanca lo miró con ansiedad, pero él no la miró a los ojos y, conociéndole ella como le conocía, eso la aterrorizó.

—Tenéis muy buena opinión de ellos —aventuró ella.

—Son astutos... y son amigos míos. Eso lo sé.

—Supongo que... antes de aceptarla, someteríais cualquier sugerencia de ellos a un Consejo.

—No debéis preocuparos por asuntos de estado, querida mía.

—Entonces, fue de asuntos de estado de lo que hablasteis.

—Efectivamente.

—Enrique, sé que por mi incapacidad de tener hijos no he sido para vos una esposa satisfactoria, pero os amo y me he sentido muy feliz en Castilla.

Enrique la tomó de las manos y la obligó suavemente a ponerse de pie. Le apoyó los labios en la frente y después, rodeándole los hombros con un brazo, la condujo hasta la puerta.

Eso era una despedida.

Era bondadoso, era cortés. Si estuviera planeando librarse de mí, se tranquilizó la Reina, no me trataría así. Pero, mientras volvía a su aposento, se sentía muy insegura.

Cuando ella hubo salido, Enrique frunció el ceño. Uno de ellos tendrá que darle la noticia, pensaba. El arzobispo es el más adecuado. Una vez que Blanca lo sepa, jamás volveré a verla.

Aunque lo sentía por ella, no se dejaría entristecer.

Blanca regresaría a la corte de su padre, en Aragón, y allí tendría a su familia para que la consolara.

Volvió a tomar el retrato de Juana de Portugal. ¡Tan joven! ¿Es inocente? Enrique no estaba seguro. Por lo menos, había una promesa de sensualidad en esa boca sonriente.

—¿Cuánto falta? —murmuró—. ¿Cuánto falta para que Blanca regrese a Aragón y venga Juana a ocupar su lugar?

La procesión se disponía a salir de Lisboa, pero la princesa Juana no sentía dolor alguno al dejar su hogar. Estaba ansiosa por llegar a Castilla, donde esperaba disfrutar de su nueva vida.

En la corte de Castilla la etiqueta sería solemne, en el estilo de los castellanos, pero Juana había oído decir que su futuro esposo era pródigo en el agasajo y que vivía en medio del esplendor. Era hombre aficionado a la sociedad femenina, pero Juana se tranquilizó pensando que si tenía tantas amantes, eso se debía a la falta de gracia y atractivos de Blanca de Aragón.

Tampoco tenía ella la intención de doblegarle demasiado. Personalmente, alguna pequeña aventura amorosa no le disgustaba, y si de vez en cuando Enrique extraviaba el camino que llevaba al lecho matrimonial, no se le ocurriría a ella reprochárselo, ya que si se mostraba tolerante con él, su marido lo sería con ella, y la princesa anticipaba la vida emocionante que la esperaba en Castilla.

En su opinión, en Lisboa la tenían demasiado vigilada.

Por todo eso, no fue mucha la nostalgia que acompañó sus preparativos para la partida. Desde las ventanas del castillo de San Jorge dominaba la ciudad, y se despedía de ella con regocijo. Poco amor sentía por esa ciudad, con su antigua catedral, cerca de la cual, se contaba, había nacido San Antonio. Los santos de Lisboa poco significaban para ella. ¿Qué le importaba que después de su martirio el cuerpo de San Vicente hubiera llegado a Lisboa por el Tajo, en una barca guiada por dos cuervos negros? ¿Qué le importaba la historia según la cual el espíritu de San Antonio seguía presente y ayudaba a todos los que habían perdido algo que les era querido a recuperarlo? Para ella, todo eso no eran más que leyendas.

La princesa se apartó de la ventana y del paisaje de higueras y olivares de la Alcacova donde habían vivido en un tiempo los árabes, de las tejas musgosas del distrito de Alfama y de la cinta centelleante del Tajo.

Se sentía feliz al despedirse de todo lo que había sido su hogar, porque en el país nuevo hacia donde se dirigía sería Reina... La Reina de Castilla.

Ya no tardarían en partir, y marcharán hacia el este, rumbo a la frontera.

Cuando Juana tomó el espejo que le tendía su dama de honor, los ojos le brillaban. Por encima del hombro, miró a la muchacha en cuyos ojos danzaba una mirada tan gozosa como la de ella.

—Entonces, Alegre, ¿también tú estás feliz de ir a Castilla?

—Feliz estoy, señora —respondió la doncella.

—Allá tendrás que conducirte con decoro, ¿sabes?

Alegre le respondió con una sonrisa traviesa. Era una muchacha despierta, y por esa razón la había escogido Juana, también de carácter jubiloso y despierto. El sobrenombre, Alegre, se lo debía a una de sus doncellas españolas que, años atrás, la había definido así: alegre.

Alegre había tenido aventuras; algunas las relataba, otras no.

—Cuando sea Reina —le advirtió Juana con una amplia sonrisa, tendré que ponerme muy severa.

—Nunca lo seréis conmigo, señora. ¿Cómo podríais ser severa con alguien que en su manera de ser se os parece tanto como ese reflejo se parece a vuestro rostro?

—Tal vez tengo yo que cambiar mi manera de ser.

—Pues dicen que el Rey, vuestro esposo, es muy calavera.

—Eso es porque jamás ha tenido una mujer que le satisfaga.

Alegre sonrió, enigmática.

—Esperemos que, cuando tenga una mujer que le satisfaga, siga siendo calavera.

—Ya te vigilaré, y si no eres buena, te mandaré de regreso aquí.

Alegre inclinó graciosamente la cabeza.

—Está bien, señora. En la corte de vuestro hermano hay algunos caballeros encantadores.

—Vamos —decidió Juana—, que es hora de salir. Abajo nos están esperando.

Con una reverencia, Alegre se apartó para dejar salir a Juana del apartamento.

Después la siguió hacia el patio, donde los caballeros con sus vistosos avíos y los baúles del equipaje las esperaban para iniciar el viaje desde Lisboa hacia Castilla.

Antes de que Juana comenzara su viaje, Blanca había partido rumbo a Aragón.

Le parecía que la pesadilla se hubiera convertido en realidad, porque era eso, exactamente, lo que había temido en sus sueños.

Doce años habían pasado desde que dejara su hogar como novia de Enrique; entonces, como ahora, había sentido miedo. Pero había salido de Aragón en su condición de novia del heredero de Castilla, su familia estaba de acuerdo con la unión, y ella no había previsto razones por las que su matrimonio pudiera terminar en fracaso.

Pero era muy diferente hacer ese viaje como prometida y repetirlo como esposa repudiada por haber fracasado en el intento de dar al trono el necesario heredero.

Blanca pensaba ahora en el momento en que ya no había podido seguir ocultándose la verdad, cuando el arzobispo se había presentado ante ella para anunciarle que su matrimonio quedaba anulado "por impotencia respectiva". La reina habría querido protestar con amargura, habría querido clamar: "¿De qué sirve hacerme a un lado? Lo mismo sucederá con cualquier otra mujer. Enrique es incapaz de engendrar hijos".

Pero no la habrían escuchado y, para su causa, esas palabras no habrían hecho ningún bien. ¿De qué serviría protestar? Sólo pudo escuchar sombríamente y, cuando se quedó sola, arrojarse sobre la cama para quedarse mirando el techo, mientras recordaba la perfidia de Enrique, que en el momento mismo en que planeaba deshacerse de ella le había dado a entender que siempre seguirían juntos.

Blanca debía regresar con su familia, donde no había lugar para ella. Su padre había cambiado desde su segundo matrimonio: estaba completamente hechizado por su madrastra. Lo único que allí les importaba eran los adelantos del pequeño Fernando.

¿Qué sería ahora de ella, sin otro amigo en el mundo que su hermano Carlos? ¿Y qué pasaría ahora con Carlos? No se llevaba bien con su padre, y eso se debía a los celos de su madrastra.

¿Qué pasará conmigo en la corte de mi padre?, se preguntaba Blanca mientras hacía el largo y tedioso viaje de regreso al hogar de su infancia. Y le parecía que las pesadillas que había padecido no eran simples sueños; al ser torturada por ellas, se le había concedido un atisbo del futuro.

En el palacio de Arévalo, la vida se desarrollaba en calma.

Aquí somos más felices que en Madrid, pensaba la pequeña Isabel. Aquí parece que todos estuvieran serenos y ya no tuvieran miedo.

Era verdad. No había habido ninguno de esos interludios aterradores durante los cuales la Reina perdía el dominio de sí. Hasta se oían risas en el palacio.

Tenía que tomar regularmente sus lecciones, claro, pero a la pequeña Isabel le gustaba estudiar. Sabía que tenía que aprender si quería estar preparada para su gran destino. La vida se reducía a una serie de normas, y a levantarse temprano y acostarse temprano. Durante el día había muchas oraciones y plegarias, e Isabel había oído que algunas de las mujeres se quejaban de que vivir en Arévalo era como vivir en un convento.

La infanta estaba contenta con su convento. Mientras pudieran vivir así, y su madre se mostrara sosegada y en calma, y no asustada, Isabel podía ser feliz.

Alfonso iba apuntando una personalidad propia. Ya no era un bebé gorjeante que pataleaba en su cuna.

Era un placer verlo dar sus primeros pasos, mientras Isabel le tendía los brazos para sostenerlo si vacilaba. A veces, los niños jugaban con una de las damas, otras, con la propia Reina viuda, que en ocasiones tomaba en brazos al niño y lo abrazaba estrechamente. En esos momentos Isabel, siempre alerta, miraba a su madre, buscando el rictus delator en su boca. Pero Alfonso protestaba enérgicamente si lo abrazaban con demasiada fuerza, y por lo general de esa manera se evitaba una escena.

Isabel echaba de menos a su padre y a su hermano Enrique. Pero sentía que podía ser feliz así, con sólo que su madre se mantuviera en calma y contenta.

—Quedémonos así... Siempre —rogó un día.

Pero a la reina viuda los labios se le pusieron tensos y empezaron a estremecérsele, y la niña se dio cuenta de que había cometido un error.

—Te espera un gran destino —empezó—. Tú sabes que si este pequeño...

Había sido ése el momento en que levantó a Alfonso, abrazándolo con tanta fuerza que el niño protestó, de manera que afortunadamente sus protestas distrajeron a la Reina viuda de lo que estaba a punto de decir.

Le sirvió de lección, pues le mostró la facilidad con que se podía caer en una trampa. Isabel se quedó horrorizada al comprender que, con todo su deseo de evitar escenas histéricas, ella misma, con una observación impensada, había estado a punto de desencadenar una.

No podría jamás dejar de estar alerta, ni debía dejarse engañar por la paz aparente de Arévalo.

Después vino ese día aterrador en que su madre visitó a los dos niños en su cuarto.

Isabel se dio cuenta inmediatamente de que había sucedido algo infausto, y el corazón empezó a latirle con tal fuerza que sintió que se ahogaba. Alfonso, por supuesto, no percibió que nada anduviera mal.

Se arrojó, corriendo, en los brazos de su madre, que lo levantó. La Reina se quedó inmóvil, estrechándolo contra su pecho, y cuando el pequeño empezó a retorcerse, no lo soltó.

—Alteza —gritó el infante, y en su orgullo por saber decir la palabra, la repitió—: Alteza... Alteza...

A Isabel le pareció que su hermano gritaba, tal era el silencio que reinaba en el apartamento.

—Hijo mío —declamó la reina—, un día serás Rey de Castilla, ya no cabe duda.

—Alteza... —lloriqueó Alfonso—. Me hacéis daño.

Isabel quiso correr hacia su madre para explicarle que estaba apretando demasiado a Alfonso, y recordarle cuánto más felices eran cuando no hablaban del futuro Rey —o Reina— de Castilla.

La niña tenía la impresión de que la Reina se había quedado mucho tiempo allí, con los ojos perdidos en el futuro, pero no podían haber sido más que unos segundos, ya que en caso contrario el gimoteo de Alfonso se habría convertido en sonora protesta.

Entretanto, la reina no decía nada: seguía mirando fijamente al vacío, con ese aspecto colérico y decidido que tan bien recordaba Isabel haberle visto en otros momentos.

De pronto, la niñita no pudo soportarlo más, tal vez porque hacía demasiado tiempo que venía dominándose, quizá porque estaba demasiado ansiosa por preservar la paz de Arévalo.

Se acercó a su madre e hizo una profundísima reverencia.

—Alteza, creo que Alfonso tiene hambre —advirtió.

—Hambre, Alteza —lloriqueó el infante—. Alteza hace mal Alfonso.

La reina siguió mirando sin ver, haciendo caso omiso de las palabras de sus hijos.

—Se ha vuelto a casar —retornó a su pensamiento—. Piensa que ahora engendrará un hijo, pero no será así. No puede ser, es imposible. Es el justo castigo por la vida que ha llevado.

Era el viejo tema que Isabel había oído ya tantas veces, era un recuerdo del pasado, algo que le advertía que la paz de Arévalo podía hacerse trizas en un instante.

—Alfonso hambre —gimió el niño.

—Hijo mío —repitió la Reina—, un día serás Rey de Castilla. Un día...

—No quiere ser Rey —gritó Alfonso—. Alteza le hace daño.

—Alteza —volvió a intervenir Isabel, preocupada—, ¿queréis que os mostremos cómo Alfonso es capaz de caminar solo?

—¡Pues que lo intenten! —exclamó la Reina— ¡Qué lo intenten, ya verán! Castilla entera se reirá de ellos.

Después, para alivio de Isabel, volvió a dejar en el suelo a Alfonso. El niño se miraba los brazos, lloriqueando.

—Camina, Alfonso. Muéstrale a Su Alteza —murmuró Isabel, tomándolo de la mano.

Alegremente, Alfonso hizo un gesto afirmativo.

Pero la reina había empezado a reírse.

Alfonso miró a su madre y gorjeó de placer. No entendía que hubiera más de una clase de risa; él sólo conocía la risa de diversión o de felicidad, pero Isabel sabía que ésa era una risa aterradora, que había regresado después de aquella larga paz.

Una de las mujeres, que la había oído, entró en el aposento. Miró a los dos niños, que seguían inmóviles observando a su madre, y salió de la habitación. No tardó en regresar con un médico.

Ahora, la Reina se reía de tal manera que no podía detenerse. Las lágrimas le resbalaban por las mejillas. Alfonso se reía también, y se volvió hacia Isabel, para asegurarse de que su hermana participaba en el juego.

—Alteza —intervino el médico—, si queréis venir a vuestra habitación, os daré una poción que os permitirá descansar. —Pero la reina seguía riéndose, y sus brazos habían empezado a sacudirse desatinadamente. Entretanto, otro médico se les había reunido.

Con él venía una mujer. Isabel oyó su voz calmada, dando órdenes.

—Llevaos a los niños... Inmediatamente.

Pero antes de que salieran, Isabel alcanzó a ver a su madre sobre el diván, inmovilizada allí por los dos médicos que le murmuraban palabras tranquilizadoras hablándole de descanso y de pociones.

No había escapatoria, pensó Isabel. Ni siquiera en Arévalo. Se alegró de que Alfonso fuera tan pequeño como para que mientras no viera a su madre, lograra olvidarse de la escena que ambos acababan de presenciar; se alegró de que fuera demasiado pequeño para entender lo que eso podía significar.

Enrique fue feliz durante las primeras semanas de su matrimonio. Había dispuesto ceremonias y procesiones de una extravagancia tal que raras veces se había visto en Castilla algo semejante. Hasta ese momento, no había dado motivo de disgusto a sus súbditos, y mientras cabalgaba entre ellos, a la cabeza de un cortejo resplandeciente, destacándose por encima de casi todos los miembros de su comitiva, ceñida la corona sobre el pelo rojo, sonoros vítores le aclamaban. Y él sabía cómo dispensar sonrisas y saludos de manera que todos tuvieran su parte, ricos y pobres.

"Ahí va un Rey tal como no lo hemos visto en muchos años", se decía el pueblo de Castilla.

Algunos habían sido testigos de la partida de Blanca y se habían compadecido de ella. Parecía tan solitaria, pobre mujer…

Pero el consenso era que el Rey había cumplido con su deber hacia Castilla. La reina Blanca era estéril, y por virtuosa que pueda ser una Reina, la virtud no es sustituto adecuado de la fertilidad.

—¡Pobre Enrique! —suspiraban—. Qué tristeza debe de haber sentido al tener que divorciarse de ella. Y sin embargo, pone su deber hacia Castilla antes que su propia inclinación.

En cuanto a Enrique, ap enas si había vuelto a pensar en Blanca desde que ésta partiera. Se había quedado encantado de poder apartarla de sus pensamientos, y cuando vio a su nueva esposa sintió que se le levantaba el ánimo.

En su calidad de experto en mujeres reconoció en ella algo más que la belleza: una profunda sensualidad que podría armonizar con la suya propia o aproximársele por lo menos.

Durante las primeras semanas del matrimonio, apenas si se apartó de ella. En público, Juana encantaba a sus súbditos; en privado, era igualmente satisfactoria para él.

No podría haber habido una mujer más diferente de la pobre Blanca. Enrique se alegraba de haber tenido el valor de deshacerse de ella.

En los ojos chispeantes de la nueva Reina se escondía cierta determinación, que todavía no era del todo evidente. En los primeros tiempos, Juana se conformó con jugar a la esposa ansiosa por complacer a su marido.

Atendida por las damas de honor que había traído consigo desde Lisboa, la reina era siempre el centro de la atracción. Llena de energía, planeaba bailes y espectáculos que competían con los que el Rey ofrecía en honor de ella, de manera que parecía que las celebraciones de la boda estuvieran destinadas a prolongarse durante mucho tiempo.

En primera línea, entre quienes rodeaban a la nueva soberana, estaba Alegre. Sus danzas, la espontaneidad de su risa, su placer de estar viva, comenzaban ya a atraer la atención.

Juana la observaba con cierta complacencia.

—¿Has encontrado ya un amante castellano? —le preguntó.

—Eso creo, Alteza.

—Dime cómo se llama.

—Decirlo no sería hacerle justicia, Alteza, pues él no sabe aún los placeres que le esperan.

—¿Debo suponer que ese hombre no es tu amante todavía?

—Así es —respondió recatadamente Alegre.

—Entonces debe de ser muy lento, porque si tú te has decidido, ¿cómo es que no lo hace él?

—¿Quién puede saberlo? —murmuró Alegre y, riendo, cambió de conversación—. Es un placer para todos los que servimos a Vuestra Alteza ver la dedicación que os consagra el Rey. He oído decir que ha tenido centenares de amantes, y sin embargo, cuando está con vos parece un jovenzuelo que se hubiese enamorado por primera vez.

—Mi querida Alegre, yo no soy como tú. En amor, yo no tolero la lentitud.

—Su Alteza está tan enamorado de vos —continuó Alegre, inclinando la cabeza—, que parece haberse olvidado de esos dos camaradas, Villena y el arzobispo... o casi.

—¡Esos dos! —exclamó la Reina—. Están siempre pegados a él.

—Susurrándole consejos —comentó Alegre—. No me asombraría que ellos le hubieran aconsejado cómo trataros. No me sorprendería. Me imagino que no es mucho lo que el Rey hace sin aprobación de ellos, creo que está muy acostumbrado a escuchar a esos dos queridos amigos.

Juana se quedó en silencio, pero después recordó esa conversación. Se sentía un tanto irritada por los dos amigos y consejeros del Rey, que tenía demasiado buena opinión de ellos y, según creía Juana, se les sometía de un modo ridículo.

Esa noche, mientras el Rey y ella descansaban juntos en el lecho, se los mencionó.

—Tengo la impresión de ver cierto engreimiento en ellos.

—No nos preocupemos por ellos —respondió el Rey.

—Pero, Enrique, no me gustaría veros dominado por ninguno de vuestros súbditos.

—¡Yo... dominado por Villena y Carrillo! Mi querida Juana, eso no es posible.

—A veces se conducen como si ellos fueran los amos y considero que eso es humillante para vos.

—Ah... Habéis estado escuchando a sus enemigos.

—He sacado mis propias conclusiones.

Enrique hizo un gesto que indicaba que tenían ocupaciones más interesantes que hablar de sus ministros, pero Juana se mostró inflexible. Creía que los dos cortesanos la vigilaban con demasiada atención, que esperaban que ella prestara oídos a sus consejos —e incluso a sus instrucciones— por el solo hecho de que ellos habían desempeñado cierto papel en su venida a Castilla. Juana no estaba dispuesta a tolerarlo, y sabía que ahora, mientras el entusiasmo de Enrique por ella estaba en su punto culminante, era el momento de conseguir que redujera el poder del marqués y el arzobispo.

Todo eso la llevó a hacer caso omiso de los gestos de él. Así que se sentó en la cama, se abrazó las rodillas y empezó a decirle que era absurdo que un Rey concediera demasiado poder a uno o dos de sus súbditos.

Enrique bostezó. Por primera vez, temió haber tropezado con una de esas mujeres fastidiosas, entrometidas, y pensó en lo desagradable que sería eso en quien de tantas otras maneras lo satisfacía.

Al día siguiente, mientras se dirigía a los aposentos de su mujer, el rey se encontró con Alegre.

Estaban los dos solos en una de las antesalas, y Alegre lo saludó con una modesta reverencia al verlo acercarse. Aunque tenía inclinada la cabeza, cuando el Rey estaba a punto de pasar junto a ella levantó los ojos hasta el rostro de él, con una mirada tan abierta y directa que lo movió a detenerse.

—¿Te sientes feliz aquí en Castilla? —preguntó Enrique.

—Muy feliz, Alteza. Pero nunca tanto como en este momento en que cuento con la atención exclusiva del Rey.

—Vaya —comentó Enrique con la fácil familiaridad que le era característica—. Pues se necesita poco para hacerte feliz.

Alegre le tomó la mano para besársela, y mientras lo hacía volvió a levantar hasta los de él sus ojos, cargados de sugerencias tan provocativas que a un hombre del temperamento de Enrique no podían escapársele.

—Te he visto más de una vez en compañía de la Reina, y me ha dado gran placer ver que estás aquí con nosotros —aventuró el Rey.

Ella seguía sonriéndole.

—Levántate, por favor.

Alegre obedeció, mientras el rey recorría con mirada de conocedor el cuerpo flexible y joven. Ya conocía él ese tipo. Ávida y de sangre ardiente, esa mirada era inconfundible. Alegre lo observaba de una manera que el Rey podría haber considerado insolente, si la joven no hubiera sido dueña de tan estupendos atractivos.

Le palmeó la mejilla, y luego dejó que su mano se deslizara hasta el cuello de la muchacha.

Después, súbitamente, le ciñó la cintura y la besó en los labios. Comprendió que no se había equivocado. La reacción de Alegre fue inmediata, y el breve contacto fue muy revelador para Enrique.

Más que dispuesta, la muchacha estaba ansiosa por ser su amante, y no era de esas mujeres que intentan meterse en los asuntos de estado. En su vida no había más que una cosa realmente importante. El fugaz abrazo se lo había dicho.

La soltó y siguió su camino.

Los dos sabían perfectamente que ese primer abrazo no sería el último.

Bajo el techo tallado, en el salón iluminado por un millar de velas, el Rey bailaba, y su pareja era la dama de honor de la Reina.

Juana los observaba.

¡Esa mujer no se atreverá!, decíase para sus adentros, al recordar una conversación sobre el amante de Alegre, que en aquel momento no sabía el papel que le esperaba. ¡Qué desvergüenza! ¿Acaso no sabe que mañana mismo podría mandarla de regreso a Lisboa?

Pero se equivocaba. Alegre era de naturaleza lasciva, lo mismo que Enrique, y al bailar se traicionaban. Cuando dos personas así bailan juntas... Pero eso era, precisamente. Cuando se juntan dos personas como Alegre y Enrique, el resultado no puede ser más que uno.

Esa misma noche hablaría con Enrique. Y con Alegre.

Juana no se dio cuenta de que tenía fruncido el entrecejo, ni de que un hombre joven, en quien la Reina ya se había fijado en varias ocasiones, se había acercado hasta quedar de pie junto a su silla.

Era alto, casi tanto como Enrique, cuya talla era excepcional. De una apostura impresionante, tenía el pelo casi azul de tan negro, y brillantes ojos oscuros; sin embargo, su piel era más clara que la del pelirrojo Enrique. Juana lo consideraba como uno de los hombres más atractivos de la corte de su marido.

—¿Vuestra Alteza está molesta? —inquirió—. Me pregunto si habrá algo que yo pueda hacer para borrar el entrecejo de esa frente exquisita.

Juana le sonrió.

—¡Molesta! Por cierto que no. Estaba pensando que éste es uno de los bailes más agradables que he presenciado desde que estoy en Castilla.

—Vuestra Alteza debe perdonarme. En cada ocasión en que he tenido el honor de encontrarme en vuestra compañía, he percibido agudamente vuestros estados de ánimo. Cuando sonreíais, me alegraba; ahora que he creído veros preocupada, estaba ansioso por eliminar la causa de vuestra preocupación. ¿Lo consideráis una impertinencia, Alteza?

Juana lo observaba. El desconocido le hablaba con la deferencia que se debe a una Reina, pero sin intento alguno de disimular la admiración que despertaba en él la mujer. Juana oscilaba entre la desaprobación y el deseo de seguir oyéndolo. Finalmente, lo perdonó. En la corte de Enrique los modales eran los que dictaba el Rey, es decir, que habían llegado a cierto grado de desinhibición.

Al mirar a los bailarines, vio cómo la mano de Enrique se apoyaba en el hombro de Alegre, acariciante.

—¡Qué mujer tan insolente! —comentó con voz colérica el joven desconocido.

—¿Decíais, señor? —reprobó la reina.

—Ruego a Vuestra Alteza que me perdone. Me he dejado llevar por mis sentimientos.

Juana decidió que él le gustaba, y que quería continuar la conversación.

—Hasta yo dejo a veces que mis sentimientos vayan más allá de la dignidad propia de una Reina —coincidió.

—Es que en tales circunstancias... —asintió él, apasionadamente—. Pero lo que me deja atónito es... ¿Cómo es posible?

—¿Os referís al galanteo del Rey con mi dama de honor? Conozco a ambos, y os aseguro que nada hay de qué asombrarse.

—El Rey ha sido siempre aficionado a las damas.

—Eso me han dicho, desde antes de que viniera.

—En otro momento, era comprensible. Pero con una reina como... Alteza, os ruego que me perdonéis.

—Otra vez os habéis dejado ganar por vuestros sentimientos. Fuertes y violentos han de ser, para llegar a prevalecer sobre vuestros modales.

—Muy fuertes son, Alteza.

En los ojos oscuros ardía la adoración. Juana perdonó a Enrique, y perdonó incluso a Alegre, porque si ellos no se hubieran visto de tal manera abrumados por el recíproco deseo, no estaría ella, en ese momento, aceptando las atenciones de ese tan apuesto caballero.

Era, y Juana se felicitó al notarlo, mucho más buen mozo que el rey; era también más joven, y a él no habían empezado todavía a notársele las huellas del desenfreno. Juana había pensado desde el primer momento que si dejaba que el rey hiciera su vida, ella haría la suya, y ya podía imaginarse una vida muy placentera con ese joven caballero.

—Quisiera saber —expresó— el nombre del dueño de tan poderosas pasiones.

—Es Beltrán de la Cueva, que se pone en cuerpo y alma al servicio de Vuestra Alteza.

—Gracias —respondió la reina—. Estoy cansada de ver bailar.

Se puso de pie y apoyó la mano en la de él, y mientras bailaba con Beltrán de la Cueva, Juana se olvidó de observar cómo se conducían el Rey y su dama de honor.

Mientras estaba en su aposento y sus damas la preparaban para acostarse, la reina advirtió que Alegre no se encontraba entre ellas.

¡Qué mujerzuela!, pensó. Pero, por lo menos, tiene la decencia de no presentarse esta noche ante mí.

Preguntó a otra de sus camareras dónde estaba Alegre.

—Alteza, le dolía la cabeza y nos pidió que si advertíais su ausencia os rogáramos que la perdonarais por no asistir. Se sentía tan mareada que apenas si podía tenerse en pie.

—Excusada está —aceptó la reina—. Pero habréis de advertirle que sea más cuidadosa en estas ocasiones.

—Le haré presente vuestra advertencia, Alteza.

—Decidle que si descuida su... salud, puedo verme precisada a enviarla de regreso a Lisboa. Tal vez el aire de su país natal sea mejor para ella.

—Eso la alarmará, Alteza. Está enamorada de Castilla.

—Me pareció advertirlo —comentó secamente la Reina. Estaba lista ya para acostarse. Sus doncellas la llevarían al lecho y, una vez acostada, la dejarían. Poco después el Rey, tras haber sido a su vez preparado por sus servidores, vendría a reunírsele, como había hecho todas las noches desde el día de la boda.

Pero antes de que las damas de honor se hubieran retirado llegó un mensajero del Rey.

Su Alteza se hallaba un poco indispuesto, y esa noche no visitaría a la Reina. Le enviaba su más devoto afecto y sus deseos de que pasara una buena noche.

—Os ruego que digáis a Su Alteza —respondió Juana— que me aflige profundamente saberle indispuesto. Sin tardanza iré a ver si tiene todo lo necesario. Aunque sea su Reina, soy también su esposa, y creo que es deber de una esposa cuidar de su marido en salud y enfermedad.

El mensajero se apresuró a explicar que aunque la indisposición de Su Alteza era muy leve, su médico le había administrado un somnífero que sólo sería eficaz si no se le molestaba hasta la mañana siguiente.

—Cuánto me alegro de haberos comunicado mis intenciones —declaró Juana—. Me habría afligido muchísimo en caso de haberle molestado.

El mensajero del Rey fue acompañado a la puerta de la cámara de la Reina, y las damas de honor, más silenciosas que de costumbre, terminaron con la ceremonia de acompañarla al lecho y se despidieron de ella.

Juana se quedó durante algún tiempo cavilando sobre el nuevo estado de cosas.

Estaba muy enojada. Era demasiado humillante verse descuidada por obra de su dama de honor, y no le cabía duda de que eso era lo que sucedía.

¿Qué debería hacer al respecto? ¿Hablar con Enrique de su descubrimiento? ¿Asegurarse de que algo así no pudiera volver a suceder?

Pero, ¿cómo conseguirlo? La Reina empezaba ya a entender a su marido. Enrique era débil, quería preservar la paz a cualquier precio. ¿A cualquier precio? Casi a cualquier precio. Cuando se trataba de ir en pos del placer, su decisión era tan inflexible como la de un león o la de cualquier otra fiera en pos de su presa. ¿Hasta qué punto permitiría que Juana interfiriera, si lo que estaba en juego era separarse de su nueva amante?

La Reina había oído la historia de su predecesora. Hasta el último momento, la pobre Blanca había creído hallarse a salvo, pero Enrique no había tenido el menor escrúpulo en enviarla de regreso a su corte. Blanca había tenido doce años de experiencia con ese hombre y ella, Juana, era una recién llegada en Castilla. Tal vez fuera una imprudencia desencadenar la cólera de su marido. Quizá fuera mejor esperar para ver cuál era la mejor manera de vengarse de la infidelidad de su marido y de la deslealtad de su dama de honor.

Sin embargo, estaba decidida a descubrir si realmente estaban juntos esa noche.

Se levantó de la cama, se envolvió en un peinador y entró en el aposento contiguo al de ella en el que dormían sus camareras.

—¡Alteza! —varias mujeres se sentaron en sus camas, y había alarma en el tono de las exclamaciones.

—No os alarméis —las tranquilizó la Reina—. Por favor, que una de vosotras me traiga un vaso de vino. Tengo sed.

—Sí, Alteza.

Alguien salió en busca del vino, y Juana regresó a su habitación, pero ya había visto lo que quería: la cama que debería haber ocupado Alegre estaba vacía.

Le trajeron el vino, y Juana se quedó mirando con aire ausente el juego de la luz oscilante de las velas sobre las paredes cubiertas de tapices, mientras bebía lentamente y empezaba a planear cuál sería su venganza.

Le enfurecía pensar que una de sus sirvientas hubiera pasado por encima de ella, de Juana de Portugal.

"Haré que sea enviada de regreso a Lisboa", masculló. "No importa lo que él diga, insistiré. Tal vez Villena y el arzobispo se pongan de mi parte. Después de todo, lo que ellos desean es verme encinta sin demora."

Entonces, oyó las dulces notas de un laúd que tocaba bajo su ventana y escuchó cómo la voz del ejecutante se elevaba en una canción de amor que, esa misma noche, Juana había escuchado en el salón de baile.

Las palabras eran las de un amante que suspira por su amada y declara que preferiría la muerte antes que verse rechazado por ella.

La reina tomó una vela y se aproximó a la ventana. Allí abajo estaba el joven que tan ardorosamente había hablado con ella en el baile. Durante unos momentos, los dos se contemplaron en silencio. Después, él empezó de nuevo a cantar, con voz profunda, vibrante, apasionada.

La reina regresó a su lecho.

Lo que sucediera en algún aposento del palacio entre su marido y su dama de honor había dejado de importarle. Sus pensamientos eran solamente para Beltrán de la Cueva.

3

Los esponsales
de Isabel

Isabel despertó de su sueño. Se sentó en la cama, diciéndose que no podía ser aún de día; estaba demasiado oscuro.

—Despierta, Isabel.

Era la voz de su madre, y un escalofrío de aprensión recorrió a la niña. Allí estaba la Reina viuda, sosteniendo en la mano un candelabro, con el pelo flotante sobre los hombros, enormes los ojos en el rostro pálido y desencajado.

La infanta empezó a temblar.

—Alteza... —murmuró—, ¿es ya de mañana?

—No, no. No has dormido más que una hora o poco más. Hay una noticia maravillosa... Tanto que no me permitía el corazón no despertarte para hacértela saber.

—Una noticia... ¿Para mí, Alteza?

—Vaya, qué niña dormilona eres. Deberías estar bailando de alegría. Esta noticia maravillosa acaba de llegar de Aragón. Tendrás marido, Isabel. Es una gran alianza.

—¿Marido, Alteza?

—Ven, no te quedes ahí. Levántate. ¿Dónde está tu abrigo? —la Reina viuda dejó escapar una aguda risa—. Estaba resuelta a traerte yo misma esta noticia, no quería que nadie más te la diera. Toma, niña. Envuélvete en esto. ¡Así! Ahora, ven conmigo. Éste es un momento solemne. Han pedido tu mano en matrimonio.

—¿Quién la ha pedido, Alteza?

—El rey Juan de Aragón, en nombre de su hijo Fernando.

—Fernando —repitió Isabel.

—Sí, Fernando. Claro que no es el hijo mayor del rey, pero he oído decir, y sé que es la verdad, que el Rey de Aragón ama más las uñas de Fernando que el cuerpo todo de los tres hijos que tiene de su primer matrimonio.

—Alteza, ¿es que tiene las uñas tan diferentes de las de otras personas?

—Ay, Isabel, Isabel, qué niña eres todavía. Y Fernando es un poco menor que tú... Un año casi, once meses. Es decir que aún es apenas un muchachito, pero estará tan encantado de establecer una alianza con Castilla como tú con Aragón. Y yo, hija mía, estoy contenta. Tú ya no tienes padre, y tus enemigos en Madrid harán todo lo posible por privarte de tus derechos, pero el Rey de Aragón te ofrece a su hijo. El matrimonio se celebrará tan pronto como tengáis la edad necesaria. Entretanto, puedes considerarte comprometida. Ahora, debemos orar. Debemos agradecer a Dios esta enorme buena suerte, y al mismo tiempo pediremos a los santos que cuiden bien de ti, que te guíen hacia un gran destino. Ven.

Juntas se arrodillaron en el reclinatorio que había en el cuarto de Isabel.

Para la niña, la impresión de estar levantada a esa hora era fantástica. La vacilante luz de la vela tenía algo de espectral, y la voz de su madre sonaba imperiosa, como si en vez de rogarle, diera instrucciones a Dios y a sus santos sobre lo que debían hacer por Isabel. La infanta sentía que le dolían las rodillas, siempre un poco magulladas de tanto estar arrodillada, y tenía la sensación de no estar completamente despierta, como si todo lo que sucedía fuera una especie de sueño.

"Fernando", murmuró para sí, tratando de hacerse una imagen de él, pero lo único que podía pensar era en esas uñas tan amadas.

¡Fernando! Algún día se conocerían, hablarían, harían planes. Vivirían juntos, como habían vivido su madre y el Rey, en un palacio o en un castillo, probablemente en Aragón.

Isabel jamás había pensado en vivir en otro lugar que en Madrid o en Arévalo, jamás se le había ocurrido que pudiera tener otros compañeros que su madre o Alfonso, y tal vez Enrique, si es que alguna vez regresaban a Madrid. Pero esto sería diferente.

Fernando. Se repitió una y otra vez el nombre: tenía una calidad mágica. Fernando sería su marido, y ya desde ahora tenía el poder de hacer feliz a su madre.

La Reina había vuelto a levantarse.

—Ahora volverás a acostarte —indicó—. Ya hemos dado las gracias por esta gran bendición.

Cuando besó a su hija en la frente, su sonrisa era tranquila y alegre.

Isabel agradecía en silencio a Fernando que fuera capaz de hacer feliz a su madre.

Pero el estado de ánimo de la Reina cambió repentinamente, de esa forma imprevista que aún seguía sorprendiendo a Isabel.

—Quienes hayan pensado que tú no tenías peso alguno tendrán que cambiar de opinión, ahora que el rey de Aragón te ha elegido como novia de su hijo bienamado.

En su voz vibraban toda la cólera y el odio que sentía por sus enemigos.

—Ahora todo irá bien, Alteza —la calmó Isabel—. Fernando se ocupará de eso.

Súbitamente, la Reina sonrió y empujó a la niña hacia la cama.

—Anda, acuéstate, y que duermas en paz.

Isabel se quitó el abrigo y volvió a subirse a la cama.

La Reina la observaba; después, se inclinó sobre ella para arroparla. Por último besó a la infanta y salió, llevándose consigo la vela.

Fernando, pensaba Isabel. El querido Fernando de las uñas preciosas, el del nombre que, con sólo mencionarlo, podía dar felicidad a su madre.

Juana observó que Alegre no aparecía en las ocasiones en que era obligación atender a la Reina. Envió a una de las otras mujeres a ordenar a la ausente dama de honor que se presentara inmediatamente ante ella. Cuando Alegre entró, Juana se aseguró de que nadie más estuviera presente durante la entrevista.

Alegre dirigió a la Reina una mirada de apenas disimulada insolencia.

—Desde que has venido a Castilla, parece que te tomas tus deberes muy a la ligera —señaló Juana.

—¿A qué deberes se refiere su Alteza? —la insolencia del tono reforzaba la de la actitud.

—¿A qué deberes he de referirme, si no a los que te trajeron a Castilla? Hace más de una semana que no te veo a mi servicio.

—Alteza, es que he recibido otras órdenes.

—Yo soy tu señora, y sólo de mí debes recibir órdenes.

Alegre bajó los ojos y se las arregló para componer un aspecto al mismo tiempo descarado y modesto.

—Bueno —insistió la Reina—, ¿qué me contestas? ¿Vas a conducirte como corresponde, o me obligarás a enviarte de regreso a Lisboa?

—Alteza, no creo que fuera el deseo de todos en la corte que yo regresara a Lisboa. Sé por una fuente muy de fiar que mi presencia aquí es muy bien recibida.

Bruscamente, Juana se puso de pie, fue hasta donde estaba Alegre y la abofeteó en ambas mejillas. Sorprendida, la dama de honor se llevó las manos a la cara.

—Debes conducirte de la manera que cuadra a una dama de honor —señaló coléricamente Juana.

—Intentaré ponerme a la altura de Vuestra Alteza, que se conduce como cuadra a una Reina.

—¡Eres una insolente! —le gritó Juana.

—¿Es insolencia, Alteza, aceptar lo inevitable?

—¿Conque es inevitable que en mi corte te conduzcas como una perra?

—Es inevitable que obedezca las órdenes del Rey.

—¿Así que él te dio órdenes? ¿Así que no te pusiste tú en el camino, para que te las dieran?

—¿Qué podía hacer, Alteza? Me era imposible borrarme.

—Tendrás que regresar a Lisboa.

—No creo que sea así, Alteza.

—Exigiré que así sea.

—Sería humillante para Vuestra Alteza exigir aquello que no le será concedido.

—No debes pensar que estás muy al tanto de los asuntos de la corte sólo porque durante unas pocas noches has compartido el lecho del Rey.

—Algo se aprende —comentó con ligereza Alegre—, porque no nos pasamos todo el tiempo haciendo el amor.

—Estás despedida.

—¿De vuestra presencia, Alteza, o de la corte?

—Sal de mi presencia. Y te advierto que te haré regresar a Lisboa.

Con una reverencia, Alegre se despidió. Juana se quedó muy enfadada, maldiciendo su propia estupidez por haber llevado consigo a la camarera. Debería haber pensado que esa criatura no podría dejar de traerle algún problema, pero ¿cómo podía habérsele ocurrido que tendría la temeridad de usurpar el lugar de la propia Juana en el regio lecho matrimonial?

Mientras sus doncellas la vestían, Juana estaba pensativa. No se sentía lo bastante segura de sí como para hablar con ellas sin traicionar sus sentimientos.

Sería demasiado indigno permitir que nadie supiera lo humillada que se sentía, y tanto más cuanto que su sentido común le avisaba que si no quería tener problemas con el Rey tendría que aceptar la situación.

Pese a su aparente indolencia, y aunque se mantuviera indiferente ante los asuntos del reino, su marido sería capaz de cualquier locura para complacer a su amante del momento. Juana no olvidaría jamás la triste historia de Blanca de Aragón, y no ignoraba que sería una estupidez por su parte permitirse creer que, por el solo hecho de que pareciera sentir afecto por ella, Enrique no sería capaz de hacerla regresar a Lisboa si ella lo disgustaba.

Después de todo, en cuanto al tan deseado embarazo ella no había tenido más éxito que Blanca. Y estaba, además, alarmada por los rumores que había oído. ¿Sería realmente cierto que Enrique era incapaz de engendrar? En ese caso, ¿qué destino esperaba a Juana de Portugal? ¿No se parecería demasiado al de Blanca de Aragón?

Prestó atención a la charla de las mujeres, dirigida evidentemente a tranquilizarla.

—Dicen que estuvo magnífico.

—Yo creo que es el hombre más apuesto de la corte.

—Y, ¿quién es ese personaje tan apuesto y magnífico? —preguntó despreocupadamente Juana.

—Beltrán de la Cueva, Alteza.

Juana sintió que se le levantaba el ánimo, pero al observar su propio rostro en el espejo vio con satisfacción que se había mantenido impasible.

—¿Qué es lo que ha hecho?

—Pues bien, Alteza, ha defendido un paso de armas en presencia del propio Rey. Quedó como triunfador y, según nos han dicho, rara vez se ha visto un hombre que demostrara semejante valor. Declaró que defendería los encantos de su señora contra los de toda otra, en ese momento y en cualquier otro, y que desafiaba a cualquiera que se permitiera desmentir sus palabras.

—¿Y quién es esa mujer incomparable? ¿No lo dijo?

—No lo dijo. Se comenta que su honor se lo impedía. El Rey se mostró complacido. Dijo que la gallardía de Beltrán de la Cueva le había impresionado al punto de que, para celebrar la ocasión, haría erigir un monasterio dedicado a San Jerónimo.

—¡Qué cosa más extraña! ¿Dedicar un monasterio a San Jerónimo porque un cortesano proclama los encantos de su señora?

—Vuestra Alteza debería haber visto al caballero. Parecía que estuviera en trance. Y el Rey se quedó impresionadísimo por su devoción a la misteriosa dama.

—¿Y tenéis vosotras alguna idea de quién puede ser?

Las doncellas se miraron.

—¿Lo sabéis? —insistió Juana.

—Alteza, todos saben que la devoción de ese caballero se dirige únicamente a una que no puede responder a su amor, tan elevado es el lugar que ocupa. En la corte no podría haber más que una dama que responda a tal descripción.

—¿Os referís a... la reina de Castilla?

—A vos misma, Alteza. Se cree que el Rey quedó tan complacido por la devoción de ese hombre hacia vos que por eso tuvo ese gesto.

—Pues yo lo agradezco —concluyó con ligereza Juana—. Tanto a Beltrán de la Cueva como al Rey.

La Reina sintió que en alguna medida, su dignidad le había sido restaurada, y se dio cuenta de que su gratitud hacia Beltrán de la Cueva era infinita.

Juana, que se había retirado a sus habitaciones, no dormía. Sabía que el hombre que evidentemente esperaba convertirse en su amante no tardaría en estar bajo sus ventanas.

Todo se presentaba tan fácil. Juana no tenía más que hacer una pequeña señal.

¿Era peligroso? Sería imposible mantener una cosa así en un total secreto. Al parecer, pocas eran las acciones de Reyes y Reinas que pudieran escapar de la luz de la publicidad. Y sin embargo, por ella De la Cueva había hecho ese gesto magnífico.

Además, tenía la sensación de que el Rey no se opondría a que ella tuviera un amante. Enrique deseaba seguir por su propia senda de promiscuidad, y en opinión de Juana, lo que le irritaba en su primera mujer era su virtud. Para un hombre como Enrique, la virtud de alguien a quien él engañaba podía ser irritante. ¿Y si fueran ciertos los rumores de que Enrique era estéril? ¿Culparían a Juana como habían culpado a Blanca? Sería más probable que Enrique siguiera conservándola como esposa si ella no dejaba de ser encantadora y tolerante pese a la vida escandalosa de él.

Y había algo más: Juana siempre había tenido conciencia de sus propias necesidades sexuales. La segunda esposa de Enrique de Castilla era muy diferente de la primera.

Sintió cierta inquietud al acercarse, lenta pero deliberadamente, a la ventana.

La noche era oscura y calurosa, embalsamada por el aroma de las flores. Allí estaba él, como ella había sabido que estaría. Al verlo, Juana se excitó. Nadie podría decir que ella se rebajaba al aceptarlo por amante. Era, sin duda, no sólo el hombre más apuesto de la corte, sino también el más valiente.

Levantó una mano para saludarlo.

Casi podía percibir las oleadas de euforia que emanaban de él.

Beltrán de la Cueva estaba satisfecho de sí, pero era demasiado avispado para no advertir que la nueva senda en que se embarcaba estaba erizada de peligros.

La reina le había atraído inequívocamente desde la primera vez que la viera, y desde entonces había sido su ambición convertirse en su amante, pero sabía que la venia debía recibirla del Rey, y ahora calculaba de qué manera podría seguir contando con la gracia de éste, al tiempo que disfrutaba también de su intimidad con la Reina.

Era una situación extraña, pues lo que esperaba era gozar del favor del Rey en tanto que era el amante de la Reina. Pero Enrique era un marido blando, un hombre que, dedicado a los placeres de la carne, quería ver actuar de igual manera a quienes lo rodeaban. No sería él quien apreciara a los virtuosos; la virtud le irritaba, porque en él había una conciencia que el Rey trataba de ignorar, y que la virtud movilizaba.

El futuro estaba cargado de esperanzas, pensaba Beltrán de la Cueva. Realmente, no veía por qué no aprovechar doblemente su nueva relación con la Reina.

Mantenerla en secreto era imposible.

La Reina le había dado acceso a sus habitaciones, y era inevitable que alguna de las damas de honor descubriera esas visitas nocturnas, y una de las doncellas se lo comentaría a otra, y tarde o temprano el asunto sería motivo de habladurías en la corte.

Ante la Reina, ocultaba su ansiedad.

—Si el Rey descubriera lo que ha sucedido entre nosotros —le dijo en la quietud del dormitorio—, no creo que mi vida valiera un ardite.

Con un gesto de terror fingido, Juana se abrazó a él. Fingir que era peligroso daba un encanto adicional al amor de ambos.

—Entonces, no debéis volver —le susurró.

—¿Creéis que el temor a la muerte me apartaría de vos?

—Sé que sois valiente, mi amor, tanto que no pensáis en el riesgo que vos mismo corréis. Pero yo lo tengo continuamente presente. Os prohíbo que volváis aquí.

—Es la única orden que podéis darme y que yo no podría obedecer.

Esa clase de conversaciones eran estimulantes para ambos. De la Cueva disfrutaba al verse como el amante invencible, y en el caso de Juana, su autoestima se fortalecía. Ser de esa manera amada por quien era considerado el hombre más atractivo de la corte podía provocar en ella una total indiferencia hacia el enredo amoroso entre su marido y su dama de honor.

Además, había oído decir que Enrique estaba ya dividiendo sus atenciones entre Alegre y otra cortesana, y eso le resultaba gratificante.

Enrique debía de estar al tanto del vínculo entre Juana y Beltrán, pero no daba muestras del menor rencor, más aún, hasta parecía complacido. Juana estaba encantada con el giro que tomaban los acontecimientos. Eso demostraba que había tenido razón al decidir que, si ella dejaba que Enrique tuviera amantes sin hacerle reproches, tampoco su marido le plantearía objeciones si alguna vez ella se entretenía con un amante.

Una situación muy satisfactoria, pensaba la Reina de Castilla.

Beltrán de la Cueva también se sentía aliviado. Enrique le demostraba mayor amistad que nunca. Fascinantes circunstancias, pensaba, en las que podía esperar tanto el apoyo de la Reina como el del Rey.

Entretanto, en el palacio de Arévalo, la niñita crecía.

Al evocar su pasado, recordaba con piedad a aquella Isabel que no había tenido a su Fernando, porque para ella Fernando se había vuelto tan real como su hermano, su madre o cualquiera de los que vivían en el palacio. En ocasiones, le llegaba alguna noticia referente a él. Que era muy apuesto, que toda la corte de Aragón lo adoraba, que la rencilla entre su padre y el medio hermano de Fernando era por causa de Fernando. En la Casa Real de Aragón no terminaban de lamentar que Fernando no hubiera nacido antes que Carlos.

Con frecuencia, al encontrarse ante un dilema, Isabel se preguntaba: "¿Qué haría Fernando?"

Tanto era lo que hablaba de él con Alfonso, que su hermano menor le decía:

—Parece como si Fernando estuviera realmente aquí con nosotros. Nadie creería que tú no lo has visto jamás.

Esas palabras afectaban a Isabel, ya que para ella era casi una ofensa que le recordaran que jamás había visto a Fernando. A veces pensaba también que infringía su habitual decoro al hablar tanto de él, y que era algo que debía evitar.

Pero, aunque no lo hablara con su hermano, eso no le impedía seguir pensando en Fernando. Le era imposible imaginarse la vida sin él.

Por él y para él estaba decidida a ser una perfecta esposa, una Reina perfecta, pues creía que, pese a su hermano Carlos, Fernando sería algún día Rey de Aragón. Isabel ya era experta en labores de aguja, y no sólo quería ser maestra en el bordado, sino también en la costura.

—Cuando esté casada con Fernando —dijo en una ocasión a su hermano—, le haré todas las camisas. No le dejaré usar ninguna que esté cosida por otras manos.

También se interesaba por los asuntos de estado. Sabía que ya no era una niña y pensaba que tal vez, al cumplir los quince o dieciséis años, se casaría. Fernando era un año menor y tal vez eso fuera causa de alguna demora, ya que sería ella quien tendría que esperar a que él llegara a la edad casadera.

—Pero no importa —se consolaba—. Así tendré algo más de tiempo para perfeccionarme.

De tiempo en tiempo le llegaban noticias de la corte de su medio hermano. Al parecer, Enrique era muy mal rey, y la niña comprendía que, indudablemente, su madre había tenido razón al insistir en que ella y su hermano debían vivir retirados, como ermitaños. Ésa era la mejor manera de prepararse para su matrimonio con Fernando.

Como había hecho desde que era muy pequeña, Isabel escuchaba las conversaciones de los mayores, y rara vez las interrumpía; procuraba disimular su interés, que era la forma más segura de conseguir que todos se olvidaran de su presencia.

Un día oyó muchos susurros y murmuraciones.

—¡Qué escándalo!

—¡Cuándo se oyó que un arzobispo se condujera de ese modo!

—¡Y el arzobispo de San Jaime, además!

Finalmente, Isabel consiguió descubrir en qué había consistido el delito del arzobispo. Aparentemente, éste se había quedado tan impresionado por los encantos de una joven novia que había intentado secuestrarla y violarla cuando ella salía de la iglesia, después de la boda.

Los comentarios sobre el escándalo eran muy esclarecedores.

—Pues, ¿qué se puede esperar? No es más que un reflejo de lo que sucede en la corte. ¿Cómo puede el Rey censurar al arzobispo, cuando él se conduce de manera no menos escandalosa? Habréis oído decir, me imagino, que la principal de sus amantes es una dama de honor de la propia Reina. Dicen que le ha puesto aposentos tan espléndidos como los de la Reina, y que personas de la importancia del arzobispo de Sevilla intentan conseguir su favor.

—Pero es que además no es la única amante del Rey. ¡Si el último escándalo es que una de sus damas quería hacerse abadesa, imaginaos! Y ¿qué hace nuestro enamorado rey? Pues destituye a la piadosa y noble abadesa de un convento de Toledo, para poner en lugar de ella a su querida. No es de asombrarse que haya escándalos fuera de la corte, cuando los que hay dentro de ella son tan sonados.

Por su madre y sus maestros, Isabel empezó a saber lo mal gobernada que estaba Castilla; le hicieron tomar conciencia de los terribles errores que insistía en cometer su medio hermano.

—Hija mía —le decía su confesor—, toma como una lección las acciones del Rey, y si alguna vez te lleva el destino a colaborar en el gobierno de un reino, asegúrate de no caer en trampas semejantes. Se están exigiendo impuestos al pueblo, y ¿con qué fin? Para que el Rey pueda mantener a sus favoritas. Los comerciantes, que son uno de los medios para que el país haga riquezas, se ven sometidos a tan pesados gravámenes que no pueden dedicar lo mejor de sus esfuerzos al país. Y lo peor de todo es que se ha adulterado la moneda. Debes tratar de entender la importancia que esto tiene. Donde teníamos antes cinco casas de moneda hay ahora ciento cincuenta, y eso significa que el valor del dinero ha descendido a un sexto de su valor anterior. Trata de comprender, hija mía, el caos que esta situación puede provocar. Imagínate que si las cosas no se arreglan, el país entero estará al borde de la insolvencia.

—Decidme —preguntó con seriedad Isabel—, ¿mi hermano Enrique es el culpable de todo eso?

—Es frecuente que los gobernantes de un país sean los culpables de que éste pase por épocas difíciles. El deber del gobernante es postergarse por el amor a su país. El deber de reyes y reinas para con su pueblo debería estar antes que el placer. Si alguna vez fuera tu destino gobernar...

—Mi país sería lo primero en mi consideración —terminó Isabel, uniendo las manos. Y lo decía con la voz con que podría haber hablado una novicia refiriéndose al momento de hacer sus votos.

En tales ocasiones, se imaginaba siempre gobernando junto a Fernando, y empezó a darse cuenta de que ese novio que le estaba destinado, que tan real era para ella aunque jamás lo hubiera visto, se había constituido en la fuerza dominante en su vida.

Tiempo después, les llegó la noticia de que Enrique había decidido encabezar una cruzada contra los moros. No había nada que pudiera ganarle el apoyo del pueblo con tanta seguridad como un proyecto tal. A los españoles les escocía saber que hacía ya siglos que los moros estaban en España, y que las grandes provincias del sur seguían aún bajo el dominio de ellos. Desde la época de Rodrigo Díaz de Vivar, el famoso castellano del siglo XI que pasara a la historia como el Cid Campeador, los españoles buscaban otro hombre que fuera capaz de conducirlos en la batalla, y cada vez que aparecía alguno que proponía organizar una campaña con la intención de expulsar a los moros de la península ibérica, se elevaba el clamor: "He aquí que ha renacido el Cid y está entre nosotros".

De manera que cuando Enrique declaró su propósito de combatir a los moros, su popularidad se incrementó.

El rey necesitaba dinero para sus campañas, ¿y de dónde habría de salir éste sino de los bolsillos de su sufrido pueblo? Los ejércitos se adueñaron de las riquezas de la campiña con el fin de equiparse para la campaña del Rey.

Enrique, sin embargo, era de los militares que pueden hacer un ostentoso despliegue, marchando por las calles a la cabeza de sus tropas, pero a quienes no les va tan bien en el campo de batalla.

Repetidas veces sus fuerzas fueron derrotadas. Regresó de sus guerras haciendo deslumbrante exhibición de su caballería, pero sin haber realizado conquista alguna, y los moros siguieron tan firmes en sus posiciones como siempre.

Enrique declaró que era parco en arriesgar la vida de sus hombres porque, en su opinión, la vida de un solo cristiano valía más que la de un millar de musulmanes.

Esperaba que su sentimental declaración despertara ecos favorables en el pueblo, pero el pueblo se quejó, especialmente en los distritos en donde había tenido lugar la lucha.

Parece, decía la gente, que el Rey nos hace la guerra a nosotros, no a los infieles.

Y cada día, en la escuela del palacio de Arévalo, Isabel se enteraba de las hazañas de Enrique, y de ellas tenía que aprender sus lecciones.

—Jamás vayas a la guerra —le decían— a menos que tengas bien fundadas esperanzas de victoria. Con un hermoso uniforme no se hace un buen soldado. Antes de ir a la guerra, asegúrate de que tu causa es justa, y de que la has abrazado de todo corazón.

—Jamás —les decía su preceptor, instruyendo a Isabel y a Alfonso— tuvo un futuro gobernante mejor oportunidad para sacar provecho de las locuras de su predecesor.

Les explicaban por qué, en todo sentido, Enrique era un mal Rey. No les hablaban de sus aventuras amorosas, pero el tema quedaba insinuado, y en la categoría única de "favoritos" iban incluidos amantes y ministros.

La extravagancia del Rey rozaba los límites del absurdo. Su política consistía en sobornar a los enemigos, en la esperanza de convertirlos en amigos, y a los amigos para que no dejaran de serlo.

En ambos casos, política equivocada, oían decir Isabel y Alfonso. A los amigos hay que conservarlos en virtud de la recíproca lealtad, y a los enemigos hacerles frente con el puño armado, no con la mano que ofrece riquezas.

—Aprended bien vuestras lecciones niños, pues puede llegar un momento en que las necesitéis.

—Debemos aprender nuestras lecciones, Alfonso —insistía Isabel—, porque bien puede ser que un día el pueblo se harte de Enrique, y si él no tiene hijo varón te llamarán a ti para ocupar el trono de Castilla. En cuanto a mí, algún día ayudaré a Fernando a gobernar Aragón, de manera que ciertamente debemos aprender bien nuestras lecciones.

Así, con esa seriedad, escuchaban ambos lo que se les decía, y les parecía que los años en Arévalo eran años de espera.

Isabel se demoraba pensativamente en su bordado. Pensaba que en cualquier momento podía haber cambios. En cualquier momento, el pueblo podía decidir que estaba harto de Enrique, y entonces marcharían sobre Arévalo para llevarse a Alfonso y coronarlo Rey.

La infanta había oído decir que la desvalorización de la moneda había provocado el caos en ciertos sectores de la comunidad y que, como resultado, se habían incrementado los robos.

Algunas de las familias más nobles de Castilla, declarando que estaban al borde de la bancarrota, habían perdido todo sentido de la decencia y se convertían en salteadoras de caminos. Viajar era, por ese entonces, menos seguro de lo que había sido durante siglos, y los castillos, que antaño fueran los hogares de las familias nobles, eran poco menos que guaridas de ladrones. Algunos de tales nobles llegaban incluso al punto de remediar sus contratiempos apoderándose de cristianos y cristianas en pueblos y aldeas, para después venderlos como esclavos a los moros.

Una conducta semejante era en verdad deplorable, y era evidente que en Castilla imperaba la anarquía.

Se necesitaban muchas reformas, pero lo único que al Rey parecía importarle eran sus fantásticos desfiles y el placer de sus favoritos.

Isabel rogaba por el bienestar de su país.

"Ah, ¡qué diferentes seremos Fernando y yo, cuando gobernemos juntos!", decíase para sus adentros.

Un día, su madre vino a verla sumamente alterada, e Isabel recordó aquella noche en que la habían sacado de la cama para dar gracias a Dios porque el rey de Aragón la había pedido en matrimonio para su hijo Fernando.

—Isabel, hija mía, tengo una noticia maravillosa. El príncipe de Viana nos pide tu mano en matrimonio.

Es un ofrecimiento brillante. Carlos no sólo es heredero de Aragón, también es el gobernador de Navarra. Mi querida Isabel, ¿por qué me miras tan azorada? Deberías regocijarte.

Isabel se había puesto pálida. Levantó la cabeza y se enderezó en toda su estatura, olvidadas por una vez las reglas del decoro.

—Habéis olvidado, Alteza, que estoy ya comprometida con Fernando —objetó.

La Reina viuda soltó la risa.

—Eso... vaya, olvidémoslo. ¿Fernando de Aragón? Un matrimonio muy conveniente, pero no es más que un segundón. Carlos, el heredero de Aragón, el gobernador de Navarra, pide tu mano. No veo por qué habría de demorarse el matrimonio.

Fue una de las pocas ocasiones de su vida en que la joven Isabel perdió el control. Se arrodilló y, aferrándose a las faldas de su madre, la miró implorante.

—Pero, Alteza —gimió—, yo soy la prometida de Fernando.

—Esa promesa no es una obligación, hija mía. Este matrimonio es más adecuado. Debes admitir que tus mayores saben lo que es mejor para ti.

—Alteza, el rey de Aragón se enfadará. ¿Acaso las uñas de Fernando no le son más caras que todo el cuerpo de su hijo mayor?

Las palabras de la infanta hicieron sonreír a su madre.

—Carlos ha reñido con su padre, pero el pueblo de Aragón ama a Carlos, y él es el único a quien reconocerán como Rey. Los territorios de Navarra también le pertenecen. Vaya, si no podrías esperar matrimonio mejor.

Isabel se mantuvo rígidamente erguida y, por primera vez, mostró claramente los signos de su naturaleza obstinada.

—Mi casamiento con Fernando es una cuestión de honor.

Su madre se rió, no con su risa de excitación descontrolada, sino apenas con una tolerancia levemente divertida, pero en ese momento, Isabel no estaba en situación de preocuparse por las emociones de su madre.

—Deja estas cosas para tus mayores, Isabel —repitió la Reina viuda—. Ahora, debes arrodillarte para dar las gracias a Dios y sus santos por tu buena fortuna.

Rebeldes protestas pugnaban por salir de los labios de Isabel, pero la disciplina de tantos años fue más fuerte, y la infanta no dijo nada.

Se dejó llevar hasta su reclinatorio y, mientras su madre rogaba por la pronta unión de su hija y del príncipe de Viana, heredero del trono de Aragón, Isabel apenas si pudo murmurar: "¡Fernando! ¡Oh, Fernando! Debe ser Fernando. Santa madre de Dios, no me abandones. Haz que me pase algo, o que le pase algo al príncipe de Viana, o al mundo entero, pero guárdame para Fernando".

4

Escándalo
en la corte de Castilla

En el palacio de Zaragoza Juana Enríquez, Reina de Aragón, hablaba con su marido Juan de la desvergüenza de Carlos.

—Eso —insistía— es algo hecho con la intención de insultaros, de demostraros lo poco que respeta vuestra autoridad ese hijo que tenéis. Bien sabe que uno de nuestros proyectos más queridos es que Fernando se case con Isabel... ¡Y no se le ocurre nada menos que ofrecerse él!

—Eso no sucederá —la tranquilizó el Rey—. No os preocupéis, querida mía. Isabel es para Fernando, y ya encontraremos algún medio de superar en astucia a Carlos... como lo hemos hecho otras veces.

Afectuosamente, sonrió a su mujer. Juana era mucho menor que él, y desde que se habían casado, el rey estaba cada vez más enamorado de ella y su mayor deseo era darle todo lo que deseara. Juana era única, de eso no cabía duda. Hermosa, audaz, astuta... ¿acaso había otra mujer en el mundo que pudiera compararse con ella? Su primera mujer, Blanca de Navarra, era la viuda de Martín de Sicilia cuando Juan se casó con ella. Había sido buena esposa, había aportado una dote de ninguna manera insignificante, y el rey había estado satisfecho con su matrimonio. Su mujer le había dado tres hijos, Carlos, Blanca y Leonor, y en aquel momento había sido un padre orgulloso. Ahora, casado con la incomparable Juana

Enríquez y tras haber tenido de ella al no menos incomparable Fernando, el rey llegaba incluso a desear —porque su mujer lo deseaba— no haber tenido jamás otros hijos, para que Fernando pudiera ser el heredero de todas sus posesiones.

No tenía nada de asombroso, se dijo, que estuviera a tal punto embobado con Fernando. ¿Qué pasaba con sus otros hijos? Con Carlos, los conflictos eran constantes, Blanca había sido repudiada por su marido, Enrique de Castilla, y vivía ahora retirada en sus propiedades de Olite, desde donde (según insistía Juana) apoyaba a su hermano Carlos en sus discordias con su padre; y en cuanto a Leonor, condesa de Foix, hacía ya muchos años que se alejara de ellos, cuando se casó con Gastón de Foix, y era una mujer dominante y de grandes ambiciones.

Por lo tocante a Juana, estaba pendiente de Fernando con toda la fuerza de su enérgica naturaleza, y se resentía de cualquier favor que fuera concedido a los hijos del primer matrimonio.

En los primeros días de su unión, su segunda mujer se había mostrado dulce y afectuosa, pero desde el día —el 1º de marzo de 1452, unos ocho años atrás— que nació Fernando, en el pueblecito de Sos, Juana había cambiado. Se había convertido en una tigresa que defiende a su cachorro, y el Rey, totalmente dedicado a ella, se había dejado envolver en esa batalla por los derechos del hijo adorado de su segunda mujer, en contra de su familia de la primera.

En cualquier caso es triste que haya discordia entre familiares, pero en una familia real puede ser desastroso.

Sin embargo, Juan de Aragón no podía ver más que por los ojos de la esposa que tan desmedidamente amaba.

De ahí que para él su hijo Carlos fuera un bribón, cosa que no era verdad.

Carlos era hombre de mucho encanto y de gran integridad. De buena disposición, cortés y pudoroso, eran muchos los que lo consideraban el príncipe perfecto. Intelectual y artista, era un enamorado de la música, pintaba y era poeta, con algo de historiador y de filósofo. Habría preferido llevar una vida tranquila y consagrada al estudio, y la gran tragedia de su vida fue que, en contra de su voluntad, se vio arrastrado a un sangriento conflicto con su propio padre.

El problema se había iniciado cuando Juana pidió compartir con Carlos el gobierno de Navarra, territorio que éste había heredado a la muerte de su madre, hija de Carlos III de Navarra.

La intención de la reina era desposeer a Carlos para que Navarra fuera a parar a manos de su amado Fernando, por entonces un niño muy pequeño; pero las ambiciones de su madre para él iban en constante aumento desde el momento mismo de su nacimiento. Juana era arrogante, y su política consistía en provocar disturbios, de manera que en el pueblo creciera la insatisfacción con el gobierno de Carlos.

Su deseo de causar problemas se vio considerablemente favorecido por la actitud de dos antiguas familias navarras que desde hacía siglos mantenían un feudo —respecto de cuyo origen ninguna de las dos estaba absolutamente segura— que les servía de recíproca excusa para, de tiempo en tiempo, hacer incursiones y saqueos en sus respectivos territorios.

Ambos rivales, los Beaumont y los Agramont, vieron en el conflicto entre el príncipe y su madrastra un buen pretexto para intensificar su rivalidad. Los Beaumont se aliaron con Carlos, lo que automáticamente significaba que los Agramont se convertían en sostenedores de la Reina. El resultado había sido la guerra, y los Agramont, cuyas fuerzas eran superiores, habían tomado prisionero a Carlos.

Durante varios meses, Carlos se vio confinado, prisionero de su padre y de su madrastra, pero finalmente consiguió escapar y buscó refugio en la corte de su tío, Alfonso V de Nápoles. Para desgracia de Carlos, poco después de su llegada a la corte, su tío murió y el príncipe se vio en la necesidad de intentar reconciliarse con su padre.

Como Juana seguía empeñada en mantener en desgracia al heredero del Rey, Carlos se quedó en Sicilia, donde llegó a ser muy popular; cuando esto se supo en la corte de Aragón, su madrastra se inquietó mucho al ver la posibilidad de que los sicilianos decidieran hacer de Carlos su gobernante.

Naturalmente, Juana ya tenía decidido desde hacía mucho tiempo que Sicilia, lo mismo que Navarra y Aragón, debía integrar los dominios de su querido Fernandito.

Señaló al Rey la necesidad de llamar de nuevo a Carlos de Aragón, de modo que ella y Juan se encontraron con Carlos en Igualada. La reunión parecía tan afectuosa que todos los que la presenciaron se sintieron llenos de regocijo, ya que Carlos era popular dondequiera que iba, y el pueblo deseaba que las rencillas familiares terminaran y que el príncipe fuera declarado, de manera inequívoca, el heredero de su padre.

Eso era lo que Juana estaba decidida a evitar, ya que en su opinión no había más que uno que debía ser declarado heredero de Juan II de Aragón, y había que obligar al pueblo a que así lo aceptara. Se impuso a su marido hasta conseguir que éste convocara a las Cortes y, ante ellas, declarara su mala disposición a nombrar su sucesor a Carlos.

Apenado y perplejo, el príncipe prestó oídos a sus consejeros, quienes le aseguraban que el mejor plan, ya que la casa real de Aragón se ponía en contra de él, era aliarse con la de Castilla.

La alianza podía efectuarse mediante el matrimonio con la medio hermana de Enrique de Castilla, la pequeña Isabel, a quien tenían cuidadosamente recluida en el palacio de Arévalo.

La infanta era aún muy niña, ya que apenas tenía nueve años, y además, había sido prometida a Fernando. Pero era mucho más probable que el Rey de Castilla y la madre de la niña vieran con buenos ojos una alianza con el hijo mayor de Juan de Aragón que con el más pequeño. Imposible, además, idear algo que pudiera hacer más completa la burla de la autoridad de su madrastra que arrebatarle la novia que ella quería para Fernando.

Tal era la trama cuyos detalles habían llegado a oídos de Juana Enríquez, y ésa era la razón de que se quejara coléricamente de Carlos ante su marido, y de que estuviera empeñada en provocar la destrucción de su hijastro.

—Esa pobre criatura —se lamentó—. ¡Si tiene nueve años, y Carlos cuarenta! Pasarán por lo menos tres años más antes de que ella tenga edad para consumar el matrimonio, y para entonces, él tendrá cuarenta y tres. En cambio, Fernando tiene ocho. ¡Qué pareja tan encantadora serían! He oído decir que Isabel es una hermosa niña, y Fernando... nuestro querido Fernando... ¡Oh, Juan, seguramente debéis estar de acuerdo en que no hay un niño más perfecto en Aragón, en Castilla, en toda España ni en el mundo entero!

Juan le sonrió afectuosamente. Su amor por su mujer se hacía más profundo en los momentos en que su calma habitual la abandonaba y la reina exhibía en todo lo que tenía de excesivo su amor por Fernando. Entonces se convertía en otra mujer, ya no era la Juana Enríquez que con mano tan firme manejaba los asuntos de estado: era una especie de madre tigresa. Es indudable, pensaba Juan, que no puede haber en todo Aragón un niño que sea amado con tan profundo orgullo como nuestro Fernando.

Apoyó la mano en el hombro de su mujer.

—Querida esposa, ya encontraremos el medio de evitar tal calamidad. Isabel será para Fernando.

—Pero, señor, ¿qué sucederá si Enrique de Castilla decide aceptar el ofrecimiento de Carlos? ¿Si dice que Carlos es el verdadero heredero de Aragón?

—A mí me corresponde decidir quién me sucederá —declaró Juan.

—Pero, a no ser que elijáis al hijo mayor, habrá problemas. Fernando todavía es un niño, pero cuando crezca, ¡qué guerrero será!

—Pero lamentablemente, no ha crecido aún, querida mía, y si Carlos se casara y tuviera hijos de su matrimonio...

En los ojos de Juana relampagueó la decisión.

—Carlos todavía no se ha casado, y si espera a Isabel, pasarán varios años hasta que pueda casarse. Faltan por lo menos cuatro años para que ella pueda tener hijos, y en cuatro años pueden pasar muchas cosas.

El rey la miró a la cara, y sintió que dentro de él se removían profundas emociones al influjo de la ardiente pasión que leyó en sus ojos.

Fernando era el fruto de la unión de ambos, y por Fernando su madre estaba dispuesta a dar todo lo que poseía, incluido su honor, incluida su vida misma. Cuando habló, una nota de euforia vibraba en su voz.

—Creo que me ha sido concedida la bendición de la

segunda vista, Juan. Creo que un gran destino espera a nuestro hijo. Creo que será el salvador de nuestro país, y que en años por venir su nombre será mencionado junto al del Cid Campeador. Esposo mío, creo que mereceríamos la condenación eterna si no hiciéramos todo lo que esté en nuestras manos para que él alcance su destino.

Juan tomó la mano a su mujer.

—Os juro, queridísima esposa —le aseguró— que nada... nada se interpondrá en el camino que lleve a Fernando a la grandeza.

En su retiro de Olite, Blanca llevaba una vida tranquila.

Tenía dos deseos: que la dejaran pasar su tiempo en paz en su callado refugio, y que su hermano Carlos pudiera triunfar sobre su madrastra y recuperar el favor de su padre.

En ocasiones le llegaban noticias de Castilla. Enrique no había tenido mejor suerte con su nueva esposa que con ella. Todavía no se anunciaba heredero alguno para Castilla, y ya habían pasado siete años desde que el Rey se casara con la princesa de Portugal. Blanca sabía que la situación de Castilla era poco menos que anárquica, que por los caminos había bandas de salteadores armados y que las violaciones y todo tipo de ultrajes se aceptaban como lo más natural del mundo, cosa que sólo podía significar que el país estaba al borde del caos. Había oído rumores referentes a la vida escandalosa que llevaba el Rey, y sabía que la Reina estaba muy lejos de ser una mujer virtuosa. Por todas partes circulaban las habladurías sobre su relación con Beltrán de la Cueva. Blanca temía que en Castilla la situación fuera tan caótica y tan incierta como en Aragón.

Pero Castilla ya no representaba para ella una gran preocupación. Enrique la había repudiado, y ella, podía ignorarlo a su vez.

Con Aragón todo era diferente.

En su vida no quedaba ya nadie a quien Blanca pudiera amar, a no ser su hermano Carlos. Carlos era demasiado bondadoso, demasiado afable y tolerante para entender la ambición avasalladora, la frustración y los celos de una mujer como Juana Enríquez. Y era indudable que el Rey, el padre de ambos, estaba completamente sometido a la influencia de Juana.

Blanca estaba ansiosa de ayudar a Carlos, de aconsejarlo. Por extraño que pudiera parecer, sentía que estaba en situación de hacerlo. Creía que desde su solitario puesto de observación alcanzaba a ver con más claridad que su hermano lo que sucedía, y estaba segura de que eran momentos en que él debía mantenerse en guardia.

Cada vez que un mensajero se aproximaba a su palacio, Blanca temía que fuera portador de malas noticias de Carlos. La acosaba la misma premonición de desastre que había tenido durante el período en que Enrique se preparaba para deshacerse de ella.

Cuando fue a Lérida a presidir las Cortes de Cataluña (poco después de que Carlos hubiera pedido la mano de Isabel de Castilla), su padre pidió al príncipe que se encontrara con él allí.

Blanca lo había puesto en guardia, y sabía que lo mismo habían hecho quienes le guardaban fidelidad.

—No vayáis a Lérida, querido Carlos —le había implorado—. Caeréis en una trampa.

El razonamiento de Carlos había sido distinto: "Si no me presto a negociar con mi padre, ¿cómo será posible conseguir la paz?".

Por eso había ido a Lérida, donde su padre inmediatamente lo hizo arrestar y encarcelar, acusándolo falsamente de conspirar contra el Rey.

Pero el pueblo de Cataluña adoraba a su príncipe, y exigió saber por qué el Rey lo había enviado a prisión, y murmuraba contra ese comportamiento antinatural de un padre hacia su hijo, y acusaba a la reina de ser vengativa y de haber urdido el complot para desposeer de sus derechos al legítimo heredero en favor de su propio hijo.

Llegaron diputaciones de Barcelona, y Juan se vio en la necesidad de abandonar Cataluña para volver sin demora al territorio más seguro de Aragón. Y tuvo que hacerlo de una manera que nada tenía de digna. El resultado fue, además, la rebelión de Cataluña.

De regreso a Zaragoza, Juan reclutó un ejército, pero entretanto la revuelta se había extendido y Enrique de Castilla, que ahora consideraba a Carlos como el futuro esposo de su hermana, invadió Navarra, poniéndose de parte de Carlos y en contra del rey de Aragón. Hasta ese momento, Carlos seguía prisionero, pero en vista de la situación del país, Juan decidió que no le quedaba otro camino que poner en libertad a su hijo.

El pueblo culpaba a Juana de lo sucedido, y para conseguir que volvieran a aceptar a su amada esposa, Juan declaró que había puesto en libertad a Carlos porque ella le había rogado que así lo hiciera.

En su extrema bondad, Carlos no guardó resentimiento alguno contra su madrastra y se dejó acompañar por ella mientras atravesaba Cataluña, camino de Barcelona, donde el rey esperaba que la presencia de su hijo ayudara a restablecer el orden. Cuando vio al príncipe en compañía de su madrastra, el pueblo se dejó convencer de que el afecto mutuo volvía a reinar en la familia.

Al pensar en aquellos acontecimientos, Blanca sacudió la cabeza. En esos momentos, Carlos debía ser más cauteloso que nunca.

¿Qué habría ido pensando Juana durante ese viaje a Barcelona, al ver que el pueblo salía por miles a aclamar a su príncipe, y que sólo tenía miradas hoscas para su madrastra?

Pero Carlos parecía incapaz de aprender de la experiencia. Tal vez estuviera cansado de la contienda, tal vez quisiera abandonar el campo de batalla para volver a sus libros, a sus cuadros; tal vez la situación le resultaba tan angustiosa que deliberadamente se engañara.

Se negó a prestar oídos a las advertencias, y prefirió creer que las seguridades de amistad que le brindaban su padre y su madrastra eran auténticas. Pero la Reina estaba advertida de que sería una imprudencia por su parte entrar en Barcelona, donde se estaba preparando una especial bienvenida para Carlos.

Ahora, los catalanes cerraban filas detrás de su príncipe. A Blanca le habían llegado noticias de la gran bienvenida que había recibido Carlos al entrar en Barcelona.

—Hoy es en Cataluña —decía la gente—, y mañana será en Aragón. Carlos es el legítimo heredero del trono, y allí donde va, se hace querer. "Queremos a Carlos", grita el pueblo. "Y el rey de Aragón debe aceptarlo como heredero, y ya nos ocuparemos de que haya nuevo rey en Aragón: ¡El rey Carlos!" ¿Y el rey Juan? Ha herido en lo vivo al pueblo de Cataluña, y los catalanes jamás lo dejarán entrar en su provincia, a menos que pida humildemente, y obtenga, el permiso de su pueblo.

Que triunfe Carlos, rogaba Blanca. Pero, oh, Carlos, hermano mío, ¡éste es para ti el momento más peligroso!

Así, con esa temerosa premonición de desastre, seguía esperando.

Cuando el mensajero llegó, Blanca estaba en la ventana.

—Traedle inmediatamente ante mí —ordenó a sus camareras—. Sé que es portador de noticias del príncipe, mi hermano.

Así era, y ya la expresión del mensajero le comunicó la naturaleza de la noticia.

—Alteza —balbuceó el mensajero—, os ruego humildemente que me perdonéis. Soy portador de una mala noticia.

—Decídmela, por favor, sin demora.

—El príncipe de Viana cayó presa de una fiebre maligna, que según algunos dicen, contrajo mientras estuvo en prisión.

—Debéis decírmelo todo... pronto —susurró Blanca.

—El príncipe ha muerto, Alteza.

Silenciosamente, Blanca se dio la vuelta y se dirigió a sus habitaciones, echó la llave a la puerta y se tendió en la cama, sin decir nada, sin llorar.

Su dolor era todavía demasiado profundo para hallar cauce en la expresión.

Más tarde, empezó a preguntarse por lo que todo aquello significaba. Ahora, el pequeño Fernando era el heredero de Aragón. Su rival había sido satisfactoriamente eliminado. ¿Eliminado? La palabra era desagradable, pero Blanca creía que en ese caso, era también correcta.

La idea era aterradora. Si sus sospechas eran fundadas, ¿podría ser que su padre hubiera estado en antecedentes de un complot para asesinar a su propio hijo? Parecía increíble y, sin embargo, Juan era un ciego esclavo de su mujer, que lo había engatusado hasta llevarlo a adorar, como ella lo adoraba, al pequeño Fernando.

"¡El único amigo que tenía!", gimió. "¿Y qué será ahora de mí?", se preguntó luego.

Cuando empezó a amortiguarse el primer impacto de la pérdida, Blanca recordó que la muerte de Carlos la convertía en heredera de Navarra, y supo que habría manos voraces, ávidas de arrebatarle lo que le pertenecía.

Su hermana, Leonor de Foix, estaría ansiosa de ocupar su lugar, y ¿de qué manera podría hacerlo, a no ser por la muerte de su hermana mayor? Habían eliminado a Carlos. ¿Le esperaría a ella el mismo destino?

"Santa Madre de Dios", rogó, "permite que me dejen aquí, donde al menos tengo paz. Aquí, en este rincón de calma, donde puedo cuidar de las pobres gentes del pueblo de Olite, que en mí buscan lo poco que puedo darles, puedo tener paz, ya que no felicidad. Permite que me dejen aquí. Guárdame de ese campo de batalla de envidia y ambiciones que ha costado la vida a mi hermano."

Navarra era una posesión peligrosa. Juana Enríquez querría adueñarse de ella para Fernando, Leonor la quería para su hijo, Gastón, que acababa de casarse con una hermana de Luis XI de Francia.

"Si mi madre hubiera sabido las angustias que me acarrearía esta propiedad —se dijo Blanca—, su testamento habría sido diferente."

En ese ánimo siguió esperando, pero su espera no fue larga.

Le llegó una carta de su padre, en que el Rey le decía que tenía grandes noticias para ella. Hacía ya mucho tiempo que Blanca no tenía marido. Su matrimonio con Enrique de Castilla había sido anulado, es decir, que Blanca estaba en libertad de casarse, si así lo deseaba.

Y el Rey, su padre, deseaba que su hija se casara. Más aún, tenía una brillante alianza para ofrecerle. Su hermana Leonor gozaba del favor del Rey de Francia, y pensaba que podría combinarse el matrimonio de Blanca con el duque de Berry, hermano del propio Rey.

"Mi querida hija", escribía el rey, "es ésta una oportunidad con la que no nos habríamos atrevido a soñar."

Blanca leyó la carta y volvió a leerla.

"¿Por qué será", se preguntaba, "que aunque la vida nos haya maltratado y parezca apenas digna de vivirse, luchamos todavía por conservarla?"

No creía en eso del matrimonio con el duque de Berry. Si Carlos había terminado por morir envenenado, ¿por qué no podía sucederle lo mismo a ella, a Blanca? Y si ella muriera, Leonor se quedaría con Navarra. Ése sí que sería un presente digno de su hijo, y como éste se había casado con la hermana del Rey de Francia, Blanca no creía que Luis opusiera ninguna objeción si el crimen se cometía en su territorio.

"¡No debes ir a Francia!", le decían, desde su interior, voces de advertencia. También sus servidores, que la amaban, le advirtieron sobre el riesgo de ir. "Entonces", pensaba Blanca, "no soy yo la única a quien le parece sospechosa la forma en que murió Carlos".

"El matrimonio no es para mí", escribió a su padre. "No tengo deseo alguno de ir a Francia, ni siquiera por tan brillante matrimonio. Me propongo pasar el resto de mi vida aquí en Olite, donde jamás dejaré de rogar por el alma de mi hermano."

Tal vez el hecho de que Blanca hubiera mencionado a su hermano fue lo que encolerizó a su padre. ¿Quién podía saber lo que cargaba sobre su conciencia? Sumamente irritado, el rey le escribió diciéndole que era una estúpida si dejaba pasar tan maravillosa oportunidad.

"Sin embargo, me quedaré en Olite", respondió Blanca. Pero se equivocaba.

A altas horas de la noche, se oyó en el patio el ruido de cascos de caballos, seguido de enérgicos golpes en la puerta.

—¿Quién llama? —preguntaron los guardias.

—¡Abrid! ¡Abrid, que venimos en nombre del rey Juan de Aragón! No quedaba otra salida que franquearles la puerta. El hombre que encabezaba la partida, llevado a presencia de Blanca, se inclinó profundamente ante ella con una deferencia que apenas disimulaba la ostentación de autoridad.

—Os ruego humildemente que me perdonéis, Alteza, pero el Rey os envía órdenes de que os preparéis para salir inmediatamente de Olite.

—¿Con qué destino? —quiso saber Blanca.

—Rumbo a Bearne, señora, donde vuestra noble hermana os espera ansiosamente.

Conque Leonor la esperaba ansiosamente... Sí, ¡con una abrasadora ambición para su hijo Gastón que sólo tenía paralelo con la de Juana Enríquez para su Fernando!

—He decidido que me quedaré en Olite —declaró Blanca.

—Lamento oíros decir eso —fue la respuesta—, pues las órdenes del Rey son, Alteza, que si no consentís en venir, debemos llevaros a la fuerza.

—¡Hasta a eso hemos llegado! —gimió Blanca.

—Son las órdenes del Rey.

—Permitidme que me retire con mis damas para hacer mis preparativos.

"Santa Madre de Dios", volvió a rogar, "¿por qué este deseo de aferrarse a una vida que apenas si vale la pena vivir?"

Pero el deseo persistía.

—Preparaos —dijo Blanca a sus camareras de más

confianza—. Tenemos que dejar Olite. Debemos escapar. Es indispensable que no nos lleven a Bearne.

Pero ¿dónde podía ir?, se preguntaba Blanca. ¿A Castilla? Enrique la apoyaría. Aunque la hubiera repudiado, jamás se había mostrado cruel con ella. Con todos los defectos que tenía, Blanca no creía que Enrique se hiciera cómplice de asesinato. Le explicaría las sospechas que abrigaba respecto a la muerte de Carlos, y le rogaría que la salvara de un destino similar.

A Castilla... y a Enrique. Ya tenía la respuesta.

Si pudiera evadirse del palacio por algún pasadizo secreto... Si pudiera tener un caballo esperándola...

En un susurro dio sus instrucciones.

—Debemos darnos prisa. Los hombres de mi padre ya están en el palacio. Tened dispuestos los caballos. Yo me escaparé, acompañada por mi paje principal y una de mis damas. Apresuraos, que no hay tiempo que perder.

Mientras la vestían para el viaje, Blanca oía rumor de voces detrás de su puerta, y los pasos de los soldados de su padre por el palacio.

Mientras el corazón le latía tumultuosamente, salió del palacio por una puerta secreta. El paje la esperaba, y silenciosamente la ayudó a montar a caballo. Su doncella favorita estaba con ella.

—Vamos —exclamó Blanca, y tocó levemente el flanco de su caballo, pero antes de que el animal pudiera ponerse en movimiento, un par de fuertes manos se apoderaron de las riendas.

—Os lo agradecemos muchísimo, Alteza —dijo junto a ella una voz triunfante—. Os habéis vestido con gran presteza. Ahora ya no nos demoraremos. Nos encaminaremos inmediatamente hacia la frontera.

Después fue la cabalgata a través de la noche, oscura, pero menos oscura que el sombrío presentimiento que encogía el corazón de Blanca mientras se encaminaban hacia Bearne.

En la corte de Castilla se había producido un gran acontecimiento. Lo que la mayoría de los castellanos empezaban ya a creer que jamás sucedería, estaba en vías de producirse.

La reina estaba encinta.

—No puede ser del Rey —era el consenso general—. Eso es imposible.

—Entonces ¿de quién?

No había más que una respuesta. El fiel amante de Juana era Beltrán de la Cueva, que era además amigo del Rey.

Era astuto ese hombre joven, brillante y apuesto. Sabía cómo complacer al Rey, cómo ser para él un compañero ingenioso y entretenido, al mismo tiempo que era el amante devoto y apasionado de la Reina.

Eran muchos los que se reían de la audacia del hombre, y algunos lo admiraban, pero también estaban aquellos a quienes la situación indignaba, y que se sentían postergados.

Entre estos últimos estaban el marqués de Villena y su tío, Alfonso Carrillo, arzobispo de Toledo.

—Es una situación ridícula —decía Villena a su tío—. Si la Reina está encinta, es evidente que el hijo no es de Enrique. ¿Qué haremos? ¿Permitiremos que un bastardo sea el heredero del trono?

—Debemos hacer todo lo que esté en nuestras manos para impedirlo —respondió virtuosamente el arzobispo.

Ambos estaban decididos a provocar la caída de Beltrán de la Cueva, quien gradualmente iba desplazándolos de la situación de autoridad en que durante tanto tiempo se habían mantenido respecto al Rey.

—Si la criatura nace y sobrevive —dijo Villena a su tío—, ya sabremos qué hacer.

—Entretanto —añadió el arzobispo—, debemos asegurarnos de que todo el mundo tenga presente que es imposible que el niño sea hijo del Rey, y que su padre es, sin sombra de duda, Beltrán de la Cueva.

Enrique estaba encantado de que por fin, después de ocho años de matrimonio, la Reina hubiera quedado encinta.

Estaba al tanto de los rumores, referentes no solamente a su esterilidad, sino a su impotencia. Se decía que ésa era la razón de que se dispusieran para él orgías en las que imperaban prácticas antinaturales y lascivas. Por eso, el embarazo de Juana lo alegraba. Enrique abrigaba la esperanza de que sofocara los rumores.

Y en cuanto a él mismo, ¿se consideraba causante del embarazo de su mujer? El Rey era muy capaz de engañarse, había llegado a creer cada vez más en sus propios engaños.

De modo que se ofrecieron bailes y banquetes en honor del niño que iba a nacer. El Rey se dejó ver públicamente en compañía de la Reina más de lo que era su costumbre. Naturalmente, Beltrán de la Cueva, dilecto amigo de la regia pareja, estuvo presente en muchas de tales ocasiones.

Cuando Enrique elevó a Beltrán a la dignidad de conde de Ledesma, en la corte hubo cejas que se arquearon cínicamente.

—¿Es que ahora han de concederse honores a los amantes serviciales que se encargan de lo que no pueden conseguir los maridos impotentes?

A Enrique no le interesaban las murmuraciones y fingía no enterarse de ellas.

En cuanto a Juana, se burlaba de las habladurías,

pero constantemente se refería al niño como hijo de ella y del Rey, y pese a los comentarios malignos, había quienes le daban crédito.

En la corte se percibía la tensión, en espera del nacimiento. ¿Sería un varón? ¿Una niña? ¿Se parecería el niño a la madre o al padre?

—Esperemos —decían los cínicos cortesanos— que se parezca a alguien a quien de alguna manera podamos reconocer. Los misterios que no se pueden aclarar resultan fastidiosos.

Hubo un día de marzo en que se produjeron grandes cambios en Arévalo, cambios tan importantes que Isabel jamás los olvidaría, porque señalaron el fin de su infancia.

La niña había vivido en medio de la euforia desde que se había enterado de la muerte de Carlos. Le pareció en ese momento que sus plegarias habían sido escuchadas. Ella había rogado que sucediera un milagro que le permitiera guardarse para Fernando, y he aquí que el hombre que debía haber ocupado el lugar de él había desaparecido de este mundo.

Fue su madre quien le dio la noticia, como siempre lo hacía cuando las noticias eran importantes.

En sus ojos brillaba una vez más algo salvaje, pero a Isabel eso la asustaba menos que cuando era pequeña. Uno podía acostumbrarse a esos estallidos, que bordeaban los límites del delirio. En más de una ocasión, la infanta había visto cómo los médicos la sujetaban mientras su madre gritaba, se reía y agitaba frenéticamente los brazos.

Isabel aceptaba el hecho de que no se podía contar con que su madre mostrara siempre al mundo una máscara de cordura. Había oído comentar que algún día la Reina viuda tendría que buscar refugio en la soledad, como lo habían hecho antes que ella otros miembros de la familia real.

Aunque lo aceptara con resignación, eso era algo que entristecía mucho a la niña.

Era la voluntad de Dios, decía a Alfonso, y ellos debían aceptarla sin rebelarse jamás contra ella.

Habría sido un consuelo tener una madre dulce y tranquila, en quien hubiera podido confiar. Podría haber hablado con ella de su amor por Fernando... Aunque tal vez fuera difícil hablar con nadie del amor que uno sentía hacia una persona a quien jamás había visto.

Y sin embargo, decíase Isabel, yo sé que soy para Fernando, y que él es para mí. Por eso preferiría la muerte antes que aceptar otro marido.

Pero, ¿cómo era posible explicar ese sentimiento tan íntimo que no tenía por base un sólido buen sentido, sino alguna inexplicable intuición? Por eso, tal vez lo mejor fuera no hablar del asunto.

En la paz de Arévalo, Isabel había seguido soñando. Después llegó ese día, y rara vez había visto la infanta a su madre con un aspecto más desatinado. En sus ojos brillaba una luz colérica por la cual Isabel supo inmediatamente que había sucedido algo alarmante.

La niña y su hermano Alfonso fueron llamados a presencia de su madre, y antes de que hubieran tenido tiempo para las necesarias cortesías y reverencias, la reina viuda exclamó:

—La mujer de vuestro hermano ha dado a luz a un niño.

Con sorprendente rapidez, Isabel se puso de pie sin que su madre advirtiera la falta de etiqueta.

—Es una niña, afortunadamente... Pero tienen un hijo. ¿Sabes lo que eso significa? —la reina miró a Alfonso con ojos llameantes.

—Sí... sí, Alteza—contestó el niño con su voz aflautada—. Significa que ella será la heredera del trono y que yo debo cederle el derecho.

—Ya veremos —declaró la reina—. Ya veremos quién ha de ceder su derecho.

Isabel advirtió que en la comisura de la boca le había aparecido una mota de espuma. Era una mala señal.

—Alteza —intervino—. Tal vez la criatura no sea fuerte.

—De eso no he oído decir nada. Pero hay una criatura... una niña que ha venido al mundo para... para despojarnos de nuestros derechos.

—Pero Alteza —opinó Alfonso, que aún no había aprendido a callarse, como Isabel—, si es hija de mi hermano, es la heredera del trono de Castilla.

—Ya sé —los ojos de la Reina viuda se detuvieron fugazmente en Isabel—. Ya sé que ninguna ley impide que una mujer se ciña la corona. Eso lo sé. Pero circulan rumores sobre esa niña, rumores que vosotros no entenderíais. Pero podemos preguntarnos si tiene derecho al trono, si tiene...

"Santa Madre de Dios —rogó para sí Isabel—, cálmala. No permitas que los médicos tengan que sujetarla otra vez."

—Alteza —murmuró con ánimo de apaciguamiento—, hemos vivido muy felices aquí.

—Ya no viviréis mucho tiempo felices aquí —le espetó la Reina—. Es más, habéis de prepararos inmediatamente para un viaje.

—¿Es que hemos de irnos?

—¡Ah! —gritó la Reina, en cuya voz se elevaba ya una nota de histeria—. Él no confía en nosotros, piensa que Arévalo se convertirá ahora en un foco de rebelión, y no se equivoca. No pueden imponer una bastarda a Castilla... Una bastarda que no tiene derecho a la corona. No me cabe duda de que habrá muchos que querrán llevarse a Alfonso para ceñir sus sienes con la corona...

Alfonso parecía alarmado.

—Alteza —intervino rápidamente Isabel—, eso no sería posible mientras viva mi hermano, el Rey.

La Reina observaba a sus hijos con los ojos entrecerrados.

—Por orden de tu hermano —explicó— debo volver inmediatamente a la corte, llevando conmigo a mis hijos.

Isabel sintió que el corazón le daba un salto, sin que pudiera saber si era de placer o de miedo.

—Alteza —se apresuró a decir—, dadnos vuestra autorización para retirarnos y dar comienzo a los preparativos. Hemos estado aquí tanto tiempo que será mucho lo que hayamos de hacer.

La reina miró a su hija de once años y, lentamente, hizo un gesto afirmativo.

—Podéis iros —respondió.

Isabel tomó de la mano a su hermano y, tras obligarlo a hacer una reverencia, lo sacó poco menos que a rastras de la habitación.

Mientras salían, oyó mascullar a su madre. Después, oyó que empezaba la risa.

Éste es el fin de mi infancia, pensaba la niña. En la corte, no tardaré en hacerme mujer.

¿Cómo debería conducirse en esa corte escandalosa, ella, tan cuidadosamente educada allí, en Arévalo? La infanta estaba un poco alarmada, recordando los rumores que había oído.

Y al mismo tiempo, la dominaba una intensa euforia, porque creía que ahora debía crecer rápidamente, y crecer significaba casarse con Fernando.

5

La Beltraneja

A través de las ventanas de la capilla del palacio de Madrid, el sol de marzo brillaba sobre las fastuosas vestimentas de quienes participaban en la más colorida ceremonia que jamás hubiera visto Isabel, impresionada por el coro solemne de las voces, por la presencia de hombres y mujeres importantes, resplandecientes.

No por eso dejaba de percibir la tensión reinante en la atmósfera, pues ya tenía la experiencia suficiente para darse cuenta de que las sonrisas eran como las máscaras que había visto en las fiestas y torneos con que fuera anunciado el acontecimiento.

La corte entera fingía regocijarse por el nacimiento de la sobrinita de Isabel, pero la infanta sabía que tras esas máscaras sonrientes se ocultaban los auténticos sentimientos de muchos de los que se hallaban presentes en el bautizo.

Allí estaba su medio hermano Enrique que, por cierto, le parecía altísimo y un poco desaliñado, con el pelo rojizo que se le escapaba en mechones bajo la corona, y que tenía a su lado a su medio hermano, Alfonso, ya de nueve años.

Alfonso estaba muy apuesto con su traje de ceremonia, pensó Isabel. Y también tenía aspecto solemne, como si supiera que en esa ocasión mucha gente estaría mirándolo. A Isabel le parecía que Alfonso era, entre los presentes, una de las personas más importantes, tal vez más importante que la recién nacida, y ella sabía por qué. La infanta jamás podía sofocar del todo el eco de la voz aguda de su madre, que les repetía que si el pueblo decidía que estaba ya harto de Enrique, se volverían hacia Alfonso.

A Isabel también le cabía un importante papel en el bautizo. Con los demás padrinos de la criatura, entre los cuales se contaba, se quedó de pie junto a la pila. Los otros eran Armignac, el francés, el elegante Juan Pacheco, marqués de Villena, y su mujer. Quien llamaba la atención de la infanta era el marqués. Con su costumbre de escuchar disimuladamente toda vez que le era posible, había oído mencionar su nombre con frecuencia, y eran muchas las cosas que sabía de él.

Evocó fragmentos de conversaciones.

—Es el brazo derecho del rey.

—Es el ojo derecho del rey.

—Enrique no da un paso sin consultarlo con el marqués de Villena.

—Ah, pero... ¿no habéis oído decir que últimamente... ha habido algún cambio?

—No puede ser...

—Pues es lo que dicen. Claro, será una broma.

Era todo tan interesante. Mucho más interesante aquí, en la corte, porque se podía ver realmente a la gente que tan gran papel había tenido en los rumores que Isabel escuchaba en Arévalo.

En ese momento, el marqués sonreía, pero la infanta tenía la sensación de que su máscara era la más engañosa de todas. De alguna manera percibía el poder de ese hombre, y se preguntaba cómo sería cuando se enfadaba. Debía de ser formidable, de eso estaba segura.

Las densas cejas oscuras de Alfonso Carrillo, arzobispo de Toledo, se unieron en un ceñudo gesto de concentración mientras el prelado celebraba la ceremonia bautismal y bendecía a la niña que le presentaba, bajo un palio, el conde Alba de Liste.

Había alguien más a quien Isabel no pudo dejar de observar. Un hombre alto, de quien bien podría decirse que era el más apuesto de los presentes. Su atuendo era más magnífico que el de ningún otro, parecía que sus joyas brillaran más..., tal vez porque eran tantas. Tenía el pelo tan negro que hasta mostraba un reflejo azulado, los ojos grandes y oscuros, pero la piel blanca y fina le daba un aspecto muy joven.

Estaba de pie junto a Enrique, y lo hacía especialmente notable el hecho de ser casi tan alto como el Rey, si uno no supiera, pensaba Isabel, quién es el verdadero Rey, y le pidieran que lo descubriera entre todos los presentes. Uno elegiría a Beltrán de la Cueva, a quien recientemente habían dado el título de conde de Ledesma.

El conde era otra de las personas sobre quienes se concentraba la atención; mientras él miraba a la niña ofrecida bajo el palio, mucha gente lo miraba a su vez.

Por más que no estuviera acostumbrada a esa clase de ceremonias Isabel no daba muestras de la emoción que la embargaba, pues si bien parecía que el interés se centraba sobre los tres personajes principales —el Rey, la Reina y el nuevo conde de Ledesma—, también Alfonso e Isabel despertaban la atención.

Fueron muchos los que ese día pensaron que, si los rumores que empezaban a difundirse por la corte eran ciertos —y al parecer había razones para pensar que lo eran— esos dos niños podían tener una importancia tremenda. También era visible la ansiedad del infante, tan apuesto, por hacer lo que se esperaba de él, y no pasó en modo alguno inadvertida la decorosa dignidad con que la niña —alta para sus once años—, graciosamente enmarcado el rostro plácido por su abundante cabellera, con el matiz rojizo heredado de sus antepasados Plantagenet, cumplió su papel junto a los demás padrinos.

En una pequeña antecámara adyacente a la capilla, mientras se despojaba de sus ropajes ceremoniales, el arzobispo de Toledo se enfrascó profundamente en la conversación con su sobrino, el marqués de Villena.

—Es una situación imposible —gritaba casi el arzobispo, hombre vehemente para quien habría sido más adecuada la carrera militar que la eclesiástica—. Jamás en mi vida me imaginé que llegaría a ver nada tan fantástico, tan farsesco. Ese hombre... allí presente, mirando...

Astuto hombre de estado, Villena tenía sobre sus sentimientos mejor dominio que su tío. Levantó una mano, señalando hacia la puerta.

—Vamos, sobrino —insistió el arzobispo—, si toda la corte habla de eso, se mofa y se pregunta durante cuánto tiempo soportarán tal situación quienes desean ver que se haga justicia.

Villena se sentó en una de las banquetas tapizadas, mirándose sardónicamente las puntas de los zapatos.

—La reina es una mujerzuela —afirmó—, la niña es bastarda, y el Rey un tonto. Y al pueblo no se le podrá mantener durante mucho tiempo ignorante de la situación. Tal vez ya antes haya habido reinas frívolas que consiguieron imponer sus bastardos a un Rey estúpido, pero lo que me parece imposible de soportar son los favores concedidos a ese hombre. ¡Conde de Ledesma! Es demasiado.

—Enrique le presta continua atención. ¿Por qué, en nombre de Dios y todos los santos, se conduce con semejante torpeza?

—Tal vez, tío, porque está agradecido a Beltrán.

—¡Agradecido al amante de su mujer, al padre de la criatura que ha de ser impuesta al país como si fuera hija de él!

—Agradecido, sin duda —insistió Villena—. Sospecho que a nuestro rey no le hace feliz admitir para sus adentros que es incapaz de engendrar un hijo. Beltrán es muy obsequioso y servicial con el Rey en todos los sentidos... Llega incluso a proporcionar a la Reina el bastardo que la pareja real necesita para instalar en el trono. Bien sabemos que Enrique no puede tener hijos, ninguna de sus queridas los ha tenido. Después de doce años, se divorció de Blanca alegando impotencia respectiva, y hace ocho años que está casado con Juana. Es sorprendente que Beltrán y su amante hayan tardado tanto.

—No debemos permitir que esa criatura sea impuesta a la nación.

—Debemos andar con cuidado, tío. Tenemos tiempo de sobra. Si el Rey continúa acumulando honores sobre Beltrán de la Cueva, se irá apartando cada vez más de nosotros. Pues bien..., nos apartaremos cada vez más de él.

—¿Y perderemos nuestro lugar en la corte, todo lo que tanto nos ha costado conseguir?

Villena sonrió.

—¿Os fijasteis en los niños, en la capilla? ¡Qué encantadora parejita!

El arzobispo lo miró atentamente.

—Eso no resultaría —objetó—. Jamás podríamos coronar al pequeño Alfonso, mientras Enrique viva.

—¿Por qué no... si el pueblo está tan disgustado con él y con la bastarda?

—¿Una guerra civil?

—Podría ser algo más simple. Pero ya os he dicho, tío, que no hay necesidad de actuar de forma inmediata. No perdáis de vista a esos dos... Alfonso e Isabel. Hicieron inmejorable impresión a cuantos los miraban, con esos modales tan delicados. Os aseguro que nuestra demente Reina viuda ha actuado como una educadora excelente. Los niños tienen ya toda la dignidad que cabe esperar de herederos del trono. Estad seguro, además, de que su madre no pondría objeción a nuestros planes. Y ¿qué fue lo que más impresión os hizo de ellos, tío? ¿Fue lo mismo que me impresionó a mí? Que parezcan tan dóciles, los dos, tan... maleables.

—Sobrino, ésas son palabras peligrosas.

—¡Por cierto que lo son! Por eso no debemos apresurarnos. Los rumores son buenos aliados. Ahora haré llamar a vuestro sirviente para que os ayude a vestiros. Prestad atención a lo que digáis en presencia de él.

Villena fue hasta la puerta, la abrió y llamó con un gesto a un paje.

Cuando el sirviente del arzobispo entró, un momento después, el marqués decía en un susurro que podía escuchar fácilmente cualquiera que se hallara en la habitación:

—Es de esperar que de alguna manera la niña se parezca a su padre. Y eso será motivo de diversión en la corte. Si se parece a su verdadero padre, la Beltraneja será hermosa, ya que él es mucho más apuesto que nuestro pobre y confiado Rey, y la Reina es también muy bella.

—La Beltraneja —musitó el arzobispo, que sonreía mientras el sirviente le presentaba la ropa.

No pasaron muchos días sin que, en el palacio y fuera de él todo el mundo conociera a la criatura como la Beltraneja.

En las habitaciones de la Reina viuda, mandados llamar por su madre los dos infantes, de pie frente a ella, Isabel se preguntaba si su hermano se daría cuenta, como ella, de la mirada vidriosa en los ojos de su madre, del timbre agudo de su voz.

La ceremonia del bautizo la había excitado muchísimo.

—Hijos míos —gritó, mientras abrazaba a Alfonso y, por encima de la cabeza del niño, observaba a Isabel—. Habéis estado allí, y habéis visto las miradas que se os dirigían y las dirigidas a... a esa niña... Ya os dije... no es verdad. Ya os dije. Sabía que era imposible. ¡Heredera del trono de Castilla! Dejadme que os diga algo: aquí, en mis brazos, tengo yo al heredero del trono de Castilla. No hay ni puede haber otro.

—Alteza —intervino Isabel—, la ceremonia ha sido agotadora... Para vos... y para nosotros. ¿No podríais descansar y dejar para más tarde este asunto?

Al así decir, Isabel se estremeció ante su propia temeridad, pero su madre no dio la impresión de haberla oído.

—¡Aquí —volvió a gritar, elevando los ojos como si se dirigiera a algún público celeste—, aquí está el heredero de Castilla!

Alfonso se había soltado del sofocante abrazo.

—Alteza —advirtió, puede haber alguien escuchando a nuestra puerta.

—Eso poco importa, hijo mío. Las mismas palabras se dicen en toda la corte. Dicen que la niña es hija bastarda de Beltrán de la Cueva, y ¿quién puede dudarlo? Dímelo... ¡Dímelo, si puedes! Pero, ¿por qué has de decirme tal cosa si tú estarás dispuesto para aceptar el poder y la gloria cuando te sean concedidos? Tal es el día que ansío ver. ¡El día en que vea a mi Alfonso coronado como Rey de Castilla!

—Alfonso —ordenó Isabel, con voz calma y cargada de autoridad—, ve a llamar a las damas de la Reina. Ve enseguida.

—No pasará mucho tiempo —prosiguió la Reina viuda, sin haber oído las palabras de su hija, ni darse cuenta de que Alfonso había salido de la habitación—. El pueblo no tardará en sublevarse. ¿No lo percibisteis en la capilla? ¡El sentimiento... la cólera! No me habría sorprendido que alguien arrebatara a la bastarda bajo el palio de seda. Nada..., nada me habría sorprendido.

"Madre Santa... —rogaba Isabel—, haced que vengan pronto. Que la lleven a su habitación. Que la tranquilicen sin que tengamos que ver cómo los médicos la sujetan y la obligan a aceptar las drogas."

—Esto no puede seguir —vociferaba la Reina—. Yo he de ver coronado a mi Alfonso. Enrique no hará nada, no tendrá poder alguno. Su destino al cubrir de honores al padre de la bastarda le llevará a la ruina. ¿No visteis las miradas? ¿No oísteis los comentarios?

Con los puños cerrados, la reina había empezado a golpearse el pecho.

"Por favor que vengan pronto" —rogaba Isabel.

Cuando se llevaron a su madre, la infanta se sintió agotada. Alfonso se demoraba, deseoso de hablar con ella, pero Isabel tenía miedo de hablar con su hermano. Tenía la certeza de que eran muchos los riesgos inminentes, y en el gran palacio uno nunca podía estar seguro de que no hubiera alguien escondido en algún lugar secreto, tratando de escuchar lo que se decía.

Era sumamente peligroso, bien lo sabía Isabel, hablar de cambios de reyes mientras el Rey aún vivía, y si fuera verdad —como naturalmente lo era— que a ella y a Alfonso los habían llevado a la corte para que su hermano Enrique pudiera estar seguro de que no se convertirían en foco de rebelión, entonces era indudable que los vigilaban de cerca.

Isabel se envolvió en una capa para salir al jardín.

Las ocasiones en que podía estar sola eran raras, y la infanta no ignoraba que se harían más raras aún, ya que no debía esperar que en la corte le fuera dado disfrutar de la misma libertad de que gozaba mientras se encontraban en Arévalo.

Sin embargo, todavía la consideraban apenas una niña, y la infanta abrigaba la esperanza de que esa situación se mantuviera durante algún tiempo. No quería verse complicada en los proyectos de rebelión que atormentaban la ya sobrecargada mente de su madre.

Isabel creía firmemente en la ley y el orden. Enrique era Rey porque era el hijo mayor del padre de ambos, y a la infanta le parecía mal que cualquier otro pudiera ocupar su lugar mientras él viviera.

Se quedó mirando la corriente del Manzanares, y más allá la llanura que se extendía hasta las montañas lejanas; entretanto, advirtió el rumor de pasos que se acercaban a ella y, al darse la vuelta, vio a una muchacha que venía a su encuentro.

—¿Deseas hablar conmigo? —le preguntó Isabel.

—Si estáis dispuesta a hacerme la gracia de escucharme, señora princesa.

Era una hermosa muchacha, de rasgos acusados. Debía de tener unos cuatro años más que Isabel y, además, a los ojos de ésta, con sus once años, parecía casi una adulta.

—Sin duda alguna —accedió Isabel.

La joven se arrodilló para besarle la mano, pero la infanta no se lo permitió.

—Levántate, por favor, y ahora dime lo que tengas que decirme.

—Señora, me llamo Beatriz Fernández de Bobadilla, y es un gran atrevimiento por mi parte darme a conocer con tan poca ceremonia, pero os vi caminar aquí a solas y pensé que si mi señora podía conducirse de manera no convencional, también a mí me estaría permitido.

—Es grato eludir las convenciones de vez en cuando —coincidió Isabel.

—Tengo una noticia, señora, que me llena de alegría. Pronto he de seros presentada como vuestra dama de honor. Desde que lo supe esperé ansiosa el momento de veros, y cuando lo conseguí, en la ceremonia que se realizó en la capilla, me di cuenta de que mi deseo es serviros. Cuando os sea presentada formalmente, tendré que pronunciar las palabras acostumbradas, que nada significan... que nada dirán a mis verdaderos sentimientos. Por eso, princesa Isabel, quería que supierais la verdad de mi sentir.

Isabel luchó contra la desaprobación que semejantes palabras despertaban en ella. La habían educado en la creencia de que la etiqueta cortesana era lo único importante, pero cuando la muchacha levantó los ojos, la infanta vio que los tenía llenos de lágrimas, e Isabel no estaba inmunizada contra la emoción.

Se dio cuenta de lo sola que estaba. No tenía con quién hablar de las cosas qué más le interesaban. Alfonso era, sin duda, su compañero más próximo, pero era aún muy pequeño, además de no pertenecer a su sexo. Isabel jamás había podido ser realmente compañera de su madre, y la idea de tener una doncella de honor que fuera al mismo tiempo su amiga se le hacía muy atrayente.

Además, y bien a pesar de sí, no podía dejar de admirar la osadía de Beatriz de Bobadilla.

—Deberías haber esperado a que nos presentaran formalmente —se oyó decir—, pero ya que nadie nos ve... ya que nadie sabrá qué es lo que hemos hecho...

Naturalmente, no era ésa la forma en que debía conducirse una princesa, pero Isabel estaba ávida de la amistad que se le ofrecía.

—Sabía que diríais eso, princesa —susurró Beatriz—, y por eso me he atrevido.

Cuando se levantó, le brillaban los ojos.

—Apenas si podía esperar a veros, señora —repitió—. Y sois exactamente como yo os imaginaba. Jamás tendréis razón alguna para lamentar que me hayan designado para vuestro servicio. Cuando nos hayamos casado, os ruego que no establezcáis diferencia y me permitáis seguir a vuestro servicio.

—¿Cuando nos hayamos casado? —interrogó Isabel.

—Pues sí, casado. Así como vos sois la prometida del príncipe Fernando de Aragón, yo estoy prometida a Andrés de Cabrera.

Al oír mencionar a Fernando, Isabel se ruborizó levemente, pero Beatriz ya seguía hablando.

—Sigo con gran interés las aventuras del príncipe Fernando, porque sé que está comprometido con vos.

—¿Podríamos caminar un poco? —preguntó en voz baja Isabel, conteniendo el aliento.

—Sí, señora, pero debemos tener cuidado de que no nos vean. Si alguien nos viera, me reñirían por haber tenido la osadía de aproximarme a vos.

Por una vez, a Isabel no le importó la posibilidad de que las descubrieran, a tal punto estaba deseosa de hablar de Fernando.

—¿A qué te referías cuando dijiste que habías seguido las aventuras del príncipe Fernando?

—A que siempre que puedo intento saber algo de él, princesa. He tenido noticias del inquietante estado de cosas en Aragón, y de los peligros que acechan a Fernando.

—¿Peligros? ¿Qué peligros?

—Cómo sabéis, en Aragón hay guerra civil, y ésa es una situación peligrosa. Dicen que se debe a que la Reina de Aragón, la madre de Fernando, es capaz de arriesgar todo lo que tiene con tal de asegurar las ventajas de su hijo.

—Pues debe de amarle tiernamente —dijo Isabel, cavilosa.

—Princesa, no hay ser viviente que sea más amado que el joven Fernando.

—Porque es digno de serlo.

—Y porque es hijo único de la mujer más ambiciosa que existe. Es un milagro que haya salido vivo de Gerona.

—¿A qué te refieres? No he oído nada de eso.

—Pero, princesa, ya sabéis que los catalanes se levantaron contra el padre de Fernando por causa de Carlos, el hermano mayor de Fernando, a quien tanto amaban. Carlos murió súbitamente, y se difundieron rumores. Se dijo que su muerte había sido provocada con la intención de que Fernando heredara los dominios de su padre.

—¡Fernando no participaría en su asesinato!

—Claro que no. Ni podría, puesto que no es más que un niño. Pero su madre, y también su padre, que está completamente dominado por ella, son presa de una desmesurada ambición por él. Cuando su madre llevó a Fernando a Cataluña, para recibir el juramento de fidelidad, el pueblo se levantó furioso. Dijeron que el fantasma de Carlos, el medio hermano de Fernando, andaba por las calles de Barcelona, clamando que había sido víctima de un asesinato, y que el pueblo debía vengarlo. Dicen que en su tumba han sucedido milagros, y que Carlos era un santo.

—Había pedido mi mano en matrimonio —evocó Isabel con un escalofrío—, y poco después murió.

—Fernando es el que os está destinado.

—Sí, Fernando y ningún otro —asintió firmemente Isabel.

—Fue necesario que la Reina de Aragón y su hijo Fernando huyeran de Barcelona a Gerona, y allí, en compañía de Fernando, ella se apoderó de la fortaleza. He oído decir que los valerosos catalanes estuvieron a punto de tomarla, y que si salvaron la vida fue por el valor y el ingenio de la Reina.

—De modo que él estuvo en peligro, y yo no lo supe siquiera —murmuró Isabel—. Dime... ¿Qué sucede con él en este momento?

Beatriz sacudió la cabeza.

—Eso no os lo puedo decir, pero he oído comentar que la guerra sigue en los dominios del Rey de Aragón, y que éste y la reina Juana seguirán siendo culpados del asesinato de Carlos.

—Qué terrible que haya sucedido algo así.

—No había otra manera de que Fernando fuera el heredero de su padre.

—Pero él no estaba al tanto de nada, y no se le puede culpar —reiteró Isabel, mientras se decía para sus adentros: tampoco se podría culpar a Alfonso, si otros insistieran en ponerle en el lugar de Enrique.

—Pienso —expresó en voz alta—, que se avecinan días tormentosos tanto para Castilla como para Aragón, para Fernando, y tal vez para mí.

—Un país dividido y en contra de sí mismo es una perpetua fuente de peligro —dijo con solemnidad Beatriz; después, los ojos le brillaron—. Pero no pasará mucho tiempo hasta que Fernando os reclame, y os casaréis. Y yo me casaré. Y, princesa, ya dijisteis que, aun estando casadas, seguiremos siendo... amigas.

Isabel estaba admirada al comprobar cuánto la conmovía ese ofrecimiento de amistad.

—Creo que es hora de que regrese a mis habitaciones —dijo con voz apagada.

Beatriz volvió a arrodillarse, e Isabel pasó majestuosamente junto a ella, pero no sin que la una hubiera levantado, esperanzada, el rostro, ni sin que la otra le hubiera respondido con una sonrisa fugaz, tímida casi.

Desde ese momento, Isabel tenía una nueva amiga.

La hijita de la Reina descansaba sobre cojines de seda bajo un dosel, en los aposentos oficiales, y uno por uno los nobles se aproximaron a besarle la mano y jurarle fidelidad en su condición de heredera del trono de Castilla.

Beltrán de la Cueva la contemplaba con satisfacción. Su posición era muy especial. Eran muchos los que sospechaban que él era el padre de la criatura, pero esta sospecha, en vez de despertar las iras del Rey, hacía que Enrique se mostrara más benévolo con él.

Beltrán veía ante sí un futuro glorioso: podía seguir estando en excelentes términos con la Reina, y también con el Rey. Y la niña (a quien ahora conocían generalmente como la Beltraneja) sería la heredera del trono.

Beltrán de la Cueva pensaba que se había desenvuelto con habilidad en una situación difícil.

Mientras seguía sonriendo con satisfacción, sus ojos se encontraron con los del arzobispo de Toledo, e inmediatamente percibió la ardiente cólera que brillaba en ellos.

¡Pues ya puedes enfurecerte, mi querido arzobispo!, pensó Beltrán. Y conspirar en compañía de tu astuto sobrino, a quien las cosas no le han ido tan bien como solían de un año a esta parte. No me dais miedo... ni se lo dais al Rey, ni a la Reina, ni a esta criatura. No hay nada que podáis hacer para dañarnos.

Pero Beltrán de la Cueva, por más elegante cortesano que fuera, por más hábil en los torneos y airoso como bailarín, carecía de la pérfida astucia necesaria para convertirse en estadista. No sabía que, aunque en ese momento besaran la mano de la pequeña y le juraran fidelidad, el arzobispo y su sobrino proyectaban ya hacer que se proclamara su condición de bastarda y que su padre fuera despojado del trono.

El marqués de Villena fue a visitar al Rey, que estaba con su favorita. Muchas habían ido sucediendo a Alegre, y era dudoso que, si se la hubieran mencionado, Enrique hubiera recordado siquiera su nombre.

Con los años, su indolencia había ido en aumento. Complacido al ver que por fin había un ocupante en la regia cuna, el Rey no quería plantearse la cuestión de cómo podía haber sucedido tal cosa. Había una heredera para el trono y eso era bastante.

Ahora era el momento de proyectar diversiones, esas orgías que el empeño de los encargados de tentar su paladar fatigado hacía cada vez más desaforadas.

Cuando le fue anunciada la visita del marqués de Villena, Enrique estaba preguntándose qué nuevos planes se le habrían ocurrido esta vez, qué placeres podría ofrecerle que le brindaran sensaciones nuevas o le ayudaran a recuperar las de antaño.

Con el visitante, para desazón de Enrique, venía el bellaco de su tío, el arzobispo. De mala gana y con evidente irritación, el Rey hizo salir a su querida.

—Estábamos ansiosos de hablar con vos, Alteza, de un asunto muy importante —empezó Villena.

Enrique bostezó y en los ojos del arzobispo se encendieron luces de cólera, pero Villena le lanzó rápidamente una mirada de advertencia.

—Creo, Alteza —prosiguió luego—, que se trata de un asunto al cual haríais bien en prestar toda vuestra atención.

—Pues bien, ¿qué es? —preguntó Enrique, con desgana.

—Se han arrojado graves sospechas sobre la legitimidad de la princesita.

—Nunca faltan rumores —respondió el Rey, encogiéndose de hombros.

—Se trata de algo más que de rumores, Alteza.

—¿A qué os referís?

—Tememos que sea necesario hacer algo. La paz del país corre peligro.

—Si el pueblo dejara de entrometerse, tendríamos paz.

—Al pueblo hay que darle la seguridad —intervino el arzobispo—, de que la heredera del trono es la legítima heredera.

—La princesa es mi hija. ¿Acaso mi hija no es la legítima heredera del trono?

—Únicamente si es de verdad vuestra hija, Alteza.

—¿No iréis a decir que en la cama de la Reina fue introducida, de contrabando, otra criatura?

—Más bien, Alteza —corrigió irónicamente Villena—, que lo que entró allí de contrabando fue otro amante.

—Habladurías y escándalos —masculló Enrique—. Eso no me interesa. Terminemos. Las cosas son como son. Hay una heredera para el trono. El pueblo ha estado clamando por un heredero. Ahora que la tienen, que se conformen.

—No habrán de satisfacerse con un bastardo, Alteza —declaró agresivamente el arzobispo.

—¿De qué estáis hablando?

—Alteza —terció Villena en tono conciliador—, debéis saber que en la corte se conoce a la princesa por el apodo de la Beltraneja, ya que la mayoría comenta que su padre es, en realidad, Beltrán de la Cueva.

—Pero qué monstruosidad —comentó el Rey, con una calma que exasperó al arzobispo.

—Vuestra Alteza —prosiguió Villena— se está poniendo en una situación difícil, al cubrir de honores al hombre de quien todo el mundo piensa que lo convirtió en cornudo.

Enrique soltó la risa.

—Os molesta que le hayan sido concedidos honores y títulos que, en vuestra opinión, deberían haber ido a parar a poder de vosotros dos, ¿no es eso?

—Vuestra Alteza admitirá sin duda que es indecoroso conferir honores a un hombre que os ha engañado y ha tratado de imponeros su hija bastarda.

—Oh, terminemos. Terminemos. Dejemos las cosas como están y tengamos paz.

—Mucho me temo, Alteza, que eso no sea posible. Algunos de vuestros ministros exigen que se haga una investigación sobre el nacimiento de la niña a quien llamáis vuestra hija.

—¿Y si yo la prohíbo?

—Sería una imprudencia, Alteza.

—Yo soy el Rey —aseveró Enrique, en la esperanza de decirlo con voz firme, pero con la sensación de que sonaba muy débil.

—Alteza, si os pedimos que prestéis la mayor atención a este asunto es porque deseamos que sigáis ocupando el trono —le susurró Villena.

—Que me dejen en paz. El asunto ya está arreglado. Hay una princesa en la cuna de palacio, dejémoslo así.

—Imposible, Alteza. En el palacio hay también un príncipe en este momento, vuestro medio hermano Alfonso. Hay muchos que dicen que, en el caso de que se demostrara que la recién nacida es ilegítima Alfonso debería ser designado vuestro sucesor.

—Qué agotador es todo esto —se quejó Enrique—. ¿Qué demonios puedo hacer yo?

Villena miró a su tío con una sonrisa.

—Tiempo hubo, Alteza —evocó cortésmente—, en que escuchaba yo con más frecuencia esa pregunta de vuestros labios. Entonces sabíais, Alteza, que podíais confiar en mí. Ahora, depositáis vuestra confianza y vuestra fe en un joven caballero que da motivos de escándalo con la propia Reina. Alteza, ya que me lo habéis preguntado, os daré mi consejo: dejad de conceder de manera tan conspicua honores a Beltrán de la Cueva. Hacedle ver que dudáis de la condición honorable de su conducta. Y permitid que una comisión de hombres de la Iglesia, de cuya formación nos ocuparemos el arzobispo y yo, investigue la legitimidad de la niña.

Desvalido, Enrique miró a su alrededor. La única manera de librarse de sus fastidiosos visitantes y volver a los encantos de su favorita era mostrarse de acuerdo.

—Haced lo que queráis —los autorizó con un gesto impaciente de la mano—. Haced lo que queráis, y dejadme en paz.

Villena y el arzobispo se retiraron satisfechos.

Para todos los observadores avisados de la escena castellana había quedado en claro que el marqués de Villena no estaba dispuesto a renunciar a su influencia sobre el Rey, y que si éste y la Reina persistían en su lealtad hacia Beltrán de la Cueva, Villena reuniría en contra de ellos un partido cuya fuerza y cohesión bien podían llevar a la guerra civil.

Había alguien que contemplaba con gran satisfacción

este estado de cosas: el hermano del marqués de Villena, don Pedro Girón, un hombre por demás ambicioso que era gran maestre de la Orden de Calatrava.

Los caballeros de Calatrava pertenecían a una orden cuyo establecimiento se remontaba al siglo XII.

Su origen había tenido por causa la necesidad de defender a Castilla de los conquistadores moriscos. Calatrava estaba en la frontera con Andalucía —entonces ocupada por los moros—, y la ciudad, que dominaba el paso entre ambas comarcas, había adquirido excepcional importancia. Los caballeros templarios habían intentado conservarla pero, incapaces de hacer frente al asedio constante y feroz de los musulmanes, terminaron por abandonarla.

Sancho el Deseado, por entonces rey de Castilla, ofreció la ciudad a cualquier caballero que estuviera dispuesto a defenderla de los moros, e inmediatamente tomó posesión de ella un grupo de monjes de un convento navarro. La situación movilizó la imaginación popular, y fueron muchos los que se reunieron para defender la ciudad contra todos los ataques.

Los monjes fundaron después una orden integrada por caballeros monjes y soldados, dándole el nombre de caballeros de Calatrava. Reconocida como orden religiosa en 1164 por el papa Alejandro III, la comunidad adoptó las reglas de San Benito y se ajustó a una estricta disciplina.

La primera regla, y la más importante, era la del celibato. Sus miembros debían también hacer voto de silencio y vivían con gran austeridad. No comían carne más que una vez por semana, y no eran simplemente monjes: debían recordar que su orden había llegado a concretarse por la vía de las hazañas con la espada, y acostumbraban dormir con sus tizanas al lado, listos para entrar en acción contra los infieles en el momento en que fuera necesario hacerlo.

Por más placer que le diera el prestigio derivado de su cargo en la Orden, don Pedro Girón no tenía la menor intención de someterse a la austeridad de sus reglas.

Era hombre de tremenda ambición política, y no veía por qué, puesto que a su hermano el marqués se le reconocía como el hombre más importante de Castilla (o al menos así se le había considerado antes de la aparición del advenedizo Beltrán de la Cueva), no habría él de valerse de la gloria de su hermano y usar la influencia del marqués para mejorar su propia situación.

Estaba dispuesto a obedecer los deseos de su hermano, a llevar al pueblo a la revuelta si necesario fuere, a difundir cualquier rumor que a su hermano le interesara ver circular. Tampoco titubeaba en seguir su propia vida de placeres, y tenía una gran cantidad de amantes. De hecho, el gran maestre de Calatrava era conocido en toda Castilla por sus costumbres licenciosas. Nadie se atrevía a criticarlo, y si veía algún signo de desaprobación en un rostro, don Pedro preguntaba al ofensor si conocía a su hermano, el marqués de Villena.

—Mi hermano y yo somos grandes amigos —explicaba—. Y celosos del honor de la familia. Sus enemigos son los míos, y los míos lo son de él.

Por lo tanto, la mayoría de la gente miraba con fascinado respeto al poderoso Villena y no se animaba a criticar los desafueros de su no demasiado respetable hermano, quien se divertía muchísimo con el escándalo que la Reina de Castilla había provocado en la corte.

Le complacía considerar que una Reina es tan frágil como cualquier otra mujer y, como hombre vanidoso que era, empezó a fantasear con ser el amante de Juana. Pero la Reina seguía obstinadamente dedicada a Beltrán de la Cueva y, en cuanto al propio Girón, no era mucho lo que tenía de apuesto ni de atractivo.

Un día, sin embargo, vio a Isabel, la Reina viuda de Castilla, que se paseaba por el parque, y empezó a pensar en ella.

Seguía siendo, sin duda, una mujer atractiva. Girón había oído rumores sobre su desequilibrio y sabía que a veces era necesario recurrir a polvos y pociones calmantes para sacarla de sus ataques de histeria.

Su hermano el marqués se apartaba cada vez más del Rey y de la Reina, o en otras palabras, se acercaba cada vez más al joven Alfonso y a Isabel. Era indudable que la Reina viuda, evidentemente llena de ambiciones para sus hijos, aceptaría de buen grado la amistad del marqués de Villena.

Y si es mujer prudente, caviló don Pedro, estará ansiosa de estar en buenos términos con toda nuestra familia.

Con esa idea la observaba siempre que podía, y empezó a sentirse cansado de los encantos de su última amante. Aunque era una hermosa muchacha, don Pedro se había empeñado en compartir el lecho de una Reina.

Se paseaba por la corte, sintiéndose un nuevo Beltrán de la Cueva.

Finalmente, ya no pudo dominar su impaciencia, y encontró una oportunidad de hablar a solas con la Reina viuda.

Le había solicitado formalmente una entrevista en privado, que le fue concedida.

Mientras se vestía con el mayor cuidado, mientras exigía a sus ayudas de cámara comentarios halagüeños —que ellos le prodigaban servilmente, con total conciencia de que escatimarlos sería lo peor que podían hacer— no se le ocurrió siquiera que pudiera fracasar en sus proyectos referentes a la Reina viuda.

La Reina viuda estaba en compañía de su hija. Aunque sabía que don Pedro Girón vendría a visitarla, había enviado a llamar a Isabel.

Cuando la infanta vio a su madre, advirtió inmediatamente la contenida excitación que brillaba en sus ojos. Pero sin embargo, en ese brillo no había signos de locura. Algo la había hecho feliz, y la niña ya sabía que lo que provocaba los ataques histéricos eran la melancolía y la frustración.

—Ven aquí, hija mía —la saludó la Reina viuda—. Te he hecho llamar porque es mi deseo que sepas lo que está sucediendo a nuestro alrededor.

—Sí, Alteza—respondió modestamente Isabel, que ahora sabía mucho más de lo que había sabido antes. Su constante compañera, Beatriz de Bobadilla, había demostrado estar muy al tanto de los asuntos de la corte, y desde que la joven se había convertido formalmente en su dama de honor, la vida estaba llena de interés y de intrigas para Isabel. Ahora, no ignoraba el escándalo provocado por la reina Juana y por el nacimiento de la niña, de quien muchos empezaban ya a decir que no era la legítima heredera de Castilla.

—No creo que pase ya mucho tiempo sin que tu hermano sea proclamado sucesor del Rey —prosiguió su madre—. En todas partes hay protestas. El pueblo no quiere aceptar como su futura Reina a la hija de Beltrán de la Cueva. Pues bien, mi querida Isabel, te he mandado llamar porque muy en breve espero una importante visita. No he hecho venir a Alfonso porque es muy joven aún, y éste es un asunto que le toca demasiado de cerca. Tú estarás presente, aunque no visible, durante la entrevista. Te ocultarás detrás de esos cortinados. Debes quedarte muy quieta, para que no se advierta tu presencia.

Isabel contuvo el aliento, asustada. ¿Sería una nueva versión de la locura? ¡Que su madre la obligara a escuchar furtivamente!

—Muy pronto —prosiguió la Reina viuda— vendrá a visitarme el hermano del marqués de Villena. Viene en calidad de mensajero de su hermano, y yo sé cuál es la razón de su venida. Quiere decirme que los partidarios de su hermano van a pedir que Alfonso sea reconocido como el heredero de Enrique. Tú has de oír con qué calma acepto sus declaraciones. Te servirá la lección para el futuro, hija. Cuando seas reina de Aragón tendrás que recibir a toda clase de embajadores. Es posible que algunos te traigan noticias sorprendentes, pero nunca debes traicionar tu emoción. No importa que las noticias sean buenas o malas... Tú debes aceptarlas como una Reina, tal como me verás hacerlo.

—Alteza —comenzó Isabel—, ¿no podría permanecer en vuestra presencia? ¿Debo estar oculta?

—Mi querida niña, ¡te imaginas que el Gran Maestre de Calatrava revelará su misión en tu presencia! Vamos... obedéceme inmediatamente. Ven, que esto te ocultará por completo. Quédate perfectamente inmóvil y escucha lo que él tenga que decir. Y sobre todo, observa cómo recibo yo la noticia.

Con la sensación de verse obligada a practicar un juego disparatado, en desacuerdo con su dignidad, que se había acrecentado desde su llegada a la corte, Isabel se dejó conducir detrás de los cortinados.

Minutos después, don Pedro era introducido en las habitaciones de la reina viuda.

—Alteza —saludó, arrodillándose—, me hacéis un honor al recibirme.

—Para mí es un placer —fue la respuesta.

—Tenía la sensación Alteza, de que no os ofendería al acercarme así a vos.

—Al contrario, don Pedro. Estoy dispuesta a oír vuestra proposición.

—Alteza, ¿me autorizáis a sentarme?

—Ciertamente.

Isabel oyó el roce de las patas de las sillas mientras ambos se sentaban.

—Alteza.

—Os escucho, don Pedro.

—Hace mucho tiempo que me he fijado en vos. En las felices ocasiones en que he presenciado alguna ceremonia en la que Vuestra Alteza estaba presente, no he tenido ojos más que para vos.

En la habitación se produjo un extraño silencio, que Isabel no dejó de percibir.

—Confío, Alteza, en no haber pasado del todo inadvertido para vos.

—No podría pasar inadvertido el hermano de un personaje como el marqués de Villena —respondió la reina, con voz que revelaba su perplejidad.

—Ah, mi hermano. Quisiera haceros saber, Alteza, que los intereses de él son los míos. Somos uno los dos, en nuestro deseo de ver en paz el reino.

—Es lo que yo imaginaba, don Pedro —la voz de la Reina traducía su alivio.

—¿Os sorprendería, Alteza, que os dijera que ocasiones ha habido en que mi hermano, el marqués, me ha confiado sus proyectos y ha escuchado mi consejo?

—En modo alguno. Sois el gran maestre de una orden sagrada, y sin duda debéis ser capaz de aconsejar... espiritualmente... a vuestro hermano.

—Alteza, hay una causa por la que yo trabajaría... en

cuerpo y alma... Porque vuestro hijo, el infante Alfonso, sea aceptado como heredero del trono de Castilla. Quisiera ver a la pequeña bastarda, que ahora pasa por heredera, denunciada como lo que es. No pasará mucho tiempo sin que esto suceda, si...

—¿Si qué, don Pedro?

—Ya he hablado a Vuestra Alteza de la influencia que tengo ante mi hermano, y bien conocéis vos el poder que él tiene en el país. Si vos y yo fuéramos amigos, no hay nada que yo no hiciera..., no solamente hacer proclamar heredero al niño, sino... Pero esto ha de decirse en un susurro. Venid, dulce señora, permitid que os lo diga al oído... Deponer a Enrique en favor de vuestro hijo Alfonso.

—¡Don Pedro!

—Si fuéramos amigos, dije, queridísima señora.

—No os entiendo. Vuestro hablar es enigmático.

—Oh, si no sois ciega como queréis hacérmelo creer. Todavía sois una hermosa mujer, señora. Vamos... vamos... Sé que vivisteis muy piadosamente en ese mortífero lugar. Arévalo... Pero ahora estáis en la corte. No sois vieja..., ni lo soy yo. Y creo que cada uno podría aportar gran placer a la vida del otro.

—Me parece, don Pedro —interrumpió la Reina viuda—, que debéis de estar padeciendo un pasajero ataque de locura.

—Qué esperanza, señora, qué esperanza. También vos os sentiríais mejor si llevárais una vida más natural. Vamos, no seáis tan gazmoña, y seguid la moda. Os juro por los santos que jamás lamentaréis el día en que lleguemos a ser amantes.

La Reina viuda se puso en pie de un salto. Isabel oyó el áspero chirrido de la silla, y no se le escapó tampoco la nota de alarma en la voz de su madre. Al mirar por entre los pliegues del brocado, vio a un hombre de rostro purpúreo que le pareció el símbolo de lo que hay de más bestial en la naturaleza humana, y vio a su madre, perdida ya la calma, con una expresión de horror y miedo que ella no alcanzaba a comprender del todo.

Isabel comprendió que, a menos que el hombre se retirara, su madre empezaría a gritar y a agitar los brazos, y él sería testigo de una de esas angustiosas escenas que Isabel ansiaba a tal punto que nadie viera, salvo aquellos en quienes podía tener absoluta confianza.

Olvidando la orden de mantenerse oculta, la infanta salió de su escondite y volvió a la habitación.

El hombre de rostro purpúreo y expresión maligna se le quedó mirando como si estuviera viendo un fantasma. Ciertamente, debía de parecerle extraño verla de pronto ahí, como si se hubiera materializado de la nada.

Isabel se irguió en toda su estatura. Jamás había tenido a tal punto el porte de una princesa de Castilla.

—Señor —dijo con frialdad—, os ruego que os retiréis... Inmediatamente.

Don Pedro la miraba incrédulo.

—¿Será necesario que os haga sacar por la fuerza? —continuó la joven Isabel.

Tras un momento de vacilación, don Pedro hizo una reverencia y salió.

La infanta se volvió hacia su madre, que temblaba de tal manera que le era imposible hablar.

La acompañó hasta una silla y se quedó junto a ella, rodeándola con sus brazos en un gesto de protección.

—Alteza, ya se ha ido —le susurró dulcemente—. Es malo, pero se ha ido, y no volveremos a verle. No tembléis así. Dejadme que os lleve a vuestro lecho, así podréis descansar. Ese hombre maligno ya se ha ido.

La Reina viuda se levantó y dejó que su hija la tomara del brazo.

Desde ese momento, Isabel sintió que era ella quien debía cuidar de su madre, que en ella residía la fuerza que debía proteger a su madre y a su hermano de las perversidades de esa corte, de ese remolino de intrigas que amenazaba con arrastrarlos hacia... ¿dónde? La joven no podía imaginárselo.

Lo único que sabía era que era capaz de defenderse sola, de sortear los años de peligro que le esperaban antes de alcanzar la seguridad de estar junto a Fernando.

La Reina viuda envió a llamar a Isabel. Tras haberse recuperado del impacto producido por las proposiciones de Girón, ya no estaba atónita, sino muy enojada.

—Lamento, hija mía —se disculpó—, que hayáis debido presenciar tan desagradable escena. Ese hombre debe ser severamente castigado. No tardará en lamentar el día en que me sometió a semejante humillación. Vendréis conmigo ante el Rey, a dar testimonio de lo que habéis oído.

Isabel se sintió alarmada. Se daba perfecta cuenta de lo lamentable que había sido la conducta del Gran Maestre de la Orden de Calatrava, pero había abrigado la esperanza de que, una vez desaparecido éste de la presencia de su madre, el incidente quedara olvidado, ya que recordarlo no podía servir para otra cosa que para excitar en demasía a la Reina.

—Ahora iremos a presencia de Enrique —continuó su madre—. Le he hecho decir que debo verle por un asunto de gran importancia, y se ha mostrado dispuesto a recibirnos. —La Reina viuda miró a su hija y los ojos se le llenaron de lágrimas—. Mi querida Isabel —continuó—, me temo que muy rápidamente estáis dejando atrás la infancia. Y eso es inevitable, si debéis vivir en esta corte. Desearía, hija querida, que vos y yo y vuestro hermano pudiéramos regresar a Arévalo. Pienso que allí seríamos mucho más felices.

—Venid.

Enrique las recibió con muestra de afecto, haciendo cumplidos a Isabel por su apariencia.

—Vaya —exclamó—, si mi hermanita ya no es una niña. Va creciendo día a día. En nuestra familia somos altos, Isabel, y tú no eres la excepción.

Con igual ternura saludó a su madrastra, aunque al mismo tiempo se preguntara qué agravio la había movido a hablar con él. De que fuera un agravio no dudaba.

—Enrique —empezó la Reina viuda—, tengo que presentaras una queja..., de naturaleza muy grave.

La expresión del Rey se hizo preocupada, pero Isabel, que lo observaba atentamente, advirtió que a duras penas conseguía ocultar su exasperación.

—He sido insultada por don Pedro Girón —anunció teatralmente la Reina viuda.

—Eso es algo muy desagradable, y que mucho me apena oír —respondió Enrique.

—Ese hombre vino a mis habitaciones para hacerme proposiciones vergonzosas.

—¿Qué proposiciones eran?

—De naturaleza inmoral. Isabel puede atestiguarlo, pues oyó todo lo que se dijo.

—Entonces, ¿os hizo esas proposiciones en presencia de Isabel?

—Bueno... Isabel estaba allí.

—¿Queréis decir que él no sabía que Isabel estaba allí?

—No... no lo sabía. Estoy segura, Enrique, de que no dejaréis que quede impune una conducta tan vergonzosa.

—¿No... os atacó? —preguntó Enrique, apartando los ojos del rostro de su madrastra.

—Atacó mi buen nombre. Se atrevió a hacerme sugerencias inmorales. Y si Isabel no hubiera salido a tiempo de su escondite..., creo que es muy posible que me hubiera puesto las manos encima.

—¿Conque Isabel estaba escondida? —Enrique miró con serenidad a su medio hermana.

—¡Gracias a Dios que lo estaba! —clamó la reina—. No hay mujer cuya virtud esté segura cuando hay hombres así en la corte. Querido hijo, sé que no toleraréis que una conducta como ésa quede impune.

—Querida madre —respondió Enrique—, no os alteréis innecesariamente. No me cabe duda de que defendisteis vuestra virtud ante ese hombre. Pero sois todavía una mujer hermosa, y no puedo culparle del todo (ni debéis hacerlo vos) por haberlo advertido. Estoy seguro de que, si consideráis con calma este asunto, llegaréis a la conclusión de que hasta el mejor de los hombres olvida a veces el honor debido al rango, cuando la belleza se lo impone.

—Estáis hablando el lenguaje de la carne —gritó la reina—. Os ruego que no lo uséis en presencia de mi hija.

—Pues entonces, me maravilla que la hayáis traído con vos para presentarme semejante agravio.

—Pero os he dicho que ella estaba allí.

—Que se había escondido... ¿Obedeciendo a vuestros deseos, o fue alguna travesura de ella? ¿Cómo fue, eh? Dímelo tú, Isabel.

Isabel miró a su madre. No se atrevía a mentir al Rey, pero al mismo tiempo, tampoco quería traicionar a su madre.

Al ver su confusión, Enrique se apiadó de ella y le apoyó la mano en el hombro.

—No te inquietes, Isabel. Estamos haciendo una tormenta en un vaso de agua.

—¿Queréis decir —chilló la Reina— que os proponéis ignorar el comportamiento insultante de ese hombre para con un miembro de la familia real?

—Querida madre, debéis mantener la calma. Me han llegado noticias de la forma en que os excitáis a veces, y he estado pensando que podría ser aconsejable que dejarais la corte para residir en algún lugar donde sea menos probable que ocurran las cosas que os alteran. En cuanto a don Pedro Girón, como es hermano del marqués de Villena, no se trata de un hombre a quien se pueda reprender sin más ni más.

—¡Os dejáis manejar así por Villena! —vociferó la reina—. Villena es importante... ¡Más importante que la mujer de vuestro padre! Que ella haya sido insultada, no importa. ¡Quien lo ha hecho es el hermano del gran Villena, a quien no se debe reprender! Había pensado que Villena pesaba menos hoy en día. Pensaba que empezaba a levantarse un nuevo sol, y que ante él debíamos prosternarnos todos, para adorarlo. Pensé que desde que Beltrán de la Cueva, el más obsequioso de los hombres, se hizo amigo del Rey... y de la Reina..., el marqués de Villena había dejado de ser el que era.

Isabel, horrorizada, tenía los ojos entrecerrados. Esas escenas ya le parecían amenazantes en la intimidad de su apartamento. ¿Qué sucedería si, en presencia del Rey, su madre empezaba a gritar y a reírse?

La infanta estaba deseosa de tomar de la mano a su madre y susurrarle con tono de urgencia que pidieran permiso para retirarse. Sólo la rigurosa enseñanza que había recibido pudo impedir que lo hiciera.

Enrique advirtió su aflicción; además, estaba tan ansioso como ella por poner término a la discusión.

—Creo —dijo con suavidad— que sería bueno que pensarais en regresar a Arévalo.

El tono de su voz pareció calmar a la Reina, que permaneció unos segundos en silencio.

—Sí —exclamó después—, sería mejor que regresáramos a Arévalo. Allí estaba yo a salvo de la lascivia de aquellos a quienes Vuestra Alteza se complace en recibir.

—Podéis partir cuando queráis —la autorizó Enrique—, pero es mi deseo que mis dos hermanos menores permanezcan en la corte.

Sus palabras acallaron completamente a la Reina.

Isabel comprendió que la habían tocado en lo vivo.

Uno de los terrores más atroces de la desatada imaginación de su madre había sido, siempre, que pudieran separarla de sus hijos.

—Tenéis mi venia para retiraros —dijo Enrique.

La reina hizo una reverencia, Isabel la imitó y, silenciosamente, las dos regresaron a sus habitaciones.

6

Asesinato
en el Castillo de Ortes

Había días en que el castillo de Ortes, en Bearne, aparecía a los ojos de Blanca como una prisión, y los aposentos que allí ocupaba como la celda a la visión de un condenado.

Encerrada entre esos antiguos muros, sentía que podía haber asesinos ocultos tras los cortinados que tal vez estuvieran acechándola desde oscuros rincones.

A veces, tras haber indicado a los sirvientes que se retirasen, la reclusa se tendía sobre su cama, tensa..., a la espera.

¿Es que se oía crujir una tabla del piso? ¿No era eso el rumor de un paso?

¿Sería mejor cerrar los ojos y esperar? ¿Qué forma tomaría? ¿La de una almohada oprimida contra su boca, la de un cuchillo que se le hundiría en su pecho?

Sin embargo, se preguntaba Blanca, ¿qué vida es ésta para aferrarme a ella? ¿Qué esperanzas puedo tener ahora?

Tal vez siempre hubiera esperanzas. Quizá Blanca creyera que su familia se arrepentiría, que la ambición que durante tantísimos años la había dominado, despojando a sus miembros de otros sentimientos más tiernos, desaparecería milagrosamente, para no dejar lugar más que al amor y la benevolencia.

Tal vez hubiera milagros, pero no de esa clase. Blanca vivía en calidad de prisionera de su hermana y de su cuñado. Era terrible saber que lo que planeaban era deshacerse de ella, que estaban dispuestos a matarla con tal de adueñarse de Navarra. La provincia era rica, y había muchos que miraban con ojos codiciosos esa tierra donde el maíz y el trigo prosperaban, donde las cosechas de vino eran generosas. Pero, ¿qué tierra merecía que por ella se desintegrara una familia, que sus miembros se convirtieran, unos frente a otros, en sórdidos criminales?

Habría sido mejor, solía pensar Blanca, que su madre jamás hubiera heredado Navarra de su padre, Carlos III.

Con frecuencia, la prisionera soñaba que Carlos venía a advertirle que huyera de ese castillo sombrío. A la mañana, Blanca jamás sabía con seguridad si había soñado que lo veía o si realmente su hermano había estado con ella. Decíase que su fantasma se paseaba por las calles de Barcelona. Tal vez las almas de quienes morían asesinados anduvieran efectivamente por la tierra, advirtiendo a los que amaban que corrían un peligro similar, o tal vez procurando vengarse de sus asesinos. Pero Carlos jamás había sido de espíritu vengativo. Siempre fue demasiado manso, De haberlo sido menos, sin duda habría conseguido unir eficazmente al pueblo en contra de su padre y de su madrastra, y en ese momento sería él —y no el pequeño Fernando— el heredero de Aragón. Pero los sacrificados eran siempre los mansos.

Blanca se estremeció. Su carácter era muy semejante al de Carlos, y se sentía como rodeada de advertencias. Como le había llegado a Carlos, a ella también le llegaría el momento.

Había ocasiones en que se sentía impulsada a viajar a Aragón y hacer el intento de razonar con su padre y su madrastra, o en que pensaba en acudir a su hermana

Leonor y a Gastón de Foix, el marido de ésta, para hablarles de sus sospechas.

¿Qué os ha traído ese espantoso crimen?, diría a su padre y a su madrastra. Habéis hecho de Fernando, y no de Carlos, el heredero de Aragón, pero ¿qué ha sucedido con Aragón? El pueblo murmura continuamente en contra de vosotros. No han olvidado a Carlos, y la pugna continúa. Y un día, cuando estéis próximos al fin de vuestras vidas, recordaréis al hombre que murió por orden vuestra y os acometerá un remordimiento tal que preferiríais haber muerto antes que haber cometido semejante crimen.

Y a Leonor y su marido: Queréis quitarme del medio para que Navarra pase a vuestras manos. Vuestro deseo es que vuestro hijo Gastón sea soberano de Navarra. Oh, Leonor, escucha a tiempo mi advertencia. Recuerda lo que sucedió con Carlos. Que no sean la tierra, ni las riquezas, ni la ambición (aunque la hayáis centrado en vuestro hijo) motivo para que mancilléis vuestra alma con el asesinato de vuestra hermana.

No se podía culpar al joven Gastón, como tampoco al pequeño Fernando. Ellos no participaban de los crímenes, aunque por ellos estuvieran sus padres dispuestos a cometerlos. Y sin embargo, ¿qué clase de hombres llegarían a ser, puesto que finalmente habrían de saber que lo que para ellos se ambicionaba habíase constituido en motivo de crímenes? ¿No harían también ellos, como sus padres, de la ambición el rasgo dominante de su vida?

"Soy una mujer solitaria y asustada", decíase Blanca.

Sí, estaba asustada. Hacía ya dos años que vivía con miedo. Cada día, al despertarse, se preguntaba si sería el último. Cada noche dudaba de volver a ver la mañana.

Cuando llegó a Bearne, Blanca estaba frenética, buscando desesperadamente una forma de escapar.

Había tenido la sensación de no contar con ayuda alguna..., hasta que recordó a Enrique, el marido que la había repudiado. Era extraño haberse acordado de él, pero... ¿en realidad lo era? Enrique tenía una ternura que en otros no se encontraba. Era un libertino, era el hombre que engañosamente le había hecho creer que se proponía conservarla en Castilla, en el momento mismo en que hacía planes para deshacerse de ella y, sin embargo, hacia él se había vuelto Blanca en su desamparo.

En aquel momento le había escrito, recordándole que ambos no eran solamente ex esposos, sino también primos. ¿Recordaba él alguna vez lo felices que habían sido cuando Blanca llegó a Castilla? Ahora estaban separados y ella era una mujer solitaria, obligada a exiliarse de su hogar.

Al recordar aquella carta, la prisionera derramó algunas lágrimas. Durante aquellos primeros días de su matrimonio había sido feliz. Entonces no conocía a Enrique, era demasiado joven, demasiado inexperta para creer que un hombre tan afectuoso, tan decidido a complacerla como parecía su marido, pudiera ser tan superficial, tan poco sincero, tan incapaz de sentir en realidad las profundas emociones que falsamente había expresado.

¿Cómo podría haberse imaginado en aquella época la tragedia que la esperaba? ¿Qué imagen podía haberse hecho de los largos años de esterilidad, cuya conclusión inevitable había sido verse desterrada a ese castillo sombrío donde la muerte acechaba, en espera del momento de descuido en que pudiera abalanzarse sobre ella?

—Hace dos años que estoy aquí —murmuró—. Dos años... esperando... percibiendo la maldad... sabiendo que me han traído aquí para acabar con mi vida.

En aquella última carta frenética dirigida a Enrique,

Blanca había renunciado a sus derechos sobre Navarra en favor del marido que la había repudiado, pues le pareció entonces que, desaparecida la causa de la envidia tal vez la dejaran vivir.

Aquella carta, ¿había sido un enjuiciamiento de Enrique? ¿Blanca estaba diciéndole que si le cedía Navarra era porque estaba en Bearne, porque era una prisionera solitaria y asustada? ¿Creía aún que Enrique era un noble caballero, capaz de acudir en rescate de una mujer amenazada, por más que hubiera dejado de amarla?

—Siempre fui una estúpida —murmuró tristemente Blanca.

En Castilla, Enrique llevaba su vida alegre y voluptuosa, rodeado de sus amantes y junto a una mujer que, al parecer, compartía sus gustos. Qué tonta había sido Blanca al imaginar que pudiera pensar, aunque fuera fugazmente, en el peligro que corría una mujer que había dejado de interesarle desde el momento en que estuvo satisfactoriamente (desde su punto de vista) divorciado de ella, y pudo alejarla de su lado. Ninguna ayuda le llegó de Enrique. Habría sido lo mismo que no le hubiera ofrecido Navarra: él era demasiado indolente para aceptarla.

Navarra siguió, pues, siendo su herencia, la tierra codiciada por cuya causa la muerte se paseaba por el castillo de Ortes, en espera del momento propicio para asestar el golpe.

Al llegar la noche, los temores de Blanca aumentaban.

Sus doncellas la ayudaban a acostarse y dormían en el mismo apartamento de ella, porque así la prisionera se sentía más tranquila.

Era imposible que no percibieran la intensidad del miedo que penetraba el lugar. Blanca sentía cómo se sobresaltaban al oír un paso, las veía levantarse de un salto cuando oían voces o pasos de alguien que llamaba a la puerta.

A Ortes llegó un mensajero, portador de una carta de la condesa de Foix a su hermana Blanca. La carta era afectuosa, y hablaba de un matrimonio que la condesa procuraba arreglar para su hermana. El desdichado episodio de Castilla no debía ser motivo para que Blanca pensara que su familia le dejaría seguir en esa vida de ermitaña. No me importa llevar esta vida de ermitaña, pensó Blanca. Lo único que me importa es vivir.

El mensajero de la condesa de Foix estaba en una de las cocinas, bebiendo un vaso de vino.

El sirviente que se lo había alcanzado se demoró en retirarse, hasta que llegó el momento en que quedaron a solas. Entonces, el mensajero abandonó la sonrisa placentera con que había estado bebiendo su vino, para dirigirse al sirviente con el ceño fruncido en un gesto de cólera.

—¿A qué se debe esta demora? Si esto continúa, tendrás que darme explicaciones.

—Señor, es que no es fácil.

—No comprendo esas dificultades, ni las comprenden otros.

—Señor, lo he intentado..., una o dos veces.

—Entonces eres un chapucero, y no tendremos paciencia contigo. ¿No te imaginas cuál puede ser tu destino? A ver, saca la lengua. ¡Bien! La tienes bien rosada, y creo que eso es signo de salud. Y juraría que te sirve. Juraría que ha desempeñado su buen papel para atraer a las doncellas a tu cama, ¿eh? Sí, ya lo sé. Por prestarles demasiada atención has descuidado tu deber. Pero te diré una cosa: podrías quedarte sin lengua, y serías muy desdichado sin ella. Y ésa, amigo mío, no es más que una de las desdichas que podrían acaecerte.

—Señor, necesito tiempo.

—Has estado perdiéndolo. Te daré otra oportunidad. Debe suceder antes de las veinticuatro horas de mi partida. Me quedaré en la posada cercana, y si en veinticuatro horas no me llevan la noticia...

—No... No tendréis de qué quejaros, señor.

—Así está bien. Lléname el vaso ahora..., y recuerda.

El mensajero había partido, y Blanca se sintió más tranquila al ver que se alejaba.

Siempre pensaba que su hermana o su padre enviarían a alguno de sus servidores para ocuparse de ella.

Llamó a sus damas para pedirles que le trajeran, su bordado. Podían trabajar un rato, les dijo.

La labor de aguja era un consuelo, le permitía creer que estaba de vuelta en el pasado, cuando había sido miembro de una familia feliz, en su hogar de Aragón, cuando su madre vivía, antes de que siniestros designios cundieran en su casa, o tal vez en Castilla, en los primeros días de su matrimonio.

Durante esas horas que siguieron a la partida del mensajero, sus temores fueron menos apremiantes.

Cenó en compañía de sus damas, como era su costumbre, y poco después de la comida empezó a quejarse de dolores y mareos.

Las camareras la ayudaron a acostarse y, al sentir que los dolores se hacían más violentos, Blanca comprendió.

Así que era eso. No un cuchillo en la oscuridad, ni un par de manos asesinas en torno a la garganta. Qué tontería, una vez más, haber pensado que podría ser eso, cuando había una forma más segura... La misma que había servido para Carlos. Dirían que había muerto de un cólico, o de una fiebre. Y los que dudaran de que su muerte hubiera sido natural no se molestarían en cuestionar el veredicto... O no se atreverían.

"Que sea rápido", imploró. "Oh, Carlos... ahora me encontraré contigo."

A la posada llegó un mensaje, y cuando fue entregado a su destinatario, éste lo leyó con calma, sin dar señal alguna de sorpresa ni de emoción.

—Volveremos al castillo —dijo a su palafrenero, y ambos partieron inmediatamente hacia Bearnes, tan rápido como se lo permitían sus cabalgaduras.

Al llegar, hizo reunir a los sirvientes para hablar con ellos.

—Os hablo en nombre del conde y de la condesa de Foix —les dijo—. Debéis seguir con vuestras ocupaciones como si nada hubiera sucedido. Vuestra señora será sepultada sin ruido alguno, y la noticia de su muerte no debe salir de estas murallas.

Una de las mujeres se adelantó para hablar.

—Quisiera deciros, señor, que temo que mi señora haya sido víctima de un cruel asesino. Estaba bien cuando nos sentamos a comer, pero inmediatamente después se descompuso. No sé si estáis de acuerdo en que debería hacerse una investigación.

El mensajero la miró fijamente, con los pesados párpados entrecerrados. En su mirada había algo tan frío, tan amenazante, que la mujer empezó a temblar.

—¿Quién es ésta? —preguntó el hombre.

—Señor, estaba al servicio de la reina Blanca, que la amaba mucho.

—Tal vez eso explique su desvarío —el tono frío e implacable transmitía una advertencia que todos los presentes percibieron—. Pobre mujer —prosiguió el mensajero—, si es víctima de alucinaciones, debemos ocuparnos de que esté bien atendida.

—Señor, está nerviosa y no sabe lo que dice —intervino otra de las mujeres—. Sentía mucho afecto por la reina Blanca.

—Sea como fuere, habrá que atenderla... A menos que recupere la cordura. En cuanto a vosotros, no olvidéis las órdenes del conde y de la condesa. Esta lamentable noticia debe mantenerse en secreto mientras no se den órdenes en sentido contrario. Si alguien las desobedece, será necesario castigarle. Ocupaos de la pobre amiga de la difunta Reina, y haced que entienda bien los deseos del conde y de la condesa.

Un escalofrío casi palpable recorrió a quienes lo escuchaban.

Todos comprendieron. Entre ellos se había cometido un asesinato.

Su dulce señora, que a nadie había dañado y había hecho tanto bien a muchos, había sido eliminada, y a ellos se les advertía que una dolorosa muerte sería la recompensa para quien se atreviera a levantar la voz en contra de sus asesinos.

7

Alfonso de Portugal:
un pretendiente para Isabel

Los dedos de la reina Juana jugueteaban con el pelo oscuro y brillante de su amante. Beltrán se inclinó sobre ella y, mientras se besaban, Juana advirtió que no era ella el centro de sus pensamientos, sino la brillante materialización de sus sueños.

—Amado Beltrán —le preguntó—, ¿estáis contento?

—Creo, amor mío, que la vida nos trata bien.

—Qué largo camino habéis recorrido, Beltrán, desde que os miré por mi ventana y os abrí las puertas de mi alcoba. Pues bien, hay un camino a la gloria que pasa por las alcobas de los reyes. Y de las reinas, como vos habéis descubierto.

Ella lo besó con pasión.

—¡Combinar el deseo con la ambición, el amor con el poder! ¡Qué singular fortuna he tenido!

—También yo. Me debéis vuestra buena fortuna, Beltrán, y yo debo la mía a mi buen sentido. De modo que ya veis que puedo felicitarme más de lo que vos mismo os felicitáis.

—Tenemos la suerte de tenernos el uno al otro.

—Y de tener al Rey, mi marido. ¡Pobre Enrique! Con los años va haciéndose más áspero. A veces me lo imagino como un buen perro viejo, que se va poniendo un poco obeso, un poco ciego, un poco sordo... En sentido figurado, claro... Pero que sigue teniendo tan buen carácter que nunca gruñe, aunque lo descuiden o lo insulten, y siempre está dispuesto a ladrar amistosamente o a mover el rabo si se tiene una pequeña atención con él.

—Es que comprende su buena suerte, al tener una Reina como vos. Sois incomparable.

Ella soltó la risa.

—Pues empiezo a creer que lo soy. ¿Quién más habría podido ser la madre de la heredera de Castilla?

—Nuestra queridísima Juanita... ¡Qué encantadora es!

—Tanto, que debemos asegurarnos de que nadie le arrebate la corona. Porque lo intentarán, mi amor. Cada vez son más insolentes. Ayer, alguien habló de ella como la Beltraneja, de manera que yo pudiera oído.

—¿Y os enojasteis?

—Hice alarde de virtuoso enojo, pero en mi interior estaba un poco orgullosa, sentí cierto placer.

—Se trata de un orgullo y de un placer que debemos dominar, mi muy amada. Debemos planear con miras a ella.

—Es lo que me propongo hacer. Ya me imagino el día en que la veamos ascender al trono. No creo que Enrique llegue a vivir mucho. Se entrega en exceso a un tipo de placeres que, al tiempo que le entretienen, van privándole de salud y de fuerza.

Beltrán se quedó pensativo.

—Me pregunto a veces —murmuró— qué pensará para sus adentros cuando oye el mote de nuestra pequeña.

—Es que no lo oye. ¿No sabéis que Enrique tiene los oídos más acomodaticios de Castilla? No conocen más rival que sus ojos, igualmente empeñados en servirlo. Cuando Enrique no quiere escuchar, es sordo; cuando no quiere ver, es ciego.

—¡Si pudiéramos dar con alguna fórmula mágica que

hiciera igualmente acomodaticios los ojos y los oídos de quienes lo rodean!

Juana fingió estremecerse.

—No me gusta ese importantísimo marqués. Demasiadas ideas dan vueltas en esa orgullosa cabeza.

Beltrán hizo un lento gesto afirmativo.

—He visto una expresión alarmante en sus ojos cuando los posa en el pequeño Alfonso, y en su hermana.

—¡Oh, esos niños! Y especialmente Isabel. Me temo que los años pasados en Arévalo, bajo la extravagante y piadosa tutela de esa madre loca, hayan dañado mucho el carácter de la niña.

—Casi se la puede oír murmurar: "Seré una santa entre las mujeres".

—Si eso fuera todo, Beltrán, yo se lo perdonaría. Pero creo que lo que murmura es: "Seré una santa entre las... reinas".

—Alfonso es, sin embargo, el peligro principal.

—Sí, pero me gustaría ver que esos dos desaparecieran de la corte. La Reina viuda ya no está. ¡Qué bendición, no tener ya que verla! Ojalá se quede mucho tiempo en Arévalo.

—Oí comentar que ha caído en una profunda melancolía y que está resignada a dejar a sus hijos en la corte.

—Pues que se quede allí.

—Os gustaría desterrar a Alfonso e Isabel a Arévalo, con ella.

—Y más lejos aún. Tengo un plan para Isabel.

—Mi astuta reina —susurró Beltrán. Juana, riendo, apoyó los labios en los de él.

—Más tarde os lo explicaré —dijo en voz muy baja.

Beatriz de Bobadilla observaba con cierto desánimo a su señora. Isabel estaba trabajando silenciosamente en su bordado, como si no tuviera conciencia de los peligros que la rodeaban.

En Isabel, pensaba Beatriz, había una calma poco menos que sobrenatural. Isabel creía en su destino, estaba segura de que algún día Fernando de Aragón vendría en su busca, y de que Fernando correspondería exactamente a la imagen idealizada que ella se había hecho de él.

¡Cuánto tiene que aprender de la vida!, pensaba Beatriz.

Al compararse con Isabel, Beatriz se sentía una mujer de experiencia. Los causantes de esa sensación no eran sólo los cuatro años de ventaja que le llevaba: Isabel era una idealista, y Beatriz una mujer práctica.

Esperemos, pensaba Beatriz, que no quede demasiado desilusionada.

—Ojalá tuviéramos noticias de Fernando —comentó en ese momento Isabel—. Ya soy bastante mayor, y sin duda nuestro matrimonio no podrá demorarse mucho.

—Podéis estar segura —coincidió Beatriz— de que pronto se harán planes para vuestro matrimonio.

Pero, ¿será con Fernando?, se preguntó para sus adentros mientras se inclinaba sobre su labor.

—Espero que todo esté bien en Aragón —continuó Isabel.

—Allí ha habido grandes disturbios desde la rebelión en Cataluña.

—Pero ahora Carlos ha muerto. ¿Por qué el pueblo no puede conformarse y ser feliz?

—No pueden olvidar cómo murió Carlos.

Isabel se estremeció.

—Pero Fernando no tuvo nada que ver en eso.

—Es demasiado joven —asintió Beatriz—. Y ahora ha muerto Blanca. Carlos... Blanca... De los hijos que dio al rey Juan su primera mujer, Leonor es la única que vive, y ella no se interpondrá en el camino de Fernando al trono.

—Ahora es, de derecho, el heredero de su padre —murmuró Isabel.

—Sí, pero...

—¿Pero qué? —quiso saber la infanta.

—¿Cómo se sentirá Fernando... o cómo se sentiría cualquiera... al saber que para que él pudiera llegar al trono fue necesaria la muerte de su hermano?

—Carlos murió de una fiebre... —empezó a decir Isabel, pero se detuvo—. ¿No fue así, Beatriz? ¿No fue así?

—Habría sido una fiebre altísima —señaló Beatriz.

—Ojalá yo pudiera ver a Fernando... Hablar con él... —Isabel se había detenido, con la aguja en suspenso sobre el bordado—. ¿No podría ser que Dios hubiera elegido a Fernando para ser Rey de Aragón, y que por esa razón hubiera muerto su hermano?

—¿Cómo podemos saberlo? —suspiró Beatriz—. Espero que Fernando no se sienta desdichado por la muerte de su hermano.

—¿Cómo se sentiría uno si sacaran de en medio a su hermano para que uno heredara el trono? ¿Cómo me sentiría yo si eso sucediera con Alfonso? —Isabel se estremeció—. Beatriz —continuó con solemnidad—, yo no tendría deseo alguno de heredar el trono de Castilla si no me correspondiera de derecho. Jamás desearía daño alguno a Alfonso, por supuesto..., ni tampoco a Enrique, para poder alcanzar yo el trono.

—Bien sé que con vos sería así, porque sois buena. Y sin embargo, ¿si el bienestar de Castilla dependiera de que fuera destronado un mal Rey?

—¿Te refieres a... Enrique?

—No deberíamos hablar siquiera de estas cosas —señaló Beatriz—. Pensad si nos oyeran.

—No, no debemos hablar de ellas —aceptó Isabel—. Pero dime una cosa primero. ¿Sabes tú de algún plan para... destronar a Enrique?

—Creo que Villena puede tener algún plan así.

—Pero, ¿por qué?

—Creo que él y su tío tal vez quieran poner a Alfonso en lugar de Enrique, como Rey de Castilla, para poder ellos, a su vez, gobernar a Alfonso.

—Eso sería sumamente peligroso.

—Pero tal vez yo me equivoque, y no sean más que rumores.

—Confío en que te equivoques, Beatriz. Ahora que mi madre ha regresado a Arévalo, muchas veces pienso cuánto más tranquila se ha vuelto aquí la vida. Pero tal vez yo me engañe. Mi madre no podía ocultar sus deseos, sus emociones, y quizás haya otros que desean y proyectan en secreto. Tal vez haya algunos silencios tan peligrosos como la neurastenia de mi madre.

—¿Habéis tenido noticias de ella desde que llegó a Arévalo?

—No por ella, sino por una de sus amigas. Con frecuencia se olvida de que no estamos allí con ella, y cuando lo recuerda se pone muy melancólica. He oído decir que cae estados de profunda tristeza, durante los cuales expresa su temor de que ni Alfonso ni yo nos ciñamos jamás la corona de Castilla. Oh, Beatriz, cuántas veces pienso en lo feliz que podría haber sido si no fuéramos una familia real. Si yo fuera tu hermana, digamos, y Alfonso tu hermano, ¡qué felices podríamos haber sido! Pero desde que aprendí a hablar me repitieron continuamente: "Tú puedes ser reina de Castilla". Eso no nos ha hecho felices, para nada. Me parece que hubiéramos estado siempre en pos de algo que nos excede... De algo que si llegáramos a poseerlo, sería muy peligroso. Oh, tú sí que debes ser feliz, Beatriz. Y no te imaginas cuánto.

—Para todos la vida es un combate —murmuró Beatriz—. Y vos seréis feliz, Isabel. Espero estar siempre con vos para verlo, y tal vez, modestamente, contribuir a vuestra felicidad.

—Cuando me case con Fernando y me vaya a Aragón, tú debes venir conmigo, Beatriz.

Beatriz sonrió con cierta tristeza. No creía que le fuera permitido seguir a Isabel a Aragón; también ella tendría que casarse. Estaba prometida a Andrés de Cabrera, un oficial de la casa del Rey, y su deber sería estar donde él estuviera, no irse con Isabel..., si acaso alguna vez Isabel se iba a Aragón.

Afectuosamente, sonrió a su señora. Isabel no tenía dudas, Isabel veía su futuro con Fernando con tanta claridad como veía la labor de aguja en que en ese momento trabajaba.

—Ahí esta vuestro hermano —anunció Beatriz, mirando por la ventana—, que vuelve de una cabalgata.

Isabel dejó su labor para correr a la ventana. Al levantar la vista, Alfonso las vio y las saludó con la mano.

Isabel le hizo señas, y el infante desmontó de un salto, dejó su caballo a un mozo y entró en el palacio.

—Cómo crece —comentó Beatriz—. Es increíble que no tenga más que once años.

—Ha cambiado mucho desde que vino a la corte. Creo que los dos hemos cambiado. Y él cambió también cuando se fue nuestra madre.

Ahora, pensó Beatriz, los dos tenían el corazón más aligerado. Pobre Isabel, ¡cómo debía de haber sufrido con la madre que tenía! Por eso era tan seria para sus años.

Alfonso, con la cara arrebatada y aspecto saludable después de la cabalgata, entró en la habitación.

—Me has llamado —dijo, abrazando a Isabel. Después se volvió a saludar a Beatriz—. ¿Querías hablar conmigo?

—Yo siempre quiero hablar contigo, aunque no haya nada en particular —respondió Isabel.

—Me temía que algo hubiera andado mal —respondió Alfonso, que pareció aliviado.

—¿Es que esperabas algo? —preguntó ansiosamente su hermana, y el infante miró a Beatriz.

—No te preocupes por Beatriz —lo tranquilizó Isabel—. No tengo secretos para ella. Es como si fuera nuestra hermana.

—Sí, lo sé —asintió Alfonso—. Tú me preguntas si esperaba algo, y yo te diría que siempre estoy esperando algo. Aquí siempre está sucediendo algo, o está a punto de suceder. Me imagino que todas las cortes no serán como ésta, ¿no?

—¿En qué sentido? —preguntó Beatriz.

—No creo que en el mundo pueda haber otro Rey como Enrique. Ni una Reina como Juana... ni una situación como la que se plantea con la pequeña.

—Es posible que situaciones así se hayan producido antes —murmuró Isabel.

—Vamos a tener problemas, estoy seguro —declaró Alfonso.

—Alguien ha estado hablando contigo.

—Sí, fue el arzobispo.

—¿Te refieres al arzobispo de Toledo?

—Sí —respondió Alfonso—. Últimamente, ha estado muy amable conmigo... Demasiado amable.

Beatriz e Isabel intercambiaron una mirada de aprensión.

—Me demuestra un respeto que jamás me ha demostrado —continuó Alfonso—. No creo que el arzobispo esté muy satisfecho con nuestro hermano.

—No está entre las atribuciones de un arzobispo estar insatisfecho con un Rey —le recordó Isabel.

—Oh, pero con este arzobispo y este Rey, podría suceder —la corrigió Alfonso.

—He oído decir que Enrique se ha mostrado de acuerdo con una alianza entre la princesita y el hijo de Villena. Así, estaría seguro de que Villena siga siendo su amigo.

—El pueblo jamás aceptará algo así —afirmó Beatriz.

—Además —continuó Alfonso—, se hará una investigación de legitimidad de la princesita. Si se concluye que no puede ser hija del Rey, entonces... me proclamarán heredero del trono —Alfonso parecía perplejo—. Oh, Isabel —continuó—, cómo quisiera que no tuviéramos que preocuparnos. ¡Qué fatigoso es! Como cuando estaba con nosotros nuestra madre. ¿Recuerdas que con cualquier motivo nos decía que debíamos tener cuidado, que debíamos hacer esto y no hacer lo otro, porque era posible que algún día heredáramos la corona? ¡Qué cansado estoy de la corona! Cómo me gustaría cabalgar y hacer lo que hacen otros muchachos. Ojalá no me sintiera siempre mirado como una persona a la que hay que vigilar. No quiero que el arzobispo venga a decirme ostentosamente que es mi gran amigo y que siempre estará cerca de mí, para protegerme. Quiero elegir mis amigos, y no quiero que sean arzobispos.

—Hay alguien en la puerta —advirtió Beatriz. Cuando fue hacia ella y la abrió rápidamente, se encontró con un hombre que esperaba fuera.

—Tengo un mensaje para la infanta Isabel —anunció, y Beatriz se hizo a un lado para dejarlo entrar.

Mientras el mensajero se acercaba a ella, Isabel pensaba en cuánto tiempo haría que estaba allí, junto a la puerta. ¿Qué habría oído? ¿Qué era lo que habían dicho ellos?

Alfonso tenía razón. Para ellos no había paz. Vigilaban sus movimientos, espiaban todo lo que hacían. Era una de las penalidades por ser un posible candidato al trono.

—¿Queríais hablar conmigo? —preguntó.

—Sí, infanta. Os traigo un mensaje de vuestro noble hermano, el Rey, que quiere que vayáis inmediatamente a su presencia.

Isabel inclinó la cabeza.

—Podéis volver donde el Rey y decirle que iré sin pérdida de tiempo —respondió.

Al entrar en las habitaciones de su hermano, Isabel comprendió que la ocasión era importante.

Enrique estaba sentado, y junto a él estaba la Reina. De pie detrás de la silla del Rey estaba Beltrán de la Cueva, conde de Ledesma, y también se encontraban presentes el marqués de Villena y su tío, el arzobispo de Toledo.

Isabel se arrodilló ante el Rey y le besó la mano.

—Vaya, Isabel —la saludó afectuosamente Enrique—. Qué placer me da verte. ¡Con qué rapidez crece! —comentó, volviéndose a la reina Juana, quien dirigió a Isabel una amistosa sonrisa que a la infanta le pareció totalmente falsa.

—Va a ser alta, como sois vos, mi señor —respondió la Reina.

—¿Qué edad tienes, hermana? —preguntó Enrique.

—Trece años, Alteza.

—Ya una mujer, entonces. Es hora de dejar los juegos de infancia y pensar en el matrimonio, ¿verdad?

Isabel sabía que todos la miraban, y se fastidió al darse cuenta de que se había ruborizado levemente. ¿Se notaría la alegría que la inundaba?

Por fin llegaría el momento de unirse a Fernando. Tal vez en unos días más se conocieran. La infanta sintió cierta aprensión. ¿Conseguiría agradar a Fernando tanto como —estaba segura— él habría de agradarle?

Cómo corrían los pensamientos, sin obedecer a la voluntad.

—A todos nos es muy querido tu bienestar... A la Reina, a mí, a mis amigos y ministros. Y hemos decidido, hermana, concertar para ti un matrimonio que te encantará por su magnificencia.

Con la cabeza inclinada, Isabel esperaba, deseando ser capaz de contener su alegría y no mostrar un regocijo indecoroso por el hecho de ser la novia de Fernando.

—El hermano de la Reina, el rey Alfonso V de Portugal, ha pedido tu mano en matrimonio. Yo y mis consejeros estamos encantados con este ofrecimiento, y hemos decidido que no puede menos que traer felicidad y ventajas a todos los interesados.

Isabel creyó que no había oído bien. Percibió la oleada de sangre que le inundaba el rostro, y los fuertes latidos de su corazón. Durante unos segundos pensó que iba a desmayarse.

—Bien, hermana, advierto que la magnificencia de este ofrecimiento te abruma. Eres ya una joven bien parecida, y digna de un buen matrimonio, que me complazco en brindarte.

Isabel levantó los ojos para mirar al Rey, que sonreía, pero sin mirarla. Enrique estaba al tanto de la obsesión de su hermana con la idea del matrimonio con Fernando, y recordaba lo mucho que se había alterado la infanta al saber que se había dispuesto una alianza entre ella y el príncipe de Viana. Por esa razón le había hablado de manera tan formal del proyectado matrimonio con la casa real de Portugal.

En cuanto a la Reina, mostraba una amplia sonrisa: ese matrimonio le convenía. Juana quería ver a Isabel fuera de Castilla, ya que mientras eso no sucediera, la infanta era una amenaza para su hija. Por cierto que habría preferido sacar del paso al pequeño Alfonso, pero eso habría presentado por el momento demasiadas dificultades. Sin embargo, la posición del infante se vería debilitada ahora, al perder el apoyo de su hermana.

De todas maneras, ya hay uno de los dos que no estorba, pensaba Juana.

Isabel habló lentamente, pero con claridad, y ninguno de los presentes dejó de sentirse impresionado por la calma con que se dirigió a ellos.

—Agradezco a Vuestra Alteza que haya hecho por mí tales esfuerzos, pero me parece que ha dejado de tener en cuenta un hecho: yo estoy ya comprometida, y tanto yo como otras personas consideramos válido ese compromiso.

—¡Comprometida! —exclamó Enrique—. Querida hermana, tienes una visión infantil de estas cosas. Para una princesa se sugieren muchos maridos, pero nada hay que comprometa en tales sugerencias.

—Sin embargo, yo soy la prometida de Fernando de Aragón, y en vista de eso, cualquier otro matrimonio es imposible.

Enrique la miró, exasperado. Su hermana parecía dispuesta a mostrarse terca, y él estaba demasiado cansado de conflictos para soportar esa situación. De haberse hallado a solas con Isabel, se habría mostrado de acuerdo con ella en lo referente al compromiso con Fernando y a que debían rechazar el ofrecimiento del Rey de Portugal, pero tan pronto como su hermana le hubiera dejado, él habría seguido adelante con las negociaciones conducentes al matrimonio, dejando que alguien más se encargara de darle la noticia.

Naturalmente, no era algo que se pudiera hacer en presencia de la Reina y sus ministros.

—¡Querida Isabel! —exclamó Juana—. Es que es muy niña todavía, y no sabe que no se puede rechazar a un gran Rey, como mi hermano, cuando la pide en matrimonio. Pero tienes suerte Isabel, serás muy feliz en Lisboa.

Los ojos de Isabel fueron de Villena al arzobispo y después, con en una súplica, volvieron a Enrique, sin que ninguno de los tres le sostuviera la mirada.

—El Rey de Portugal vendrá personalmente a Castilla —anunció Enrique, mientras se observaba atentamente los anillos—. Dentro de pocos días estará aquí, y debes prepararte para recibirlo, hermana. Quisiera que le demostraras tu placer y tu integridad por este gran honor que te ha conferido.

Isabel se quedó de pie, muy quieta. Quería articular sus protestas, pero sentía que la garganta se le había cerrado y no le dejaba salir las palabras.

Pese a toda su calma natural, a la extraordinaria dignidad que exhibía allí, en la sala de audiencias, clavados en ella los ojos de los principales ministros de Castilla, la infanta parecía un animal que busca desesperadamente algún medio de escapar de la trampa que ve cerrarse a su alrededor.

Isabel estaba tendida en su cama, con las cortinas corridas para poder aislarse completamente. Durante largas horas había estado rogando de rodillas, y durante todo el día había mantenido su plegaria.

Había hablado con Beatriz, que no había podido hacer otra cosa que entristecerse y decirle, a manera de consuelo, que tal era el destino de las princesas.

—Habéis llegado a obsesionaros con Fernando —le señaló—. ¿Cómo podéis estar segura de que no hay otro para vos? Jamás lo habéis visto, y nada sabéis de él, más que lo que os ha llegado de oídas. ¿Acaso el Rey de Portugal no podría ser buen marido?

—Es que amo a Fernando. Es posible que te suene a tontería, pero siento como si hubiera crecido conmigo. Quizá la primera vez que oí pronunciar su nombre necesitara yo consuelo, tal vez me haya entretenido edificando un ideal... Pero dentro de mí hay algo, Beatriz, que me dice que solamente podré ser feliz con Fernando.

—Si hacéis vuestro deber seréis feliz.

—No siento que sea mi deber casarme con el Rey de Portugal.

—Es hacer lo que os mande el Rey, vuestro hermano.

—Tendré que irme de Castilla... separarme de Alfonso... y de ti, Beatriz. Seré la más desdichada de las mujeres en Castilla y en Portugal. Tiene que haber una salida. Estaban decididos a casarme con el príncipe de Viana, pero se murió, y fue como un milagro. Tal vez si sigo rezando se produzca otro milagro.

Beatriz sacudió la cabeza. No era mucho el consuelo que podía ofrecerle. Pensaba que ahora Isabel debía dejar atrás los sueños de su infancia, debía aceptar la realidad, como habían tenido que hacerlo, antes que ella, tantas princesas.

Y como Beatriz no podía ayudarla, Isabel quería aislarse y orar, pidiendo que si no era posible que se le ahorrara ese matrimonio desagradable, le fueran dadas al menos las fuerzas para sobrellevarlo.

Sintió ruido en su habitación y se enderezó en la cama.

—¿Quién está ahí? —susurró.

—Soy yo, Isabel.

—¡Alfonso!

—He venido sin hacer ruido, porque no quería que nadie nos molestara. Oh, Isabel..., estoy asustado.

Las cortinas de la cama se separaron e Isabel vio a su hermano. Parecía tan niño que la infanta se olvidó de su propia pena e intentó consolarlo.

—¿Qué pasa, Alfonso?

—Estamos rodeados de conspiraciones e intrigas, Isabel. Y en el centro de todo eso estoy... estoy yo. Es la sensación que tengo. Y a ti te alejarán, para que no tenga yo el consuelo de tu presencia y de tu consejo. Isabel..., tengo miedo.

Ella extendió la mano, y su hermano se la tomó. Después se arrojó en brazos de la infanta, y durante unos segundos, los dos se abrazaron.

—Y me harán heredero del trono —continuó Alfonso—. Dirán que la princesita no tiene ningún derecho. Ojalá me dejaran en paz, Isabel. ¿Por qué no pueden dejarnos en paz..., a mí para que sea como los demás muchachos, a ti para que te cases con quien quieras?

—Nunca nos dejarán en paz, Alfonso. Nosotros no somos como otros jóvenes. Y la razón es que nuestro medio hermano es el Rey de Castilla, y que mucha gente cree que la niña a quien se da por su hija no es en realidad de él. Eso significa que nosotros estamos directamente en la línea sucesoria. Hay algunos que sostienen a Enrique y a su reina... Y hay otros que quieren valerse de nosotros en su disputa con el Rey y la Reina.

—Isabel... escapemos. Huyamos a Arévalo, a reunirnos con nuestra madre.

—De nada servirá. No nos dejarían que permaneciéramos allí.

—Tal vez pudiéramos todos escaparnos a Aragón... con Fernando.

Isabel se quedó pensativa, imaginándose su llegada a la corte de Juan, el padre de Fernando, en compañía de su madre neurasténica y de su hermanito. En Aragón reinaba la inquietud. Hasta podría ser que Juan hubiera decidido elegir otra novia para Fernando.

Lentamente, sacudió la cabeza.

—Nuestros sentimientos, nuestros amores y nuestros odios... no tienen importancia, Alfonso. Debemos tratar de vernos... no como personas, sino como piezas de un juego... piezas que se mueven hacia aquí y hacia allá... según lo que sea más beneficioso para nuestro país.

—Si me dejaran en paz, y no trataran de obligar al Rey a que haga de mí su heredero, seguramente eso sería beneficioso para el país.

—En Castilla están sucediendo cosas terribles, Alfonso. Los caminos son inseguros, la gente no tiene protección alguna, la pobreza es mucha. Podría ser que fuera beneficioso que te hicieran Rey de Castilla, y se designara un regente hasta tu mayoría de edad.

—Oh, no quiero, no quiero... —gimió Alfonso—. Quiero que estemos juntos..., en paz y tranquilidad. Oh, Isabel, ¿qué podemos hacer? Estoy asustado, te digo.

—No debemos asustarnos, Alfonso. El miedo no es digno de nosotros.

—Pero nosotros no somos diferentes de otras personas —gritó apasionadamente Alfonso.

—Oh, sí, lo somos —insistió Isabel—, y cometemos un error si no lo reconocemos. Nosotros no podemos acariciar sueños de tranquila felicidad, tenemos que encarar el hecho de que somos diferentes.

—Isabel, la gente que se interpone en el camino de otros que desean ascender al trono, con frecuencia muere. Carlos, el príncipe de Viana, murió. Y he oído decir que fue para abrir camino a su hermano menor, Fernando.

—Fernando no tuvo nada que ver en ese asesinato... Si es que fue un asesinato —dijo pausadamente Isabel.

—Fue un asesinato —aseguró Alfonso, y cruzó las manos sobre el pecho—. Dentro de mí hay algo que me dice que lo fue. Isabel, si me designaran heredero... si me hicieran rey... —furtivamente, miró por encima del hombro, e Isabel pensó en Carlos prisionero de su propio padre, sintiéndose como se sentía ahora Alfonso, mirando por encima del hombro como miraba Alfonso, furtivamente, con miedo de la codicia y de la avidez que sienten los hombres por el poder—. También estuvo la reina Blanca —prosiguió Alfonso—. Me imagino lo que sentiría en su último día en la Tierra. Me pregunto cómo se sentirá uno encerrado en un castillo, sabiendo que tiene algo que los demás desean y que sólo pueden arrebatarle dándole muerte.

—Esas son palabras disparatadas —repuso Isabel.

—Pero a ti te casan y te envían a Portugal, no estarás aquí para ver lo que suceda. Y sé que están haciendo planes referentes a mí, Isabel. Oh... cómo quisiera no ser hijo de Rey. ¿Has pensado alguna vez, Isabel, qué maravilla no ser más que el hijo de un simple campesino?

—¿Y pasar hambre? ¿Tener que trabajar sin descanso para un amo cruel?

—En la vida no hay nada tan temible —reflexionó Alfonso— como el hecho de saber que hay quienes planean arrebatártela. Creo que si fuera posible preguntar a la pobre reina Blanca si tal es la verdad, lo confirmaría. Yo lo sé, fíjate, Isabel... Porque... en los ojos de los hombres que me miran, he leído lo que piensan. Lo sé. Ya ti te apartan de mí porque te temen. Me quedaré sin un solo amigo, Isabel, porque aunque el arzobispo me dice que me ama, y lo mismo hace el marqués de Villena, no confío en ellos. Tú eres la única de quien me siento seguro.

Isabel estaba profundamente conmovida.

—Hermanito —declaró, como si sacara fuerzas y determinación de las melancólicas palabras de Alfonso—, no iré a Portugal. Ya encontraré la manera de evitar ese matrimonio.

Al mirarla y ver la resolución pintada en su rostro, Alfonso empezó a creer que cuando Isabel tomaba una decisión, derrotarla era imposible.

Cuando su hermano se hubo separado de ella, una inspiración acometió a Isabel.

Comprendió que necesitaba consejo. Debía descubrir si le era inevitable aceptar el matrimonio con Portugal, o si había alguna manera de salir de esa situación.

Pese a su juventud y a su escaso conocimiento de las leyes del país, la infanta sospechaba que el Rey y sus adictos intentaban empujarla precipitadamente a ese matrimonio, y si las cosas eran en verdad así, alguna razón debían de tener para tanta prisa.

Isabel seguía creyendo que su felicidad residía en ese matrimonio que había capturado su imaginación de niña, cuando hizo de Fernando su ideal; pero además, el sentido común le decía que una boda entre Castilla y Aragón podría traer los mayores beneficios a España. Durante la rebelión de Cataluña había habido roces entre Castilla y Aragón, e Isabel empezaba a darse cuenta de que una de las razones de que los moros siguieran gobernando aún gran parte de España eran las rencillas y la desunión entre los españoles.

Si se unían, podrían derrotar a los infieles. La lucha entre ellos los debilitaba. ¡Cuánto más satisfactorio sería que los españoles se unieran para combatir a los moros, en vez de pelearse entre ellos!

Además, un matrimonio entre Castilla y Aragón debía ser una grandísima ventaja para España, e Isabel creía que la unión de ella y de Fernando sería el primer paso conducente a expulsar a los moros del país. Por consiguiente, ese matrimonio debía tener lugar.

Isabel estaba segura de que el príncipe de Viana había encontrado la muerte por decisión divina. Posiblemente, el medio habría sido un caldo o un vino envenenado, pero ¿quién osaría cuestionar los designios de la Providencia? Dios había decidido que Aragón fuera para Fernando. ¿Habría decidido también que Isabel fuera para Fernando?

Dios se inclinaba más a tener en cuenta a los que intentaban valerse por sí mismos, porque eran más dignos de su apoyo que quienes aceptaban indolentemente cualquier destino que sobre ellos se abatiera.

Por eso, Isabel tomó la decisión de que se empeñaría con todas sus fuerzas en hacer algo para eludir la boda con Alfonso V de Portugal.

Y no sólo tenía que pensar en sus propios deseos. Su hermano Alfonso la necesitaba. Había quienes lo consideraban como el heredero del trono, pero para Isabel era su hermanito asustado. Su padre había muerto, su pobre madre desequilibrada estaba aislada del mundo. ¿Quién, sino su hermana Isabel, había de cuidar del pequeño Alfonso?

Pero los dos eran niños, y estaban en medio de una corte acosada por los conflictos. En una corte así, pensaba Isabel, lo difícil es saber quiénes son amigos y quiénes enemigos. ¿En quién podía confiar, a no ser en Beatriz?

Isabel sentía crecer en ella la prudencia, y comprendía que la única manera de estar segura del partido que tomaba la gente era considerar los intereses y motivos que los movían.

Sabía que el deseo del Rey y de la Reina era ver que ella, Isabel, se alejaba del país, y la razón era obvia. Se habían dado cuenta de que las diferencias de opinión respecto a los derechos al trono que asistían a la hijita de la Reina podían llevar al país a la guerra civil, de ahí que quisieran sacar del paso a los rivales de la princesita. Todavía no podían deshacerse de Alfonso, porque hacerlo sería un paso demasiado drástico, pero ¡qué fácil era desplazar a Isabel encaminándola por la senda de un matrimonio que la apartara elegantemente del escenario de la acción!

El marqués de Villena se oponía al matrimonio de Isabel con Fernando por razones muy personales: buena parte de las propiedades que detentaba habían pertenecido antes a la Casa de Aragón, y el marqués sospechaba que si Fernando llegaba a tener influencia en Castilla, ya encontraría algún medio de despojar de tales propiedades al marquesado de Villena para restituirlas a sus antiguos poseedores.

En Castilla había, sin embargo, una persona de quien Isabel creía que habría de respaldar su matrimonio con Fernando. Se trataba de don Federico Enríquez, almirante de Castilla y padre de la ambiciosa Juana Enríquez, la madre del propio Fernando.

Sería natural que el almirante apoyara el matrimonio entre su nieto y alguien a quien apenas unos cortos pasos separaban del trono de Castilla.

No cabía dudar, además, de hacia dónde se orientarían las simpatías del almirante, e Isabel sabía que si en ese momento había en Castilla alguien que pudiera ayudarla era ese hombre.

La infanta había aprendido la primera lección del arte del estadista.

Mandaría llamar a Federico Enríquez, almirante de Castilla y hombre de gran experiencia, él podría decirle con exactitud en qué situación se hallaba respecto del planeado casamiento con Alfonso de Portugal.

En el amplio recinto iluminado por un centenar de antorchas que proyectaban sombras sobre las paredes cubiertas de tapices, Isabel se acercó a rendir homenaje a su visitante, el Rey de Portugal.

Mantuvo la cabeza alta mientras se adelantaba hacia el estrado donde estaban sentados los dos reyes, y aunque sentía que el corazón le latía tumultuosamente y amenazaba con subírsele a la garganta y sofocarla, consiguió mantener cierta serenidad.

"Yo soy para Fernando, y Fernando es para mí", seguía diciéndose en ese momento, como había estado diciéndose mientras sus damas de honor la preparaban para la entrevista.

Enrique la tomó en sus brazos y la estrechó contra su ropaje de ceremonia, perfumado y recamado de joyas. La llamó "nuestra queridísima hermana", y le sonrió con un afecto que la mayoría de las personas habrían considerado auténtico.

La reina Juana exhibía una belleza resplandeciente y, como era de esperar, tras los asientos del Rey y de la Reina estaba Beltrán de la Cueva, sobriamente apuesto, deslumbrante en su atuendo y... triunfante.

Cuando vio al hombre a quien deseaban convertir en su marido, Isabel se estremeció.

Desde sus trece años, le pareció muy viejo y de una fealdad repulsiva.

No, no, se decía la infanta. Si me obligan, tomaré un cuchillo y me mataré, antes que someterme.

Pese al tumulto de sus pensamientos, consiguió que la mano no le temblara al ponerla en la del Rey de Portugal.

Un tanto vidriosos, los ojos del visitante se posaron en ella: joven, virgen, los ojos resplandecientes de inocencia. Un bocado delicioso, pensaba el Rey de Portugal, y además, no era improbable que esa niña trajera consigo una corona.

En Castilla había complicaciones. ¡Esa perversa de Juana! ¿En qué se había metido? El Rey bien se lo imaginaba. Y el tal Beltrán de la Cueva era hombre tan apuesto que tampoco se la podía culpar demasiado, aunque Juana debería haber dispuesto las cosas de manera que no despertaran sospechas. Pero, ¿por qué habría él de lamentarlo? Era muy posible que esa deleitable muchacha fuera un día la heredera de Castilla. Tenía un hermano menor, pero Alfonso podía perder la vida en alguna batalla, ya que indudablemente se avecinaban batallas en Castilla. ¿Y la pequeña Juana? Oh, las posibilidades de Isabel eran bastante considerables.

Los ojos de Isabel se encontraron con los del visitante, y la infanta se estremeció. Los labios del Rey estaban un poco húmedos, como si de sólo verla la boca se le hiciera agua.

Aunque toda ella era un clamor de protesta, Isabel devolvió respetuosamente la sonrisa a su hermano, a la Reina y al hermano de ésta, que evidentemente no experimentaba ninguna aversión ante la idea de hacer de ella su esposa.

—Nuestra Isabel está abrumada de júbilo ante la perspectiva que se abre para ella —declaró Enrique.

—La emoción apenas si la ha dejado dormir desde que la hemos puesto en conocimiento de su buena suerte —añadió la Reina.

—Tiene plena conciencia del honor que le hacéis —prosiguió Enrique—, y ahora que os ha visto, estoy seguro de que estará tanto más ansiosa de que la boda se realice. ¿No es así, hermana?

—Alteza —preguntó con seriedad Isabel—, ¿no consideraríais indecoroso que una joven hable de su matrimonio antes de haberse comprometido?

—Isabel ha tenido una educación muy cuidadosa —explicó Enrique, riendo—. Antes de reunirse con nosotros aquí en la corte llevó la vida de una monja.

—No conozco educación mejor —aseguró Alfonso V de Portugal, cuyos ojos no dejaban de recorrer a Isabel, de manera que la infanta tuvo la sensación de que estaba ya imaginándosela en muchas situaciones diferentes, todas de una intimidad de la que ella sólo tenía una idea muy vaga.

—Mi querida Isabel —expresó la Reina—, vuestro hermano y yo no seremos tan estrictos con vos como lo fue vuestra madre en Arévalo. Os permitiremos que bailéis con el Rey de Portugal, y ambos podréis haceros amigos antes de que él os lleve consigo a Lisboa.

En ese momento, Isabel se obligó a hablar.

—No podemos todavía contar con que haya acuerdo para el compromiso —dijo en voz tan alta y clara como para que pudieran oírla los cortesanos presentes en la habitación que se hallaban más próximos al grupo real.

Enrique la miró sorprendido, su mujer enfadada, el Rey de Portugal estupefacto, pero Isabel continuó audazmente:

—Sé que no habéis olvidado que, en mi condición de princesa de Castilla, mi compromiso no puede celebrarse sin consentimiento de las Cortes.

—El Rey ha dado su consentimiento —se apresuró a intervenir Juana.

—Eso es verdad —admitió Isabel—, pero, como bien lo sabéis, es esencial que lo den también las Cortes.

—El Rey de Portugal es mi hermano —le recordó orgullosamente Juana—, y por consiguiente, podemos prescindir de la formalidad habitual.

—Yo no puedo avenirme a un compromiso que no cuente con el consentimiento de las Cortes —afirmó Isabel.

Lo que le confirmó cuánta razón había tenido el anciano almirante al asegurarle que la única manera en que el Rey y la Reina podían atreverse a casarla era hacerlo a toda prisa, antes de que las Cortes hubieran tenido tiempo de recordarles que también ellas debían intervenir en el asunto. No la impresionaron tanto la cólera y la sorpresa que leyó en el rostro de la Reina y en el del Rey de Portugal, como la expresión de fatigada derrota que se pintó en el de Enrique.

Además, había dicho el almirante, era muy improbable que las Cortes dieran su consentimiento para el matrimonio de Isabel con el hermano de la Reina. El pueblo no sentía gran amor por Juana, siempre habían considerado indecorosa su ligereza, y ahora, próximo a estallar el escándalo provocado por la dudosa paternidad de su hijita, la culparían más que nunca.

Las Cortes jamás darían su aprobación a un matrimonio repugnante para Isabel, su princesa, y tan deseado por el Rey, débil y lascivo, y por su mujer, no por menos débil menos lasciva.

Cuando Isabel se retiró de la cámara de audiencias, sabía que había sembrado la consternación en el corazón de dos reyes y una reina.

¡Qué acertado había estado el almirante de Castilla! La infanta había aprendido una valiosa lección, y una vez más dio las gracias a Dios, que la guardaba para Fernando.

8

Fuera de las Murallas
de Ávila

Una brillante procesión cabalgaba hacia el norte, en dirección a las riberas del río Bidasoa, limítrofe entre Castilla y Francia y, como lugar de reunión, próximo a la ciudad de Bayona.

En el centro de la comitiva cabalgaba Enrique, Rey de Castilla, todo él reluciente de joyas, rodeado por su guardia morisca, deslumbrante en sus coloridos uniformes.

Los cortesanos habían hecho todo lo posible para rivalizar en esplendor con su Rey, aunque, excepción hecha de Beltrán de la Cueva, ninguno lo había conseguido. Pese a ello, la esplendidez era la característica del grupo que se había reunido para ir al encuentro del rey Luis XI de Francia, sus cortesanos y sus ministros.

La reunión había sido planeada por el marqués de Villena y el arzobispo de Toledo, con el propósito de zanjar las diferencias entre los reyes de Castilla y Aragón.

Al plantearse el conflicto entre Cataluña y Juan de Aragón, con motivo del tratamiento que este último diera a su hijo mayor, Carlos, príncipe de Viana, Enrique de Castilla había enviado cierta cantidad de hombres y de fuerzas en ayuda de los catalanes. Ahora, Villena había decidido que debía reinar la paz, y que el Rey de Francia debía actuar como mediador en la reconciliación.

Villena y el arzobispo tenían sus razones para disponer semejante reunión entre ambos monarcas. La entrevista respondía a los deseos de Luis, y los dos estadistas, profundamente respetuosos de los talentos del Rey galo, habían aceptado de él ciertos favores, en retribución de los cuales no debían mostrarse indiferentes ante los deseos del monarca mientras se hallaran en la corte de su propio señor.

Luis estaba ansioso por tener voz en los asuntos de Europa. Decidido a hacer de Francia el centro de la política del Continente y el más poderoso de los países, consideraba necesario, por consiguiente, no perder oportunidad de entrometerse en los asuntos de sus vecinos, si al hacerlo podía reforzar la posición de Francia.

Le interesaban los asuntos de Aragón porque había prestado al Rey de esa provincia la suma de trescientas cincuenta mil coronas, tomando como garantía del préstamo las provincias de Rosellón y La Cerdeña. Si debía haber paz entre Castilla y Aragón, Luis estaba ansioso de que fuera lograda sin perjuicio para Francia. Por esa razón, tenía "pensionados" —tales como Villena y el arzobispo de Toledo— en todos los países en que conseguía establecer alguno.

Luis estaba en la flor de la edad, pues habían pasado tres años escasos desde que ascendiera al trono, a los treinta y ocho, y estaba ya superando los estragos de la Guerra de los Cien Años. Sabía que Enrique era un hombre débil, que sus desatinos iban en aumento a medida que pasaban los años, y no podía menos de creer que, en una conferencia, le sería fácil sacarle ventaja, y tanto más cuanto que el Rey de Castilla tenía como principales asesores dos hombres ávidos de que él, Luis XI de Francia, les untara las manos.

Cuando Luis y Enrique se encontraron, entre sus comitivas se encendió inmediatamente la hostilidad.

Enrique, magníficamente ataviado y en compañía de un grupo realzado por el resplandor del brocado de oro y los destellos de las joyas, formaba un extraño contraste con la vestimenta sombría del Rey de Francia.

Luis no había hecho concesión alguna a la ocasión, y llevaba las ropas que acostumbraba usar ordinariamente. Le divertía mostrarse como el menos conspicuo de los franceses, de modo que sus preferencias se inclinaban por una gastada chaqueta con forro de pana. Era evidente que el sombrero que llevaba le había servido tan bien y durante tantos años como cualquiera de sus seguidores, y la pequeña imagen de la virgen con que lo adornaba no era, como podría haberse esperado, de diamantes ni de rubíes, sino de plomo.

Entre los franceses se cruzaron miradas burlonas al ver el atuendo de los castellanos, y se oyeron risas y exclamaciones ahogadas.

—¡Qué ostentación! ¡Presumidos!

También los castellanos expresaron su disgusto por los franceses, preguntándose entre ellos si no habría habido algún error que hubiera llevado al Rey de los mendigos, y no al Rey de Francia, a acudir al encuentro de Enrique.

Los ánimos estaban caldeados y se produjo más de una discusión.

Entretanto, también los reyes se medían recíprocamente, sin que ninguno de ellos quedara muy impresionado.

Luis anunció sus condiciones para la paz, que no eran del todo favorables para Castilla. Por su parte, Enrique, siempre ansioso de seguir la línea que le exigiera menor esfuerzo, no deseaba más que una cosa: terminar de una vez con la conferencia y poder regresar a Castilla.

Entre su comitiva se elevaron murmullos de descontento.

—¿Por qué se permitió que nuestro Rey hiciera semejante viaje? —se preguntaban entre sí los hombres—. Es casi como si tuviera que rendir homenaje al Rey de Francia y aceptar por bueno su juicio. ¿Y quién es el rey de Francia? No es más que un prestamista, y ávido de beneficios, para el caso.

—¿Quién dispuso esta conferencia? ¡Vaya pregunta! El marqués de Villena, naturalmente, y ese pícaro de su tío, el arzobispo de Toledo.

Durante el viaje de regreso a Castilla el asesor de Enrique, el arzobispo de Cuenca, y el marqués de Santillana, jefe de la poderosa familia Mendoza, se acercaron al Rey para implorarle que lo pensara dos veces antes de dejarse arrastrar de nuevo a tan humillantes negociaciones.

—¡Humillantes! —protestó Enrique—. Pero yo no considero que mi reunión con el Rey de Francia haya sido humillante.

—Alteza, el Rey de Francia os trata como a un vasallo —señaló Santillana—. No es prudente que tengáis demasiados tratos con él, es zorro viejo y astuto, e imagino que estaréis de acuerdo en que la conferencia ha sido de poco beneficio para Castilla. Y hay otra cosa, Alteza, que no debéis ignorar: que quienes prepararon esta reunión están al servicio del Rey de Francia, al tiempo que fingen estarlo al de vuestra Alteza.

—Una acusación así es grave y peligrosa.

—La situación es peligrosa, Alteza. Estamos seguros de que el marqués y el arzobispo están en connivencia con el Rey de Francia. Hay quien ha oído conversaciones entre ellos.

—Es algo que se me hace difícil creer.

—¿No fueron ellos quienes prepararon esta conferencia? —preguntó Cuenca—. ¿Y qué ventajas han resultado de ella para Castilla?

Enrique lo miró, perplejo.

—¿Sugerís que los haga venir a mi presencia y que los enfrente con sus propias villanías?

—Negarían la acusación, Alteza —intervino Santillana—. Con eso no bastaría para hacerles hablar verdad. Pero podemos traeros testigos, Alteza. Estamos seguros de que no nos equivocamos.

Enrique miró primero a su antiguo maestro, el obispo de Cuenca, después al marqués de Santillana. Los dos eran hombres de absoluta confianza.

—Lo pensaré —les prometió. Al ver que se miraban con desánimo añadió—: Es un asunto de gran importancia y creo que, si estáis en lo cierto, no debo seguir haciendo a esos hombres depositarios de mi confianza.

El arzobispo de Toledo entró como una tromba en las habitaciones de su sobrino.

—¿Habéis oído lo mismo que yo? —le preguntó.

—Por vuestra expresión, tío, infiero que os referís a nuestra destitución.

—¡Nuestra destitución! Es una ridiculez. ¿Qué hará Enrique sin nosotros?

—Cuenca y Santillana lo han persuadido de que ellos pueden sustituirnos adecuadamente.

—Pero, ¿por qué... por qué...?

—Porque se opone a nuestra amistad con Luis.

—¡Qué estupidez! ¿Por qué no habríamos de escuchar a Luis para después dar consejo a Enrique?

Villena sonrió ante la furia de su tío.

—Es un fallo común entre los reyes —murmuró—, y tal vez no sólo entre los reyes, insistir en que quienes los sirven no deben servir al mismo tiempo a otro.

—¿Y piensa acaso que hemos de sometemos mansamente a este... este insulto?

—Si tal piensa, es más tonto de lo que creíamos.

—¿Qué planes tenéis, sobrino?

—Convocar una coalición, proclamar que la Beltraneja es ilegítima, erigir a Alfonso en heredero del trono... O...

—Sí, sobrino. O... ¿qué?

—No lo sé todavía. Depende de la medida en que el Rey mantenga esa actitud de intransigencia. Puedo imaginar circunstancias en las que fuera necesario destituirlo para poner en su lugar un nuevo Rey. Entonces, naturalmente, haríamos que el pequeño Alfonso ocupara el trono de Castilla.

El arzobispo asintió con una sonrisa. Como hombre de acción, estaba impaciente por ver la concreción de los planes.

Villena le sonreía.

—Todo a su tiempo, tío —le advirtió—. Este asunto es delicado, y Enrique tendrá quien le dé apoyo. Debemos actuar con cuidado, pero no temáis, Enrique siempre escucha consejos, y actuará. Sin embargo, desplazar a un Rey para entronizar a otro es siempre una operación peligrosa. En situaciones así se generan las guerras civiles. Primero pondremos a prueba a Enrique. Antes de deponerlo, veremos si podemos llevarlo a una actitud razonable.

Colérica, la reina Juana se paseaba de un lado a otro por las habitaciones reales.

—¿Qué es lo que están haciendo vuestros ex ministros? —interpeló a Enrique—. Ya era hora de que los destituyérais de sus cargos. ¿O es que no veis que están en contra de nosotros? Intentan haceros a un lado y poner en vuestro lugar a Alfonso. Oh, fue una locura no obligar a Isabel a que se fuera a Portugal; allí, por lo menos, no nos habría estorbado. ¿Cómo sabemos qué es lo que aconseja a su hermano? Podéis estar seguro de que le repite las doctrinas de su madre, la loca. Esa muchacha está preparando a Alfonso, repitiéndole que él debe ser el heredero del trono.

—Pero no pueden hacer eso... ¡No pueden hacerlo! —gimió Enrique—. ¿Acaso no tengo yo mi propia hija?

—Claro que tenéis vuestra hija, la hija que yo os di. Y no había en Castilla muchas mujeres que pudieran haberlo conseguido. Mirad vuestros intentos y vuestros fracasos con vuestra primera esposa. Pero ahora tenéis vuestra hija, nuestra pequeña Juana, que seguirá siendo la heredera del trono. No debemos aceptar a Alfonso.

—No —asintió el rey—. Está la pequeña Juana, que es mi heredera. En Castilla no hay ninguna ley que impida a una mujer ceñirse la corona.

—Entonces, debemos ser firmes. Uno de estos días, Villena caerá bajo el cuchillo del verdugo, y se llevará consigo a ese viejo bribón del arzobispo. Entretanto, debemos mantenernos firmes.

—Nos mantendremos firmes —le hizo eco Enrique, pero con incertidumbre.

—Y no debemos olvidar a quienes estén dispuestos a seguir firmes a nuestro lado.

—Oh, sí... Ojalá hubiera más gente dispuesta a seguir firme junto a nosotros. Ojalá no fuera necesario librar esta lucha.

—Seremos fuertes. Pero asegurémonos de la fuerza de nuestros leales defensores. No dejemos de expresarles nuestro agradecimiento. Les estáis agradecido, ¿no es verdad, Enrique?

—Sí que lo estoy.

—Entonces, debéis demostrar vuestra gratitud.

—¿Acaso no lo hago?

—No en la medida suficiente.

Enrique parecía sorprendido.

—Está Beltrán —prosiguió la reina—. ¿Qué honores ha recibido? ¡Ser conde de Ledesma! ¿Qué es eso para alguien que ha trabajado resuelta y devotamente con nosotros..., y para nosotros? Alguien a quien debemos estar por siempre agradecidos... Debéis ofrecerle más honores.

—Esposa mía, ¿qué sugerís?

—Que le hagáis maestre de Santiago.

—¡Maestre de Santiago! Pero..., ése el mayor de los honores. Se vería colmado de rentas y propiedades. ¡Si hasta tendría en sus manos la fuerza armada más poderosa del reino!

—¿Y pensáis que es demasiado?

—¿Lo que pienso yo, querida mía? Será el pueblo quien piense que es demasiado.

—¿Vuestros enemigos?

—Es necesario aplacar a nuestros enemigos.

—¡Cobarde! ¡Cobarde! ¡Siempre habéis sido un cobarde! Os irritáis con vuestros enemigos, y olvidáis a los amigos.

—Dispuesto estoy a concederle honores, reina mía. Pero hacerle maestre de Santiago...

—Es demasiado... ¡Demasiado para vuestro amigo! Preferiríais hacerlo por vuestros enemigos.

La Reina, con las manos apoyadas en las caderas, se rió de Enrique.

Ahora, se pondría de nuevo a pasear por la habitación. Una vez más, empezaría con esa diatriba que tantas veces había oído ya el Rey. Que era un cobarde, que se merecía el destino que le esperaba, que cuando lo despojaran del trono se acordaría de que había hecho escarnio del consejo de ella, que aplacaba a sus enemigos, y a quienes —como Beltrán de la Cueva— lo servían con todos los medios a su alcance los olvidaba.

Enrique levantó los brazos como para protegerse del diluvio de acusaciones.

—Bueno, basta —suspiró—. Que así sea. Concederemos a Beltrán el título de maestre de Santiago.

La nueva facción se había rebelado. Ya era bastante humillante, decían, verse obligados a sospechar de la legitimidad de la heredera del trono, pero ver que el Rey olvidara su dignidad en tal medida que empezara a acumular honores sobre el hombre a quien se consideraba generalmente como el padre de la princesita era intolerable.

Castilla oscilaba al borde de la guerra civil.

Los rebeldes entraron en Valladolid, y varios miembros del partido de confederados de Villena declararon que pondrían a la ciudad en contra del Rey. Sin embargo, aunque deploraran la debilidad de su Rey, los ciudadanos de Valladolid no estaban dispuestos a aliarse con Villena, y expulsaron a los intrusos. Pero cuando, mientras se dirigía a Segovia, se escapó por un pelo de ser secuestrado por los confederados, Enrique se alarmó muchísimo. Él, que por nada se había esforzado tanto como por evitar las complicaciones, se encontraba ahora envuelto en ellas.

Recibió una carta de Villena, donde el marqués se manifestaba apenado de que sus enemigos se hubieran interpuesto entre ellos. Si el Rey accediera a recibirlo, y con él a los jefes de su partido, Villena haría todo lo que estuviera a su alcance por poner término a las contiendas que amenazaban con llevar al país a la guerra civil.

El Rey deploraba haber perdido el asesoramiento de Villena. El marqués había sido junto a él el hombre fuerte que jamás podría ser Beltrán. Beltrán era encantador, y su compañía placentera, pero lo que necesitaba Enrique para apoyarse era la fuerza de Villena, de modo que cuando recibió el mensaje se sintió ansioso de volver a ver a su ex ministro.

Encantado al ver el giro que tomaban los acontecimientos, Villena se encontró con Enrique. Lo acompañaban su tío el arzobispo y el conde de Benavente.

—Alteza —expresó Villena cuando todos estuvieron reunidos—, la Comisión que ha sido designada para comprobar la legitimidad de la princesa Juana tiene graves dudas de que la niña sea vuestra hija. En vista de ello, consideramos prudente que vuestro medio hermano Alfonso sea proclamado vuestro heredero. Vos mismo debéis renunciar a vuestra guardia morisca y llevar una vida más cristiana. Beltrán de la Cueva debe ser despojado del título de maestre de Santiago y, finalmente, vuestro medio hermano Alfonso debe serme confiado, para que pueda ser yo su guardián.

—Es demasiado lo que me pedís —contestó tristemente Enrique—. Demasiado.

—Alteza —lo apremió Villena—, sería prudente por vuestra parte que aceptarais nuestros términos.

—¿Cuál es la alternativa? —preguntó Enrique.

—Mucho me temo que la guerra civil, Alteza.

Enrique vaciló. Era muy fácil aceptar, pero luego tendría que hacer frente a la furia de Juana, decidida a que su hija se ciñera la corona. Entonces, astutamente, Enrique ideó una manera de complacer tanto a la Reina como a Villena.

—Consiento —declaró— en que Beltrán de la Cueva sea privado del cargo de maestre de Santiago, y en que vos seáis el guardián de Alfonso. Que sea, pues, proclamado heredero del trono, pero con una condición.

—¿Cuál es la condición? —interrogó Villena.

—Que contraiga matrimonio, en su momento, con la princesa Juana.

Villena se quedó atónito. ¡Que el heredero del trono se casara con la hija ilegítima del rey! Bueno, si lo pensaba, la sugerencia no estaba mal. Siempre habría quien afirmara que la Beltraneja había sido falsamente tachada de bastarda, y habría también quienes, en busca de una causa que les permitiera perturbar el orden, abrazaran la de ella. Además, pasarían todavía algunos años hasta que la princesita tuviera edad para casarse. Llegado ese momento, si era necesario, se podría pensar en algún otro arreglo.

—No veo para ello inconveniente alguno —aceptó Villena.

Enrique se quedó satisfecho con su pequeño esfuerzo diplomático; ahora le sería más fácil enfrentarse a la Reina.

Sentado a los pies de su hermana, Alfonso la miraba mientras Isabel se dedicaba a su bordado. Con ellos estaba Beatriz de Bobadilla.

Últimamente, para el infante se había hecho habitual pasar largas horas en las habitaciones de su hermana.

Pobre Alfonso, cavilaba Isabel, ya tiene la edad suficiente para entender las intrigas que dividen a la corte, y sabe que en el centro de ellas se encuentra él, mucho más que yo.

—Alfonso —le dijo—, no estéis tan pensativo, que no os hace bien.

—Es que tengo la sensación de que no me permitirán permanecer aquí mucho tiempo.

—¿Por qué habrían de llevaros? —terció Beatriz—. Saben que aquí estáis seguro.

—Es posible que no les interese tanto mi seguridad.

—Os equivocáis en eso —observó Isabel—. Sois muy importante para ellos.

—Ojalá fuéramos una familia más normal —suspiró Alfonso—. ¡Por qué no habremos sido todos hijos de la primera mujer de nuestro padre! Creo que entonces Enrique nos habría amado como vos y yo nos amamos, Isabel. ¡Por qué no habrá tomado Enrique una esposa con mayores condiciones de Reina, que le diera muchos hijos sobre cuya paternidad no se planteara duda alguna!

—Vos queréis que todos sean perfectos en un mundo perfecto —comentó Beatriz con una sonrisa.

—No, perfectos no... Normales, simplemente —la corrigió Alfonso con tristeza—. ¿Sabéis que los jefes de la confederación se reúnen hoy con el Rey?

—Sí —asintió Isabel.

—Me pregunto qué será lo que decidan.

—Pronto lo sabremos —conjeturó Beatriz.

—Esos confederados —prosiguió Alfonso— me han elegido... ¡A mí...!, como figura decorativa. Yo no quiero ser parte de la confederación. Lo único que quiero es quedarme aquí y disfrutar de mi vida. Quiero salir a cabalgar, practicar esgrima y sentarme de vez en cuando con vosotras dos, a conversar..., y no de cosas desagradables, sino de algo grato y placentero.

—Pues hagámoslo —aceptó Isabel—. Podemos hablar ahora de algo grato y placentero.

—¿Cómo podríamos hacerlo —interrogó apasionadamente Alfonso—, cuando jamás podemos estar seguros de qué es lo que va a suceder?

Se hizo un silencio.

Qué pena, pensaba Isabel, que los príncipes y las

princesas no puedan ser siempre niños. Qué pena que tengan que crecer y que tantas veces sean centro de peleas y rivalidades.

—¿Es tanto lo que la gente odia a Enrique? —volvió a preguntar Alfonso.

—En el pueblo hay descontentos —respondió Beatriz.

—Y tienen razón para estarlo —opinó Isabel con cierta vehemencia—. He oído decir que no es seguro viajar por el campo sin tener escolta armada. Es algo terrible, es una indicación del estado de corrupción en que está cayendo el país. Me han dicho que secuestran a los viajeros para pedir rescate por ellos, y que hay incluso familias nobles que han accedido desvergonzadamente a tan infame comercio.

—Está la Hermandad, que fue establecida para restaurar la ley y el orden —le recordó Beatriz—. Esperemos que cumpla bien con su misión.

—Hace lo que puede —señaló Isabel—, pero su fuerza es todavía pequeña, y las villanías se mantienen en todo el país. Oh, Alfonso, qué lección es esto para nosotros. Si alguna vez hubiéramos de vernos llamados a reinar, debemos hacerlo con absoluta justicia. Nunca debemos tener favoritos, debemos dar buen ejemplo y no ser jamás extravagantes en nuestras exigencias personales, debemos agradar siempre a nuestro pueblo, al tiempo que ayudamos a que todos sean buenos cristianos.

Un paje había entrado en la estancia.

Se inclinó ante Isabel, y dijo que el marqués de Villena y el arzobispo de Toledo se encontraban abajo, y que pedían ser recibidos por el infante Alfonso.

Alfonso miró con ansiedad a su hermana. Sus ojos expresaban una súplica. Quería decir que no podía recibirlos, ya que esos eran los hombres a quienes temía más que a ningún otro, y el hecho de que hubieran venido a verlo lo llenaba de terror.

—Debéis recibirlos —le aconsejó Isabel.

—Pues entonces lo haré aquí —respondió Alfonso, casi desafiante—. Traedlos ante mí.

Con una reverencia, el paje se retiró y Alfonso, presa del pánico, se volvió hacia su hermana.

—¿Qué es lo que quieren de mí?

—No lo sé yo más que vos.

—Vienen directamente de su audiencia con el Rey.

—Alfonso —le dijo con seriedad Isabel—, tened cuidado. No sabemos qué es lo que van a sugerir, pero recordad esto: no podéis ser Rey mientras Enrique viva. Enrique es el verdadero Rey de Castilla, estaría mal que os pusierais a la cabeza de una facción que intente remplazarlo. Eso significaría la guerra, y vos estaríais del lado de la causa injusta.

—Isabel... —al muchacho se le llenaron los ojos de lágrimas que no se atrevió a derramar—. Oh, ¡por qué no nos dejan en paz! ¿Por qué nos atormentan de esta manera?

Isabel podría haberle respondido. Porque a sus ojos, podría haberle dicho, no somos seres humanos; somos maniquíes colocados a mayor o menor distancia del trono. Ellos quieren el poder e intentan obtenerlo por mediación de nosotros.

Pobre, pobre Alfonso, más vulnerable incluso que ella. En ese momento, el paje hacía entrar al marqués de Villena y al arzobispo de Toledo, que dieron la impresión de quedarse pasmados ante la presencia de Isabel y de Beatriz. Pero Alfonso asumió inmediatamente el porte de un infante, y expresó:

—Podéis hablar de lo que queráis. Estas damas son de mi absoluta confianza.

El marqués y el arzobispo sonrieron, al borde de la obsequiosidad, pero su respeto inquietó aun más a los otros.

—Venimos directamente de ver al Rey —empezó el arzobispo.

—¿Y traéis para mi un mensaje de Su Alteza? —quiso saber Alfonso.

—Sí, que debéis prepararos para abandonar vuestras habitaciones aquí y pasar a otras.

—¿De qué habitaciones se trata?

—De las mías —explicó el marqués.

—Pues no lo entiendo.

A modo de respuesta, el marqués se adelantó, se arrodilló y tomó la mano de Alfonso.

—Príncipe, vais a ser proclamado heredero del trono de Castilla —anunció.

Las mejillas de Alfonso se colorearon débilmente.

—¡Qué absurdo! ¿Cómo es posible? Mi hermano todavía ha de engendrar hijos, y además, tiene una hija.

El arzobispo, que deploraba las pérdidas de tiempo, dejó escapar su risa breve y áspera.

—Vuestro hermano jamás engendrará hijos —precisó—, y una comisión designada para estudiar este asunto tiene graves dudas de que la pequeña Juana sea hija de él. En vista de ello, hemos insistido en que vos seáis proclamado heredero, y mi sobrino, aquí presente, tiene autorización para tomaros bajo su tutela con el fin de que seáis debidamente instruido en los deberes que os corresponderán como Rey.

Se hizo un breve silencio. Cuando Alfonso habló, su tono era inexpresivo.

—Conque he de cobijarme bajo vuestra ala —murmuró.

—Servir a vuestra Alteza será para mí el mayor de los placeres.

Alfonso sonrió, momentáneamente esperanzado.

—Pero yo soy capaz de cuidar de mí mismo, y me siento muy bien aquí en las habitaciones que ocupo junto a las de mi hermana.

—Oh —el marqués soltó la risa—, no habrá muchos cambios. Nos limitaremos a cuidar de vos y a ocuparnos de que estéis preparado para desempeñar vuestro papel. Y seguiréis viendo a vuestra hermana. Nadie intentará privaros de vuestros placeres.

—¿Cómo podéis saberlo?

—Alteza, cuidaremos de que así sea.

—¿Y si mi placer fuera permanecer donde estoy y no verme sometido a vuestra tutela?

—Vuestra Alteza bromea. ¿Podríamos partir inmediatamente?

—No. Deseo estar algo más con mi hermana. Estábamos conversando cuando nos interrumpisteis.

—Rogamos a Vuestra Alteza que nos perdone —expresó Villena, con fingida preocupación—. Os dejaremos que terminéis vuestra conversación con vuestra hermana, y esperaremos en la antecámara. Debéis traer con vos a vuestro servidor de más confianza. Ya le he dado instrucciones para que prepare vuestra partida.

—Vos... ¡Le disteis instrucciones!

—En asuntos como éste, hay que actuar con celeridad —intervino el arzobispo.

Alfonso pareció resignarse. Se quedó mirando cómo se retiraban los dos conspiradores, pero cuando se volvió hacia Isabel y Beatriz, las dos se sintieron consternadas al ver la desesperación que se pintaba en su rostro.

—Oh, Isabel, Isabel —gimió el muchacho, y su hermana lo rodeó con sus brazos, afectuosamente.

—Ya veis cómo son las cosas —prosiguió Alfonso—. Bien sé lo que intentarán hacer: me harán Rey. Y yo no quiero ser Rey, Isabel, porque les tengo miedo. Lo que tantos ambicionan, lo tendré yo sin quererlo. Un Rey siempre tiene que ser cauteloso, pero nunca tanto como cuando se ve forzado a ceñirse la corona antes de que le pertenezca por derecho. Isabel, tal vez algún día corra yo la suerte que corrieron Carlos..., y Blanca...

—Esas son fantasías morbosas —se burló Isabel.

—No lo sé —suspiró su hermano—. Isabel, si tengo miedo es porque no lo sé.

Juana entró como una tromba en las habitaciones de su marido.

—¡Con que habéis tolerado que os impongan sus condiciones! —vociferó—. Les habéis permitido que deshereden a nuestra hija, y que pongan en su lugar a ese joven intrigante de Alfonso.

—Pero, ¿no veis que he insistido en sus esponsales con Juana? —gimió Enrique, lastimero.

La Reina soltó una risa amarga.

—¿Y pensáis que os lo permitirán? Enrique, sois un tonto. ¿No veis que una vez que hayan proclamado vuestro heredero a Alfonso ya no tendréis derecho alguno a decidir con quién se casa? Y el hecho mismo de que accedáis a que sea proclamado heredero, puede deberse únicamente a que aceptáis esas viles calumnias contra mí y contra vuestra hija.

—Era la única manera —murmuró Enrique—. Era eso, o la guerra civil.

En ese momento pensaba con tristeza en Blanca, que había sido tan mansa y afectuosa. Aunque físicamente no lo entusiasmaba, ¡qué tranquila compañera había sido! Pobre Blanca, que sacrificada a la ambición de su familia había abandonado esta vida tormentosa. Aunque casi se podía decir "afortunadísima Blanca", ya que era indudable que debía de haber alcanzado su lugar en el Cielo.

Si yo no me hubiera divorciado de ella, pensó Enrique, tal vez estuviera viva en este momento. Y yo, ¿habría estado en peor situación? Verdad que ahora tengo una hija... pero no sé si es mía, y... ¡qué tempestad de controversia está provocando!

—Sois un cobarde —gritaba la Reina—. ¿Y qué hay de Beltrán? ¿Qué pensará él de esto? Bien se merece ser maestre de Santiago, y ahora vos habéis accedido a despojarlo de su título.

Enrique separó las manos en un gesto de impotencia.

—Juana, ¿querríais ver a Castilla desgarrada por una guerra civil?

—¡Eso no sucedería si hubiera en ella un Rey, y no un cobarde pusilánime!

—Vais demasiado lejos, querida mía —señaló indolentemente Enrique.

—Yo, por lo menos, no aceptaré los dictados de esos hombres. Y en cuanto a Beltrán, a menos que queráis infligirle una ofensa mortal, no hay más que una cosa que podáis hacer.

—¿Y es?

—Con una mano lo habéis despojado, por consiguiente, debéis restituirle con la otra. Habéis jurado que le quitaríais el título de maestre de Santiago, de modo que debéis hacerlo duque de Albuquerque.

—Oh, pero... Eso equivaldría a... A...

—¡A oponeros a vuestros enemigos! Claro que sí. Y si sois prudente, hay otra cosa que debéis hacer, y es impedir que esos enemigos planeen vuestra caída. Porque podéis estar seguro de que su plan no consiste simplemente en tener un heredero de su elección, en vez de vuestra hija. También querrán despojaros del trono.

—Es posible que tengáis razón.

—¿Y qué haréis al respecto? ¿Quedaros sentado en el trono... en espera del desastre?

—¿Qué puedo hacer? ¿Qué sucedería si nos viéramos arrojados a una guerra civil?

—Debemos pelear, y debemos ganar. Por lo menos, vos sois el Rey. En este momento, podéis actuar con rapidez. En cambio, ellos no son populares. Son muchos los que odian al marqués de Villena. Mirad lo que sucedió cuando él y sus amigos intentaron apoderarse de Valladolid. Vos no sois impopular entre el pueblo, y sois el Rey de derecho. Haced que los cabecillas de la revuelta sean detenidos, rápidamente y sin ruido. Cuando ellos estén en prisión, el pueblo no estará tan dispuesto a rebelarse en contra de su Rey.

Pensativo, el Rey miraba a su furibunda mujer.

—Esposa mía —dijo pausadamente—, es posible que estéis en lo cierto.

El marqués de Villena estaba solo cuando el hombre fue conducido a su presencia.

El visitante venía envuelto en una capa. Cuando se la quitó, pudo verse que se trataba de uno de los guardias del Rey.

—Perdonad tan poco ceremoniosa intrusión, señor —se disculpó—, pero el asunto es urgente.

Le repitió entonces la conversación que acababa de oír entre el Rey y la Reina. Villena hizo un gesto de asentimiento.

—Habéis cumplido bien con vuestra misión —expresó—. Confío en que no hayáis sido reconocido mientras veníais hacia aquí. Volved a vuestro puesto, y mantenednos informados. Ya encontraremos medios para evitar los arrestos que está planeando el Rey.

Inmediatamente después de haber despedido al espía, hizo llamar al arzobispo.

—Nos vamos sin pérdida de tiempo a Ávila —le informó—. No podemos esperar un minuto. Os esperaré allí, con Alfonso, y entraremos en acción inmediatamente. A De la Cueva se le concederá el ducado de Albuquerque, en compensación por haber sido despojado del título de maestre de Santiago. ¡Así es como cumple sus promesas el Rey!

—Y cuando lleguemos a Ávila con el heredero del trono, ¿qué haremos?

—Entonces, Alfonso ya no será el heredero: ocupará el trono. En Ávila, proclamaremos a Alfonso Rey de Castilla.

Alfonso estaba pálido, y su palidez no se debía a la fatiga del viaje, sino al miedo que le inspiraba el futuro. Se había pasado largas horas de rodillas, en plegaria, pidiendo una luz que lo guiara. Se sentía tan joven... y en verdad, era una situación lamentable para que tuviera que enfrentarla un niño de once años.

No había nadie a quien pudiera pedir consejo. No podía ponerse en contacto con los que amaba. La mente de su madre estaba cada vez más envuelta en las tinieblas, de modo que aunque le hubieran permitido verla, era muy dudoso que Alfonso pudiera explicarle su necesidad de una guía. Cuando recordaba su infancia, le parecía volver a escuchar los ecos de la voz de su madre: "No olvides que algún día puedes ser rey de Castilla". Entonces, aunque él pudiera hacerle entender lo que estaba a punto de suceder, la Reina viuda habría experimentado, indudablemente, gran placer. ¿Acaso no era eso lo que siempre había anhelado?

Pero Isabel, su hermana buena y querida, ella sí lo

aconsejaría. Alfonso estaba ansioso de obrar bien, y tenía la sensación de que Isabel le habría dicho:

—No está bien que os coronen Rey, Alfonso, mientras nuestro hermano Enrique aún vive, porque Enrique es, indudablemente, hijo de nuestro padre y, además, el auténtico heredero de Castilla. Ningún bien puede provenir de una usurpación de la corona, porque si Dios hubiera querido que vos fuerais Rey, se habría llevado a Enrique, de la misma manera que se llevó a Carlos para que Fernando pudiera ser el heredero de su padre.

—Ningún bien puede provenir de ello —murmuró Alfonso—. Ningún bien..., ninguno.

Esa ciudad, encerrada en sus largas murallas grises, le inspiraba tristeza. El infante miraba hacia los bosques de robles y hayas y otros árboles recios, que habían sido capaces de soportar la crudeza del invierno.

Ávila le parecía una ciudad cruel, una ciudad de fortalezas de granito, erigida muy por encima de las planicies para que recibiera plenamente la fuerza del sol de verano, y la mordedura de los vientos de un invierno indudablemente largo y riguroso.

Alfonso tenía miedo. Nunca en su vida había tenido tanto miedo.

—Ningún bien puede provenir de ello —repitió.

El sol de junio quemaba. Desde donde estaba, rodeado por algunos de los nobles más importantes de Charlotte, Alfonso alcanzaba a ver, de un color gris amarillento, las murallas de Ávila.

Allí, en la llanura árida, a la vista de la ciudad, estaba a punto de representarse un espectáculo extraño en el cual él, el joven Alfonso, debía desempeñar un importante papel.

Mientras seguía allí de pie, experimentaba una sensación extraña: la sensación de que ese aire transparente lo embriagaba. Cuando miraba hacia la ciudad que dominaba la llanura, se sentía pleno de euforia.

Mía, pensaba. Esa ciudad será mía. Toda Castilla será mía.

Miró a los hombres que lo rodeaban. Hombres fuertes, todos ellos ansiosos de poder, que vendrían a él para tomarle la mano, y al tomársela le rendirían homenaje, porque se proponían hacer de él su Rey.

¡Ser Rey de Castilla! ¡Salvar a Castilla de la anarquía en que estaba precipitándose! Hacerla grande... ¡Conducirla tal vez a grandes victorias!

¿Quién podría decir si no le tocaría alguna vez conducir una campaña contra los moros? Tal vez, en años por venir, el pueblo equiparara su nombre al del Cid.

Mientras seguía esperando ahí en la llanura, en las afueras de Ávila, Alfonso se encontró con que su miedo iba siendo remplazado por la ambición, con lo cual había dejado de ser un participante forzado en la extraña ceremonia que estaba próxima a celebrarse.

En la llanura se habían reunido multitudes que habían observado cómo la cabalgata se alejaba de las puertas de la ciudad, encabezada por el marqués de Villena, junto a quien iba el joven Alfonso.

Tras haber erigido una plataforma en la planicie, habían instalado un trono sobre ella. En el trono, envuelto en negras vestiduras, había un muñeco de tamaño natural que representaba un hombre; en la cabeza le habían puesto una corona, en la mano un cetro. Frente a él se veía una gran espada de estado.

Alfonso fue conducido hasta un punto a cierta distancia del estrado, en tanto que algunos nobles, que habían formado parte de la procesión encabezada por Villena y el infante, subían a la tarima y se arrodillaban ante el muñeco coronado, dándole el tratamiento de Rey.

Después, uno de los nobles se adelantó hacia el frente de la plataforma, y entre la multitud se hizo un tenso silencio mientras el hombre empezaba a leer una lista de los crímenes cometidos por Enrique, Rey de Castilla. El caos y la anarquía que seguían imperando en el país fueron atribuidos al deficiente gobierno del Rey.

El pueblo seguía escuchando en silencio.

—Enrique de Castilla —gritó el noble, volviéndose hacia la figura instalada en el trono—, sois indigno de llevar la corona de Castilla. Sois indigno de ser portador de la dignidad real.

A continuación, el arzobispo de Toledo subió a la plataforma y arrebató la corona de la cabeza del muñeco.

—Enrique de Castilla —siguió proclamando la voz—, sois indigno de administrar las leyes de Castilla.

—El pueblo de Castilla no os permitirá ya gobernar.

El conde de Benavente quitó el cetro de la mano del maniquí.

El conde de Plasencia ocupó entonces su lugar en la plataforma, para retirar la espada de estado.

—El honor debido al Rey de Castilla no os corresponderá ya, y del trono os veréis despojado.

Diego López de Zúñiga, levantó al muñeco y lo arrojó al piso de la plataforma, para después pisotearlo.

Los espectadores se habían dejado ganar por la excitación que movilizaban en ellos esas palabras y un espectáculo tal.

—¡Maldito sea Enrique de Castilla! —gritó alguien entre la muchedumbre, que se hizo eco del grito.

Ahora había llegado el gran momento, en que Alfonso debía ocupar su lugar en la plataforma. Allí, bajo ese cielo azul, se sentía muy pequeño. La ciudad le parecía irreal, con sus murallas de granito, sus postigos y sus torres.

El arzobispo levantó en brazos al muchacho, como si quisiera presentarlo al pueblo.

A los ojos de la atenta multitud, Alfonso estaba bello. La inocencia del niño los conmovió y las lágrimas acudieron a los ojos de muchos de los allí reunidos, tocados por su juventud y por la magnitud de la carga que estaban a punto de imponerle.

El arzobispo anunció que se había decidido privar al pueblo de un Rey débil y criminal para poner en lugar de él a ese niño, noble y hermoso, a quien no dudaba que, ahora que lo veían, todos estarían deseosos de servir con amor en el corazón.

Y allí, en las planicies que se extendían frente a Ávila, un grito se elevó desde miles de gargantas.

—¡Castilla! ¡Castilla para el rey don Alfonso!

Después instalaron a Alfonso en el trono en el que, hasta pocos momentos antes, había estado el muñeco.

Volvieron a poner ante él la espada de estado, y le pusieron el cetro en la mano y la corona en la cabeza. Y uno a uno, los poderosos nobles que habían declarado ya abiertamente su intención de hacer de él el Rey de Castilla, se adelantaron a jurarle fidelidad al tiempo que iban besándole la mano.

Las palabras resonaban en el cerebro de Alfonso.

—¡Castilla para el rey don Alfonso!

9

Don Pedro Girón

Isabel estaba aturdida. Se sentía desgarrada entre el amor que sentía por su hermano Alfonso, y la lealtad que debía a su medio hermano Enrique.

Tenía por entonces dieciséis años, y los problemas que debía afrontar eran demasiado complejos para que una niña de su limitada experiencia pudiera resolverlos.

Podía confiar en muy pocas personas, sabía que eran muchos los que la vigilaban, que el menor de sus gestos era observado, y que había espías incluso en su círculo más íntimo.

De todas formas había una persona en quien podía confiar, pero últimamente, Beatriz se había mostrado un poquitín ausente. Era comprensible. Recién casada con Andrés de Cabrera, era inevitable que las preocupaciones de Beatriz por su nuevo estado alteraran en alguna medida la devoción que podía dedicar a su señora.

Debo tener paciencia, decíase Isabel, y seguía soñando con su propio matrimonio, que indudablemente no podría demorarse mucho tiempo más.

Sin embargo, no era ése el momento de pensar en sus propias expectativas egoístas, cuando Alfonso se había visto colocado en una situación tan peligrosa.

En Castilla, como cabe esperar cuando dos reyes se disputan el trono, había estallado la guerra civil y, al parecer, todo el mundo debía tomar partido. Y aunque en el reino había muchos que estaban en desacuerdo con el gobierno de Enrique, a muchos parecíales también que la teatral ceremonia celebrada fuera de los muros de Ávila era una muestra revolucionaria del peor gusto. Enrique era el Rey, y Alfonso nada más que un impostor, declaraban muchos de los grandes nobles de Castilla. Al mismo tiempo, había muchos más que, por no haber sido favoritos del Rey y de la Reina, estaban dispuestos a probar fortuna bajo el mando de un nuevo monarca, que necesitaría de un regente para que le ayudara a gobernar.

Enrique había sido llevado por la pesadumbre al borde de la locura. Aborrecía los derramamientos de sangre, y estaba dispuesto a evitarlos si le era posible.

—Se necesita la mano firme, Alteza —advirtióle su anciano tutor, el obispo de Cuenca.

Con cólera desusada, Enrique se volvió hacia él.

—¡Cuán propio de un sacerdote —le recriminó—, de quien no se requiere que participe en el combate, es ser tan liberal con la sangre ajena!

—Alteza, es lo que debéis a vuestro honor. Si no os mantenéis firme y combatís a vuestros enemigos, seréis el monarca más humillado y degradado de la historia de España.

—Considero que es siempre más prudente resolver las dificultades mediante la negociación —insistió Enrique.

Iban llegándole noticias de la inquietud que se difundía por el país. La situación se discutía en el púlpito y en la plaza pública. ¿No tenía acaso un súbdito derecho a cuestionar la conducta del Rey? Si se estaban arrebatando a la tierra todas sus riquezas, si una situación de anarquía había sucedido a la ley y el orden, ¿no tenía el súbdito derecho a la protesta?

Desde Sevilla y Córdoba, desde Burgos y Toledo, llegaban nuevas de que el pueblo deploraba la conducta de su rey Enrique, y se concentraban para prestar apoyo al rey Alfonso y a un regente.

En su desesperación, Enrique lloró.

—Desnudo salí del vientre de mi madre —clamaba—, y desnudo he de descender a la tumba.

Pero deploraba la guerra, y dio a entender que estaría muy dispuesto a negociar un acuerdo.

Había otro, por lo menos, que no se sentía muy feliz con el giro que habían ido tomando los acontecimientos, por más que hubiera sido en gran medida responsable de ellos el marqués de Villena.

El marqués había esperado que el joven Alfonso fuera hechura de él, y que el gobernante virtual de Castilla no fuera otro que el propio Villena, pero las cosas no habían resultado así.

Don Diego López de Zúñiga y los condes de Benavente y de Plasencia —los nobles que habían desempeñado un importante papel en la parodia representada fuera de las murallas de Ávila— también estaban ávidos de poder.

El marqués empezaba a preguntarse si no sería buena idea buscar alguna forma secreta de comunicación con Enrique para, mediante una rápida *volte-face*, apuntarse una ventaja sobre los antiguos aliados que tan rápidamente se estaban convirtiendo en sus nuevos rivales.

En ello estaba pensando cuando fue a verle su hermano, don Pedro Girón.

A don Pedro le escocía aún el rechazo que había encontrado, algún tiempo atrás, en la madre de Isabel. Por más que fuera gran maestre de la Orden de Calatrava, disfrutaba de la compañía de muchas amantes, pero ninguna de ellas era capaz de hacerle olvidar la afrenta recibida de la Reina viuda, ni el conjunto de ellas tampoco.

Don Pedro no sólo era hombre vengativo, sino también muy vanidoso. La Reina viuda había rechazado sus avances: y él, ofendido, se preguntaba con frecuencia qué podría hacer que la enojara tanto como ella lo había enojado.

Pobre loca, decíase para sus adentros, que no sabe siquiera lo que le conviene.

En algo se calmaba su vanidad al recordar que la locura era responsable de que ella lo hubiera rechazado, y en alguna medida lo complacía pensar que vivía recluida en Arévalo, a veces —según le habían dicho— sin saber quién era ni qué estaba sucediendo en el mundo.

Don Pedro quería también saldar cuentas con la niña, con esa tranquila criatura que había estado escondida en algún rincón mientras él se aventuraba a hacer sus proposiciones a la madre.

Y era verdad que a veces su hermano, el gran marqués, hablaba con él de sus planes.

—¿No van bien las cosas, hermano? —le preguntó en esa ocasión.

El marqués frunció el ceño.

—Son demasiados los poderosos que buscan más poder —respondió—. Enrique era mucho más fácil de manejar.

—He oído decir, hermano, que es mucho lo que Enrique daría por tener vuestra amistad. Se sentiría feliz si abandonarais a Alfonso y sus partidarios para volver a él. Pobre Enrique, me han comentado que está dispuesto a hacer mucho por vos, si accedéis a ser nuevamente su amigo.

—Enrique es tonto y débil —afirmó el marqués—. Alfonso no es más que un niño.

—Eso es verdad.

—Marqués, es una pena que no podáis vincularos de forma más estrecha con Enrique. Claro, si no estuvierais ya casado, podríais pedir la mano de la joven Isabel. Estoy seguro de que una relación semejante complacería al Rey, y creo que estaría listo para prometeros cualquier cosa, con tal de asegurarse de que volváis al redil.

Durante un rato, el marqués permaneció en silencio, estudiando atentamente a su hermano, con los ojos entrecerrados.

La Reina y el duque de Albuquerque estaban con el Rey. Uno a cada lado de Enrique, le explicaban qué era lo que debía hacer.

—Ciertamente —decía la reina—, debéis estar deseoso de terminar con esta contienda. Si no lo hacéis, es posible que seáis vos el derrotado. Día a día, el pueblo ama más a Alfonso, y eso, querido esposo, no es cosa que pueda decirse de vos.

—Ya lo sé, ya lo sé —se lamentó Enrique—. Soy el más desdichado de los hombres, el Rey más desdichado que jamás haya conocido España.

—Es menester poner término a esta lucha, Alteza —terció el duque.

—Y es posible hacerlo —insistió la reina.

—Pues explicadme cómo. Estaría dispuesto a recompensar con largueza a quien pudiera poner término a nuestras dificultades.

Por encima de la cabeza inclinada de su marido, la Reina sonrió a su amante.

—Enrique —comenzó—, hay dos hombres que organizaron la revuelta, que la encabezaron. Si se los pudiera apartar de los traidores para inclinarlos hacia nuestro lado, la revuelta se extinguiría, Alfonso se encontraría sin el apoyo de sus partidarios, y ése sería el fin de nuestros problemas.

—Os referís, naturalmente, al marqués de Villena y al arzobispo —suspiró Enrique—. Que antes fueron mis amigos... mis excelentes amigos. Pero hubo enemigos que se interpusieron entre nosotros.

—Sí, sí —lo interrumpió Juana, con impaciencia—. Hay que recuperarlos para nosotros, y es posible recuperarlos.

—Pero, ¿cómo?

—Estableciendo un vínculo entre nuestra familia y la de ellos, un vínculo de tal solidez que nada pueda quebrarlo ni desatarlo.

—¿Cómo, repito?

—Alteza —intervino Beltrán, con cierto nerviosismo—. Es posible que no os agrade lo que queremos sugeriros.

—Cualquier cosa que pueda poner término a sus problemas será del agrado del Rey —respondió la reina, desdeñosa.

—Os ruego que me pongáis al tanto de lo que estáis pensando —pidió Enrique.

—Se trata de esto —explicó la Reina—. El arzobispo y el marqués son tío y sobrino, es decir, que pertenecen a la misma familia. Unamos a la familia real de Castilla con la de ellos... y entonces, tanto el arzobispo como el marqués serán por siempre vuestros más fieles partidarios.

—No os entiendo.

—Mediante el matrimonio —silbó la reina—. He ahí la respuesta.

—Pero... ¿Qué matrimonio? ¿Entre quiénes?

—Tenemos a Isabel.

—¡Mi hermana! ¿Y con quién habría de casarse? Villena ya está casado, y el arzobispo es hombre de la Iglesia.

—Villena tiene un hermano.

—¿Os referís a don Pedro?

—¿Por qué no?

—¡Que don Pedro se case con una princesa de Castilla!

—Son épocas peligrosas.

—Su madre enloquecería por completo.

—Qué importancia tiene, si está ya a mitad de camino.

—Y... él... es gran maestre de la Orden de Calatrava y ha hecho votos de celibato.

—¡Bah! Eso se arregla inmediatamente con una dispensa de Roma.

—Pero no puedo acceder. Isabel..., esa niña inocente, con ese libertino...

—¡Bueno estáis vos para hablar de libertinaje! —rió desdeñosamente la reina—. Isabel ya es mayor, y bien debe de saber que hay libertinos. Después de todo, ¿no lleva ya cierto tiempo en esta corte?

—Pero Isabel... ¡Casarse con ese hombre!

—Enrique, sois tan tonto como siempre. Tenemos una oportunidad para resolver nuestros problemas. Isabel debe casarse para salvar a Castilla de la guerra y del derramamiento de sangre. Debe casarse porque así salvará el trono para quien es, de derecho, el Rey.

Enrique se cubrió la cara con las manos: en su mente se pintaban imágenes aborrecibles. Isabel, la sosegada y un tanto mojigata Isabel, educada de manera tan rígida y piadosa..., ¡a merced de ese hombre torpe, de ese libertino sin remedio!

—No—murmuró Enrique—, no. Yo no daré mi consentimiento.

Pero la Reina sonrió a su amante. Los dos sabían que siempre era posible convencer a Enrique.

Isabel estaba de pie frente a su hermano. La Reina estaba presente, y sus ojos brillaban... ¿Con malicia, tal vez?

—Queridísima hermana —empezó Enrique—, ya no sois una niña y es tiempo de pensar en casaros.

—Sí, Alteza.

Isabel esperaba, ansiosa, mientras Juana la observaba divertida por la situación. La niña había oído mil historias del apuesto Fernando, el joven heredero de Aragón. Fernando era un pequeño héroe, y gallardo mozo además. Isabel pensaba que era ese muchacho el que le estaba destinado.

Así aprenderá a rechazar a mi hermano, el Rey de Portugal, pensaba Juana. Cuando haya probado lo que es la vida de casada con don Pedro, pensará que ojalá no hubiera sido tan orgullosa, ni tan tonta, como para rechazar la corona que le ofrecía mi hermano. Tal vez cuando lo sepa quiera cambiar de opinión.

—He decidido —prosiguió Enrique— que os casaréis con don Pedro Girón, quien está ansioso por ser vuestro marido. Se trata de una alianza que yo... y la reina... aprobamos, y como estáis ya en edad de contraer matrimonio, no vemos razones para que haya demora alguna.

Isabel se había puesto pálida. Juana se divertía al ver que en ese momento la calma dignidad que siempre la caracterizaba la había abandonado.

—No..., no creo haberos oído bien, Alteza. Dijisteis que debo casarme...

La piedad nubló los ojos de Enrique. ¡Esa niña inocente con el brutal vejete! Imposible permitirlo.

—Con don Pedro Girón —completó, sin embargo.

¡Con don Pedro Girón! Isabel recordaba la escena en las habitaciones de su madre: don Pedro, haciendo sugerencias obscenas, para horror e indignación de su madre..., y de la propia Isabel. Sin duda, todo no era más que una pesadilla. No podía ser verdad que estuviera en las habitaciones de su medio hermano. Tenía que estar soñando.

Un sudor frío le cubrió la frente, y sintió que el corazón le latía de manera incierta. Su propia voz se burlaba de ella y se negaba a gritar las protestas que su mente le dictaba.

En ese momento, habló la Reina.

—Es un matrimonio excelente, mi querida Isabel, y además son muchos los que habéis ya rechazado. No podemos permitiros que rechacéis uno más, querida niña, porque si seguís de esa manera, terminaréis por quedaros sin marido.

—Eso sería preferible a..., a... —balbuceó Isabel.

—Vamos, si vuestro destino no es morir virgen —bromeó alegremente la Reina.

—Pero... Don Pedro... —comenzó Isabel—. Creo que vuestra Alteza ha olvidado que estoy ya comprometida con Fernando, el heredero de Aragón.

—¡El heredero de Aragón! —la Reina soltó la risa—. Poco le quedará por heredar al heredero de Aragón, si el triste estado de cosas en ese país se mantiene.

—Y aquí en Castilla, Isabel —volvió a intervenir Enrique—, tampoco estamos tan felices, ni tan seguros. El marqués de Villena y el arzobispo de Toledo volverán a ser nuestros amigos cuando seáis la prometida del hermano del uno y el sobrino del otro. Bien sabéis, querida hermana, que las princesas deben estar siempre al servicio de su país.

—No creo que ningún propósito sensato pueda ser servido mediante una boda tan..., tan cruel y descabellada.

—Isabel, sois demasiado joven para entender.

—No soy demasiado joven para saber que preferiría la muerte a un matrimonio con ese hombre.

—Creo que olvidáis el respeto que nos debéis, a vuestro hermano el Rey y a mí —interrumpió la Reina—. Tenéis nuestra autorización para retiraros. Pero antes de que lo hagáis, permitidme que os recuerde que se os han sugerido pretendientes que habéis rechazado. Debéis saber que el Rey y yo no toleraremos más negativas. Os prepararéis para el matrimonio, porque en pocas semanas habéis de ser la novia de don Pedro Girón.

Con una reverencia, Isabel se retiró.

Seguía sintiéndose como si todo fuera un sueño. Ése era su único consuelo: que esa sugerencia temible no podía ser de este mundo.

Era demasiado humillante, demasiado degradante, demasiado desgarradora para siquiera pensar en ella.

Ya en sus habitaciones, Isabel se quedó inmóvil, mirando sin ver.

Beatriz, investida de la autoridad que le daba el hecho de ser no sólo la dama de honor de Isabel, sino también su amiga, hizo salir a todas las mujeres, salvo a Mencia de la Torre, que la seguía en el orden de los afectos de la infanta.

—¿Qué puede haber sucedido? —susurró Mencia.

Beatriz meneó la cabeza.

—Hay algo que ha sido un golpe para ella.

—Yo jamás la había visto así.

—Jamás ha estado así —confirmó Beatriz, mientras se arrodillaba para coger la mano de Isabel—. Mi señora, ¿no os sería más fácil hablar con quienes estamos dispuestas a compartir vuestras penurias? —suplicó.

Los labios de Isabel temblaron, pero siguió sin hablar.

Mencia se arrodilló a su vez, y ocultó el rostro en las faldas de Isabel, incapaz de seguir viendo la expresión desesperada que se pintaba en el rostro de su señora.

Beatriz se levantó para servir un poco de vino, que acercó suavemente a los labios de Isabel.

—Por favor, aceptadlo. Esto os revivirá, os ayudará a que podáis hablar. Dejadnos compartir vuestros problemas, quién sabe si no podremos hacer algo para resolverlos.

Isabel dejó que el vino le humedeciera los labios y, cuando Beatriz le pasó un brazo por los hombros, se dio la vuelta para ocultar el rostro contra el pecho de su amiga.

—Creo que la muerte sería preferible —balbuceó.

Beatriz entendió inmediatamente que había sucedido lo que ella se temía: el compromiso con Fernando debía de haberse deshecho, y la infanta se veía frente a una nueva propuesta matrimonial.

—Alguna manera tiene que haber de evitarlo —murmuró.

Mencia levantó la cabeza para decir apasionadamente:

—Haremos cualquier cosa... ¡Cualquier cosa por ayudaros...! ¿No es verdad, Beatriz?

—Sí, lo que sea —confirmó Beatriz.

—No hay nada que podáis hacer —explicó Isabel—. Esta vez, es en serio. Lo he leído en el rostro de la Reina. Esta vez no habrá manera de escapar. Además, es el deseo de Villena, y eso es lo que decidirá la cuestión.

—¿Se trata de un matrimonio para vos?

—Eso mismo —respondió Isabel—. Y el más degradante que pudiera yo contraer. Creo que la Reina lo ha decidido como venganza, por haber rechazado yo a su hermano y haberme ganado la aprobación y sanción de las Cortes por mi actitud. Pero esta vez...

—¿Con quién, Alteza? —susurró Mencia. Isabel se estremeció.

—Cuando os lo diga, apenas si podréis creerlo. No puedo siquiera pronunciar su nombre. Lo odio, lo desprecio. Oh, preferiría morirme —desesperadamente, sus ojos iban de una a otra de sus amigas—. Ya veis que trataba de evitar deciros su nombre, porque sólo con hablar de él me invaden un terror y una repugnancia tales que verdaderamente creo que me moriré antes de que pueda celebrarse la ceremonia matrimonial... Pero si yo no os lo digo, ya os lo dirán. Es posible que la corte entera esté ya hablando de eso... Es el hermano del marqués de Villena..., don Pedro Girón.

Ninguna de las dos mujeres fue capaz de hablar. Beatriz se había puesto pálida de horror, Mencia se mecía sobre los talones, olvidada de todo lo que no fuera esa noticia que la abrumaba de espanto. Al pensar en su señora, entregada a las torpes manos de ese hombre cuya reputación era una de las más negras de Castilla, Mencia se cubrió la cara con las manos para no revelar toda la magnitud de su horror.

—Ya sé lo que estáis pensando —asintió Isabel—. Oh, Beatriz... Mencia... ¿Qué debo hacer? ¿Qué puedo hacer?

—Alguna manera debe de haber de salir de esto —intentó consolarla Beatriz.

—Ya está decidido. El marqués, naturalmente, hará todo lo que esté a su alcance para que el matrimonio se realice, y lo mismo el arzobispo de Toledo. Después de todo, ese monstruo es su sobrino. Ya veis, queridas amigas, cómo se han llevado a Alfonso, cómo lo han obligado a aceptar la dignidad del Rey de Castilla mientras el Rey vive aún. ¿Quién puede saber qué precio pagará por eso? Y en cuanto a mí, debo ser víctima de la venganza de la Reina, de la ambición de Villena y del arzobispo..., y de la lujuria de ese hombre.

Beatriz se puso de pie. Tenía una expresión de dureza y, aunque Isabel sabía bien que su amiga era de carácter fuerte, jamás le había visto un aspecto tan decidido.

—Debe de haber una manera, y la encontraremos —declaró, y súbitamente su expresión pareció aliviarse—. Pero, ¿cómo puede tener lugar ese matrimonio? —objetó—. Ese hombre es gran maestre de una orden religiosa, y ha hecho voto de celibato. El matrimonio no es para él.

Mencia entrelazó fuertemente las manos y miró con ansiedad a Isabel.

—Es verdad, Alteza, es verdad —exclamó.

—Pero claro que es verdad —se regocijó Beatriz—. Ese hombre no puede casarse, así que ahí se acaba todo. No se trata de otra cosa que de un gesto de rencor de la Reina, estad segura de ello. No habrá otro resultado. Y por poco que se piense, ¿cómo podría haberlo? Es demasiado fantástico... Demasiado ridículo.

Isabel les sonrió con desánimo. Le daba cierto placer el hecho de que sus amigas pudieran consolarse de esa manera, pues el afecto que le tenían haría que sufrieran con ella. Hasta se dejó levantar un poco el ánimo, ya que algo debía hacer para salir de la árida desesperación en que se había hundido.

Durante toda la noche, la infanta casi no pudo dormir. Cada vez que lo conseguía, se despertaba, y la terrible realidad seguía ahí, como un carcelero apostado junto a su cama.

Soñaba con Girón, le veía poner las manos sobre su madre, haciéndole proposiciones obscenas y, en el sueño, la propia Isabel dejaba de ser espectadora para convertirse en la figura central de la repulsiva escena.

Cuando sus doncellas fueron a atenderla estaba pálida, y pidió que sólo Mencia y Beatriz se ocuparan de ella. Le habría resultado intolerable enfrentar a las otras y ver sus miradas compasivas, ya que indudablemente todas la compadecerían.

Beatriz y Mencia estaban angustiadas. Podían hablar en presencia de Isabel, ya que era frecuente que al dirigirse a ella, la infanta no les contestara. Simplemente, no las oía.

—Esto se acabará aquí —insistía Beatriz—. Pedro Girón no puede casarse.

—¡Por cierto que no!

Se cuidaron mucho de contar a su señora que en la corte se había difundido la noticia de que el matrimonio no habría de demorarse porque iba a ser el medio de apartar a Villena y al arzobispo de su contacto con los rebeldes.

Una vez que se anuncie el matrimonio, los rebeldes perderán importancia. Y cuando sea un hecho, Villena y el arzobispo apoyarán firmemente al Rey, porque serán familiares de él.

Las dos damas de honor se alegraban de que la infanta permaneciera en sus habitaciones, ya que no querían que Isabel oyera todo lo que se decía.

Con aire de satisfacción, la Reina fue a visitarla. Cuando entró, Isabel se había recostado, y Beatriz y Mencia la saludaron con una profunda inclinación.

—¿Qué sucede con la infanta? —preguntó Juana.

—Hoy se ha sentido un poco indispuesta —contestó Beatriz—. Me temo que esté demasiado descompuesta para recibir a Vuestra Alteza.

—Es una pena —comentó Juana—. Debería regocijarse ante la perspectiva que se le ofrece.

Beatriz y Mencia bajaron la vista, y la Reina pasó junto a ellas para acercarse al lecho.

—Vaya, Isabel —la saludó—, me apena veros enferma. ¿Qué es lo que os pasa? ¿Quizás es algo que habéis comido?

—No es nada que haya comido —respondió Isabel.

—Bueno, pues tengo buenas noticias para vos. Tal vez estabais un poco ansiosa, ¿verdad? Hermana querida, no es necesario que os preocupéis más. Venía a deciros que ha llegado la dispensa de Roma. Don Pedro queda librado de sus votos, de manera que ya no hay impedimento alguno para el matrimonio.

Isabel no dijo nada. Estaba segura de que don Pedro no tendría dificultad alguna para conseguir la dispensa, puesto que su poderoso hermano la deseaba.

—Bueno —se burló Juana—, ¿no os sentís ahora lista para salir de la cama y danzar de alegría?

Isabel se enderezó, apoyándose en un codo, y la miró desafiante.

—No me casaré con don Pedro —afirmó—. Haré todo lo que esté en mi poder para evitar un matrimonio tan indigno de una princesa de Castilla.

—Virgencita obstinada —dijo la Reina, con tono ligero, y acercó su rostro al de Isabel para seguir hablando en un susurro—: En el matrimonio no hay nada que temer, mi querida niña. Creedme que, como nos ha sucedido a tantas, encontraréis en él mucho de grato. Ahora, levantaos de la cama y acudid al banquete que ofrece vuestro hermano para celebrar este acontecimiento.

—Como yo no tengo nada que celebrar, me quedaré aquí —contestó Isabel.

—Oh, vamos…, venid, que os estáis conduciendo como una tonta.

—Si mi hermano desea que esté yo presente en ese banquete, tendrá que llevarme allí por la fuerza. Y os advierto que si lo hiciera, anunciaré que este matrimonio no sólo va en contra de mis deseos, sino que con sólo pensar en él me inunda la repugnancia.

La Reina procuró disimular su desconcierto y su cólera.

—Estáis enferma —admitió—, y debéis quedaros en cama. Cuidaos, Isabel, que no debéis sobreexcitaros. Recordad de qué manera quedó afectada vuestra madre. Vuestro hermano y yo deseamos complaceros de todas las maneras posibles.

—Entonces, quizás ahora consintáis en retiraros.

La Reina inclinó la cabeza.

—Buenos días, Isabel. No es necesario que tengáis miedo del matrimonio, os tomáis con demasiada seriedad estas cosas.

Con esas palabras, se dio la vuelta y salió de las habitaciones de la infanta. Cuando Isabel llamó junto a ella a Beatriz y a Mencia, la expresión de sus rostros le dijo que habían oído toda la conversación, y que ahora, incluso ellas habían perdido toda esperanza.

Los preparativos para la boda proseguían con la mayor celeridad.

Villena y el arzobispo habían puesto toda su tremenda energía en el asunto, y Enrique estaba no menos ansioso. Una vez consagrado el matrimonio, los que eran jefes de sus enemigos pasarían a ser sus amigos.

Enrique había dicho siempre que a los enemigos había que cubrirlos de presentes para convertirlos en amigos, y tal era la política que en ese momento seguía, ya que ningún presente mejor podría ofrecer, ni a un enemigo más peligroso, que la mano de su medio hermana a don Pedro Girón.

Había sectores en donde hervían las murmuraciones. Algunos decían que a consecuencia de la boda, Villena y el arzobispo serían más poderosos que nunca, y que una situación tal era indeseable. Había quien deploraba el hecho de que una muchacha inocente fuera entregada a un libertino de tan sólida reputación, y muchos declaraban que ésa era la manera de poner término a la guerra civil, y que esos conflictos no podían acarrear a Castilla más que desastres.

Una vez que el matrimonio se hubiera celebrado, y que Villena y su tío se hubieran apartado de los rebeldes para unirse de nuevo a los partidarios del Rey, la revuelta se extinguiría, Alfonso quedaría relegado a su condición de heredero del trono, y ya no se mantendría la peligrosa situación de dos reyes que "reinaban" al mismo tiempo.

En cuanto a Isabel, el dolor y el miedo la tenían cada vez más aturdida a medida que pasaban los días. Apenas si podía comer, de manera que había perdido mucho peso, y se la veía pálida y tensa por efecto de la falta de sueño.

Se pasaba los días en sus habitaciones, tendida en la cama, sin hablar casi, y dedicaba largas horas a la oración.

—Permitid que me muera —imploraba—, antes que sufrir ese destino. Santa Madre de Dios, que uno de los dos muera... Que sea él o yo. Salvadme del deshonor que me amenaza, y dadme la muerte para que no caiga en la tentación de dármela yo misma.

En algún lugar de España estaba Fernando. ¿Tendría noticias del destino que estaba a punto de abatirse sobre ella? ¿Le importaría? ¿Qué había pensado Fernando, durante todos esos años, del compromiso de ambos? Tal vez no hubiera visto la posible unión de la misma manera que Isabel la veía, y ella no fuera para él más que un matrimonio que le resultaría ventajoso. Tal vez, si se enteraba de que la había perdido, Fernando se encogería de hombros e iniciaría la búsqueda de otra novia.

Mientras luchaba junto a su padre, en su propia y turbulenta tierra de Aragón, Fernando debía de tener otras cosas que lo mantuvieran ocupado.

En su condición de muchacha imaginativa y dada a perderse en sus sueños, Isabel se consolaba imaginando que él podría llegar para salvarla de ese matrimonio terrible, pero en sus momentos más razonables comprendía que no podía abrigar la esperanza de que Fernando —un año menor que ella, y no menos impotente— pudiera hacer nada para ayudarla.

Su gran consuelo durante esos días de terror fue Beatriz, que no se separaba de su lado. Por la noche, Beatriz se recostaba a los pies de su cama, y durante las primeras horas de la mañana, cuando para Isabel el sueño se hacía imposible, las dos conversaban y Beatriz formulaba los planes más descabellados, tales como una huida del palacio. Ambas sabían que tal cosa era imposible, pero obtenían cierto consuelo de esas conversaciones... O por lo menos, eso les parecía durante las horas sombrías que precedían a la aurora.

—Veréis que no será —afirmaba Beatriz—. Ya encontraremos la manera de evitarlo, os lo juro. ¡Lo juro!

Su voz profunda y vibrante hacía estremecer la cama, y el poder de su personalidad era tal que Isabel casi le creía.

La sólida fuerza de Beatriz no iba acompañada del mismo amor por la ley y el orden que era una de las principales características de Isabel. En anteriores momentos, Isabel había puesto en guardia a su amiga, llamándole la atención sobre su actitud de rebeldía ante la vida. Ahora se alegraba de ella, se alegraba de cualquier migaja de consuelo que pudieran ofrecerle.

Cada día que pasaba, Isabel sentía con mayor intensidad el peso de su congoja.

—No hay escapatoria —murmuraba—. No hay escapatoria, y cada día está más cerca.

Andrés de Cabrera había venido a visitar a su mujer, a quien apenas si veía desde que Isabel había sabido que debía casarse con don Pedro.

—No puedo separarme de ella —le había dicho Beatriz—, no... Ni siquiera por vos. Debo permanecer toda la noche con ella, porque temo que si se quedara sola pudiera caer en la tentación de hacerse daño.

Isabel recibió a Andrés con todo el placer que en ese momento podía demostrar a nadie, y él se sintió conmovido al ver el cambio que se había operado en la infanta. La serenidad de Isabel había desaparecido. Andrés se entristeció al verla así cambiada, y se alarmó doblemente al comprobar que Beatriz estaba no menos afectada.

—No podéis seguir de esta manera —las riñó—. Alteza, debéis aceptar vuestro destino. Triste es, lo sé, pero sois una princesa de Castilla, y sabréis haceros obedecer por ese hombre.

—¡Cómo podéis hablar así! —se enardeció Beatriz—. ¡Cómo podéis decir que hay que aceptar semejante destino! Miradla... Mirad a mi Isabel y pensad en ese..., en ese... Ni siquiera quiero pronunciar su nombre. ¡Como si no bastara con que esté presente en nuestras mentes a todas horas del día y de la noche!

Andrés pasó un brazo por los hombros de su mujer.

—Beatriz, querida mía, debéis ser razonable.

—¡Y me decís que sea razonable! —clamó Beatriz—. Parece, Andrés, que no me conocierais, si podéis imaginar que vaya hacerme a un lado, y que seré razonable mientras ponen a mi amada señora en las manos de ese tosco bruto.

—Beatriz... Beatriz... —al atraerla hacia sí, Andrés tocó algo duro oculto en el corpiño de su vestido.

Súbitamente, ella rió, y después de un momento, metió la mano bajo los pliegues para extraer una daga.

—¿Qué es esto? —se horrorizó Andrés, palideciendo. Los ojos relampagueantes de su mujer no se apartaron de él.

—Os lo diré —respondió ella. He hecho una promesa, esposo mío. He prometido a Isabel que jamás ha de caer en manos de semejante monstruo, y por eso llevo constantemente conmigo esta daga.

—Beatriz..., ¿os habéis vuelto loca?

—Cuerda estoy, Andrés, y creo que soy la persona más cuerda que hay en este palacio. Tan pronto como el gran maestre de Calatrava se aproxime a mi señora, yo estaré entre ellos, pronta para hundirle esta daga en el corazón.

—Esposa querida... ¿Qué es lo que estáis diciendo? ¿Qué locura es ésta?

—Es que no comprendéis. Alguien debe protegerla. Vos no conocéis a mi Isabel, tan orgullosa..., tan..., tan pura... Sé que se mataría antes de sufrir semejante degradación, y estoy dispuesta a salvarla matando a ese hombre antes de que haya tenido ocasión de mancillarla con su inmundicia.

—Dadme esa daga, Beatriz.

—No —se opuso ella, mientras volvía a ocultarla entre los pliegues de su corpiño.

—Os exijo que me la deis.

—Lo lamento, Andrés —respondió con calma su esposa—. En este mundo hay dos personas por quienes daría la vida si fuera necesario. Una de ellas sois vos, Isabel es la otra. He pronunciado un voto solemne: este matrimonio bárbaro no habrá de consumarse. Tal es mi voto, de manera que es inútil que me pidáis esta daga. Su hoja es para él, Andrés.

—Beatriz, os imploro... Pensad en nuestra vida. ¡Pensad en nuestro futuro!

—Para mí no podría haber felicidad si no hiciera esto por ella.

—No puedo permitir que lo hagáis, Beatriz.

—¿Qué haréis, Andrés? Si me denunciáis, moriré de todas maneras. Y tal vez me torturen primero, pensando que hay una conspiración para asesinar al novio de Isabel. ¿De manera, Andrés, que denunciaréis a vuestra esposa?

Él se quedó en silencio.

—Sé que no lo haréis. Debéis dejar esto en mis manos. He jurado que ese hombre no la desflorará, y mi voto es sagrado.

Los ojos le brillaban y tenía las mejillas teñidas de escarlata. Se la veía muy hermosa, investida del poderío de una joven diosa, alta, bella, llena de fuego.

Y Andrés la amaba tiernamente. La conocía bien, y sabía que sus palabras no eran meros desatinos. Beatriz era audaz y valiente, y su marido no dudaba de que mantendría su palabra y de que, llegado el momento, sería capaz de alzar la mano para hundir su daga en el corazón del novio de Isabel. Intentó disuadirla.

—¡Eso es imposible, Beatriz! —dijo.

—No puede ser de otra manera —respondió ella.

En su casa de Almagro, don Pedro Girón se preparaba para su boda. Desde el momento en que llegara la dispensa de Roma, no había perdido el tiempo.

Mientras sus servidores le preparaban el equipaje, don Pedro se paseaba por sus habitaciones, poniéndose las ricas vestiduras que usaría durante la ceremonia. Después, empezó a pavonearse ante ellos.

—¡Mirad! —les gritó—. Aquí tenéis ante vuestros ojos al marido de una princesa de Castilla. ¿Qué os parece, eh?

—Señor —le respondieron—, no podría haber marido más digno de una princesa de Castilla.

—¡Ah! —rió don Pedro—. Y encontrará en mí un marido como Dios manda, os lo prometo.

Y siguió riéndose al pensar en ella... En esa púdica muchacha que se mantenía oculta mientras él hacía ciertas proposiciones a su madre. Don Pedro la recordaba, irguiéndose ante ellos con sus azules ojos desdeñosos. ¡Ya le enseñaría él a mostrarse desdeñosa!

Complacido, empezó a imaginar su inminente noche de bodas, después de la cual, se prometía, Isabel sería una mujer diferente. Nunca más se atrevería a mostrarse desdeñosa con él. Por más princesa de Castilla que fuera, su marido le enseñaría quién era el amo y señor.

Así se entregó a sus sueños de sensualidad, a la contemplación de una orgía que se le aparecía como tanto más seductora cuanto que sería compartida por una princesa tan púdica y tan sosegada.

—Vamos —gritó—. Daos prisa, holgazanes, que es hora de partir. Es largo el viaje hasta Madrid.

—Sí, señor. Sí, señor —le respondían.

¡Qué dóciles eran, qué ansiosos estaban de complacerlo! Claro que sabían que, de no ser así, tanto peor para ellos... E Isabel no tardaría tampoco en aprenderlo.

Qué bendición, ser hermano de un hombre poderoso. Pero nadie debía olvidar que también el propio don Pedro era poderoso, por derecho propio.

Una de las tareas que él mismo se había impuesto era transmitir a quienes le rodeaban la seguridad de que, por más que su poder le viniera en parte del alto cargo que ocupaba su hermano, el propio don Pedro era hombre para tener en cuenta.

Impaciente por partir, siguió riñendo a sus sirvientes. Estaba ansioso por ver terminado el largo viaje, ansioso por que comenzaran las celebraciones de la boda.

Con gran pompa inició don Pedro su viaje a Madrid. Por el camino, el pueblo se acercaba a saludarlo, y él aceptaba graciosamente los homenajes. Jamás se había sentido tan satisfecho. Vaya, se jactaba para sí, si había llegado incluso más lejos que su hermano el marqués. ¿Acaso el marqués había aspirado alguna vez a la mano de una princesa? Qué increíble buena suerte haber ingresado en la Orden de Calatrava y haber escapado, por consiguiente, de las redes del matrimonio. Qué decepción habría sido, de haberse presentado una oportunidad así, no poder aprovecharla por un matrimonio anterior. De esta manera, en cambio, con una simple dispensa de Roma todo se había arreglado.

Se quedarían a pasar la primera noche en Villarrubia, un pueblecito en las inmediaciones de Ciudad Real, hasta donde habían llegado a recibirle algunos miembros de la corte del Rey. Don Pedro observó con deleite su actitud obsequiosa: ya había dejado de ser simplemente el hermano del marqués de Villena.

Hizo llamar a su presencia al tabernero.

—Pues bien, amigo —le gritó, al tiempo que hacía ostentación de su deslumbrante vestimenta—, dudo que alguna vez hayáis debido agasajar a la realeza, de manera que ahora tendréis ocasión de demostrarnos lo que podéis hacer. Y vale más que os esmeréis, porque, de no hacerlo, podéis ser un hombre muy desdichado.

—Sí, mi señor..., sí —tartamudeó el hombre—. Hemos sido advertidos de vuestra llegada, y durante todo el día hemos trabajado para daros placer.

—Pues eso espero —vociferó don Pedro.

Se mostró un tanto altanero con los oficiales de la guardia del Rey que habían llegado para escoltarlo en su viaje a Madrid. Había que hacerles entender que, en pocos días, don Pedro sería miembro de la familia real.

El festín del tabernero alcanzó el nivel suficiente para conformarle, y don Pedro se regodeó con las carnes deliciosas y bebió sin reservas del vino de la taberna.

Los presentes lo miraban con ojos furtivos, muchos de ellos pensando con tristeza en la princesa Isabel.

Sus servidores ayudaron a acostarse a don Pedro, que muy bebido y vencido por el sueño se jactaba incoherentemente de la clase de hombre que era, y de cómo sometería a su casta y regia novia.

Durante la noche se despertó, sobresaltado. Tenía el cuerpo cubierto de sudor frío y se dio cuenta de que lo que lo había despertado era un dolor súbito.

Debatiéndose en su cama, llamó a gritos a los sirvientes.

Cuando Andrés de Cabrera llegó a las habitaciones de Isabel, fue recibido por su mujer.

Preguntó por la infanta.

—Está acostada —respondió Beatriz—, y cada vez más ausente.

—Entonces, no sabe la noticia. Seré yo el primero en dársela.

Beatriz aferró del brazo a su marido, con los ojos dilatados.

—¿Qué noticia?

—Dadme la daga, que ya no la necesitaréis —continuó él.

—¿Queréis decir...?

—Que hace cuatro días, en Villarrubia, cayó enfermo, y ahora acaban de confirmarme la noticia de su muerte, que muy pronto se sabrá en todo Madrid.

—¡Andrés! —exclamó Beatriz, en cuyos ojos había una mirada interrogante.

—Baste con decir que no será necesario que echéis mano a vuestra daga —explicó él.

Beatriz se tambaleó un poco, y durante unos segundos su marido creyó que estaba a punto de desmayarse, debilitada por el exceso de emociones.

Sin embargo, pronto se recuperó. Volvió a mirarlo, y en sus ojos se leían orgullo y gratitud, y un infinito amor por él.

—Es un acto de Dios —exclamó.

—Podemos considerarlo así —respondió Andrés.

Beatriz le tomó la mano para besársela, y después, riendo, corrió al dormitorio de Isabel.

Se detuvo junto al lecho, mirando a su señora. Andrés estaba junto a ella.

—¡Una gran noticia! —gritó Beatriz—. La mejor que pudierais esperar: no habrá matrimonio. Nuestras plegarias han sido escuchadas, y el novio ha muerto.

Isabel se sentó en la cama, mirando alternativamente a sus dos amigos.

—¡Muerto! ¿Es posible? Pero... ¿Cómo?

—En Villarrubia —explicó Beatriz—, donde se puso enfermo hace cuatro días. Ya os dije, recordad, que nuestras oraciones serían escuchadas. Querida Isabel, ya veis que hemos temido algo que no podía suceder.

—No puedo creerlo —susurraba Isabel—. Es un milagro. Era tan fuerte que parece imposible que pudiera..., morirse. Y me decís que se enfermó. ¿De qué? Y..., ¿cómo?

—Digamos que fue obra de Dios —respondió Beatriz—. Es la mejor manera de considerarlo. Orábamos pidiendo un milagro, princesa, y nuestras plegarias han sido atendidas.

Isabel se levantó de la cama para ir hacia su reclinatorio.

De rodillas, dio las gracias por su liberación. Tras ella, de pie, permanecieron Beatriz y Andrés.

Alfonso en Cardeñosa

El arzobispo de Toledo y su sobrino, el marqués de Villena, se habían encerrado, decíase, para llorar juntos la muerte de don Pedro Girón.

Pero la emoción principal de esos dos ambiciosos no era el dolor, sino la cólera.

—Hay espías entre nosotros —clamaba el arzobispo—. Y algo peor que espías... ¡Asesinos!

—Es deplorable —asintió sarcásticamente Villena—, que también ellos tengan espías y asesinos, y además, que sean tan eficaces como los nuestros.

—Castilla entera se ríe de nosotros —declaró el arzobispo—, y nos escarnecen por haber presumido de emparentar nuestra familia con la familia real.

—¡Y pensar que nos hemos visto chasqueados!

—Yo haría prender y torturar a sus sirvientes. Así descubriría quién urdió esta conspiración en contra de nosotros.

—Sería inútil, tío. Un sirviente torturado os contará cualquier cosa. ¿Y acaso necesitamos dar con los asesinos de mi hermano? ¿No sabemos que son nuestros enemigos? El rastro nos conducirá, indudablemente, al palacio real, y la situación podría ser embarazosa.

—Sobrino, ¿estáis sugiriendo que aceptemos con mansedumbre este..., este asesinato?

—Con mansedumbre, no. Pero lo que debemos decirnos es esto: Pedro, que podría haber establecido el vínculo de nuestra familia con la familia real, ha sido asesinado, es decir, que nuestro pequeño plan fue un fracaso. Pues bien, demostraremos a nuestros enemigos que es peligroso interferir en nuestros planes. Enrique aceptó ese matrimonio como alternativa de la guerra civil. Pues bien, ya que ha declinado una, pongámosle frente a la otra.

Los ojos del arzobispo brillaron. Estaba bien dispuesto a desempeñar el papel con que toda su vida había soñado.

—El joven Alfonso irá al campo de batalla a mi lado —dijo.

—Es la única manera —asintió Villena—. Les ofrecimos la paz y su respuesta fue el asesinato de mi hermano. Pues bien, ya han hecho su opción, y ahora tendrán guerra.

Sobre las llanuras de Olmedo, las fuerzas rivales esperaban.

Enfundado en su armadura, el arzobispo se envolvía en una capa escarlata sobre la cual lucía bordada la cruz blanca de la Iglesia. Su estampa era magnífica, y sus hombres estaban listos para seguirle en el combate.

Alfonso, que no había cumplido todavía los catorce años, no podía dejar de sentirse fascinado por el entusiasmo del arzobispo. Vestía reluciente cota de malla y estaba dispuesto a saborear por primera vez la batalla.

Mientras los dos esperaban bajo la luz grisácea del amanecer, el arzobispo se dirigió a Alfonso.

—Hijo mío —le dijo—, príncipe mío, éste puede ser el día más importante de vuestra vida. Sobre esas llanuras se hallan reunidos nuestros enemigos. Es posible que lo que hoy suceda decida vuestro futuro, el mío y, lo que es más importante, el futuro de Castilla. Bien puede ser que después de hoy haya un solo Rey en Castilla, y que ese Rey seáis vos. Castilla debe engrandecerse, es menester poner término a la anarquía que va cundiendo en nuestro país. Recordadlo, cuando sea el momento de entrar en batalla. Venid, que vamos a rogar por la victoria.

Alfonso unió las palmas de sus manos, bajó los ojos y, junto al arzobispo, en el campamento instalado en las llanuras de Olmedo, rogó para que les fuera concedida la victoria sobre su medio hermano, Enrique.

En el campamento opuesto, también Enrique esperaba, en compañía de sus hombres.

—Cuánto parece demorarse el día —comentó el duque de Albuquerque.

Enrique se estremeció. Su impresión era que el día se acercaba con demasiada rapidez.

El Rey miraba al hombre que tan importante papel había desempeñado en su vida. Beltrán parecía tan ansioso de entrar en batalla como podía estarlo de participar en los regocijos cortesanos. Enrique no podía dejar de sentir admiración por ese hombre, que tenía toda la prestancia de un Rey y que podía enfrentarse a la batalla sin dar la menor señal de temor, por más que no pudiera ignorar que él, personalmente, sería considerado como uno de los más preciados trofeos que podían caer en manos del enemigo.

No era de maravillarse que Juana le hubiera amado. Enrique deseaba que hubiera algún medio de impedir que llegara a librarse la batalla. Él estaba dispuesto a escuchar los términos de sus oponentes, estaba dispuesto a entrevistarse con ellos. Le parecía desatinado pelear para después llegar a un acuerdo. ¿Qué podía significar la guerra, a no ser desdicha para cuantos participaban en ella?

—No temáis, Alteza, que los pondremos en fuga —le animó Beltrán.

—Ah, ojalá pudiera yo estar seguro de eso —suspiró Enrique.

Mientras hablaba le llevaron la noticia de que había llegado un mensajero procedente del campo enemigo.

—Dadle salvoconducto, y hacedle pasar —respondió el Rey.

El mensajero fue llevado a su presencia.

—Traigo un mensaje del arzobispo de Toledo para el duque de Albuquerque, Alteza —explicó.

—Pues bien, entregádmelo —ordenó Beltrán.

Mientras el duque leía el mensaje y estallaba en una carcajada, Enrique lo observaba.

—Esperad un momento —dijo Beltrán—, que os daré una respuesta para el arzobispo.

—¿De qué mensaje se trata? —preguntó Enrique, esperanzado. ¿No podría ser algún ofrecimiento de tregua? Pero, ¿por qué habrían de enviárselo al duque y no al Rey? Sin duda, el arzobispo debía de saber que nadie aprovecharía con más ansiedad que el Rey un ofrecimiento de paz.

—Es una advertencia del arzobispo, Alteza —explicó Beltrán—. Me dice que será una temeridad por mi parte aventurarme en el campo de batalla, porque no menos de cuarenta de sus hombres han jurado darme muerte. Y me asegura que mis probabilidades de sobrevivir a la batalla son mínimas.

—Querido Beltrán, hoy no debéis tomar parte en el combate. Es más, no debería haber combate. ¿Qué bien puede resultar de ello para ninguno de nosotros? Que se derrame la sangre de mis súbditos... Tal será el resultado del esfuerzo de este día.

—Alteza, es demasiado tarde para hablar así.

—Nunca es demasiado tarde para la paz.

—El arzobispo no aceptaría vuestro ofrecimiento de

paz, a no ser bajo las condiciones más degradantes. No, Alteza. Hoy debemos ir a la batalla en contra de nuestros enemigos. ¿Me permitís que responda a esta nota?

Sobriamente, Enrique hizo un gesto afirmativo y, con una sonrisa, Beltrán escribió su respuesta.

—¿Qué habéis contestado? —quiso saber el Rey.

—Le he dado una descripción de mi atuendo —respondió Beltrán—, para que aquellos que juraron matarme no tengan dificultades para distinguirme.

Enrique esperaba a algunos kilómetros de donde se libraba el combate. Había aprovechado la primera oportunidad para retirarse del campo de batalla, cuando supo que sus fuerzas llevaban las de perder.

Porque, decíase para sus adentros, ¿de qué serviría poner en peligro la vida del Rey? Y cubriéndose la cara con las manos, lloró por la locura de los hombres, deseosos de ir a la guerra.

Entretanto, el joven Alfonso entraba por primera vez en batalla, junto al belicoso arzobispo.

El combate fue largo, y la matanza cruel, sin que por ello se llegara a imponer una decisión. La valentía del arzobispo de Toledo no admitía comparación más que con la del duque de Albuquerque, y después de tres horas de una carnicería tan feroz como pocas veces se había visto en Castilla, las fuerzas encabezadas por el arzobispo y por Alfonso se vieron en la necesidad de dejar el campo de batalla en manos de los hombres del Rey.

Pero Enrique no estaba ansioso por sacar ventaja del hecho de que su ejército no hubiera sido derrotado, y en cuanto a Beltrán, por muy valiente que fuera, no tenía pasta de estratega, de manera que lo que podía haber sido considerado como una victoria fue tratado como una derrota.

Ahora, Castilla era un país dividido. Cada Rey gobernaba en el territorio que tenía bajo su dominio.

Y aprovechándose de la ventaja obtenida gracias a que el Rey se hubiera negado a considerar como victoria suya la batalla de Olmedo, el arzobispo y el marqués, con Alfonso como figura decorativa, decidieron avanzar sobre Segovia.

Isabel, Beatriz y Mencia esperaban con ansiedad noticias de los avances de Alfonso.

—¿Qué está sucediendo en nuestro país? —preguntábase la infanta, un día que estaba en compañía de sus amigas—. En todos los pueblos de Castilla pelean entre sí hombres que llevan la misma sangre.

—¡Y qué cabe esperar, si nuestro país se encuentra sumido en la guerra civil! —se lamentó Beatriz.

—Mi sueño es una Castilla en paz —susurró Isabel—. Henos aquí, dedicadas a nuestras labores de aguja, pero, ¿no pensáis, Beatriz, que si nos viéramos llamadas a gobernar esta tierra podríamos hacerla mejor que aquellos en cuyas manos se encuentra en este momento el gobierno?

—¡Si lo pienso! —exclamó Beatriz—. Más que pensarlo, estoy segura.

—Si Castilla pudiera ser gobernada por vos, infanta, y Beatriz fuera vuestro primer ministro —fantaseó Mencia—, entonces, realmente creo que todos nuestros problemas se solucionarían en muy poco tiempo.

—Me estremezco al pensar en mi hermano —prosiguió Isabel—. Mucho tiempo hace que no lo veo. ¿Recordáis el día que el arzobispo lo hizo llamar para decirle que sería puesto bajo su tutela? Me pregunto si…, si todo lo sucedido desde entonces habrá cambiado a Alfonso.

—Es difícil conjeturarlo —murmuró Beatriz—. En estos últimos meses se ha convertido en Rey.

—No puede haber más que un solo Rey de Castilla —le recordó Isabel—, y ese Rey es mi medio hermano Enrique. Oh, cómo desearía que no hubiera esta guerra. Alfonso debería ser el heredero del trono, porque no cabe duda de que la hija de la Reina no lo es del Rey, pero jamás debería haber sido proclamado Rey. Y..., ¡dejarse llevar a la batalla en contra de Enrique! Oh, cómo desearía que jamás lo hubiera hecho...

—La culpa no fue de él —señaló Mencia.

—No —coincidió Beatriz—. Si no es más que un niño, apenas tiene catorce años. ¿Cómo se le puede culpar, si ellos lo han convertido en una pieza de su juego por el poder?

—Pobre Alfonso —murmuró Isabel—. Tiemblo por él.

—Todo saldrá bien —la tranquilizó Beatriz—. Amada princesa, recordad que en otras ocasiones también hemos desesperado, y que todo ha salido bien.

—Sí —asintió Isabel—. Así me salvé de un destino temible. Pero..., ¿no es alarmante ver cómo un hombre... o una mujer... puede estar vivo y bien un día, y muerto al siguiente?

—Siempre ha sido así —declaró Beatriz, con su sentido práctico—. Y a veces, puede ser una bendición —añadió intencionadamente.

—¡Escuchad! —exclamó Mencia—. Se oyen gritos abajo. ¿Qué podrá ser?

—Ve a ver —sugirió Beatriz.

Mencia se levantó para salir, pero antes de que hubiera tenido tiempo de hacerlo, uno de los hombres de armas se precipitó al interior de la habitación.

—Princesa, señora... Los rebeldes avanzan hacia el castillo.

La resistencia fue escasa, ya que Isabel no podía exigir un enfrentamiento con las fuerzas a la cabeza de las cuales cabalgaba su propio hermano.

Mientras los hombres irrumpían en el castillo, se oyó la voz de Alfonso: profunda, autoritaria, muy cambiada desde la última vez que Isabel lo había oído hablar.

—Tened cuidado. Recordad que en el castillo está mi hermana, la princesa Isabel.

Después, la puerta se abrió de par en par y apareció Alfonso —su hermano pequeño, que ya no parecía pequeño—: ya no era un niño sino un soldado, un Rey, por más que Isabel siguiera insistiendo en que no tenía derecho a llevar la corona.

—¡Isabel! —gritó el muchacho, y de nuevo pareció un niño. El rostro se le contrajo en una mueca que parecía pedir la aprobación de su hermana, como solía hacerlo cuando daba, vacilante, los primeros pasos en el cuarto de los niños.

—¡Hermano! ¡Hermanito! Isabel corrió a sus brazos, y durante unos segundos los hermanos se abrazaron.

Después, la infanta tomó en sus manos el rostro de Alfonso.

—Estáis bien, Alfonso... ¿Estáis bien?

—Claro que sí. ¿Y vos, hermana querida?

—Sí..., y muy feliz de volver a veros, hermano. Oh, Alfonso... ¡Alfonso!

—Isabel, ahora estamos juntos. Sigamos estándolo. Os he rescatado del poder de Enrique, y en lo sucesivo seremos los dos..., vos y yo..., hermano y hermana. Juntos...

—Sí —asintió Isabel—, sí —perdió la calma, y en brazos de él empezó a reírse.

Los hermanos permanecieron juntos, y en más de una ocasión Isabel acompañó a Alfonso en sus viajes por ese territorio que lo consideraba su Rey.

Sin embargo, la infanta estaba perturbada. Su amor a la justicia no le permitía cegarse ante el hecho de que su hermano, de grado o por fuerza, había usurpado el trono.

Durante esos turbulentos meses, le llegaron noticias de los disturbios que abundaban en Castilla. Se renovaban las viejas rencillas entre algunas familias nobles, y no era seguro, ni para hombres ni para mujeres, viajar a ninguna parte sin escolta. Incluso miembros de la más alta nobleza se aprovechaban de la situación para dedicarse al robo y al pillaje y la Hermandad se encontraba poco menos que impotente ante esa oleada de anarquía.

Alfonso tenía su cuartel general en Ávila, que se había mantenido leal a él desde el momento de la extraña "coronación" celebrada junto a sus murallas, y había concedido al arzobispo y a Villena —a quienes debía su situación— los honores y favores que estos le exigían.

Isabel lo reconvino seriamente.

—Mientras Enrique viva, vos no podéis ser Rey de Castilla, Alfonso —le recordó—, porque Enrique es el hijo mayor de nuestro padre y el único y legítimo Rey de Castilla.

Alfonso había cambiado desde aquellos días en que lo asustaba saberse una herramienta en manos de esos hombres ambiciosos. Ahora había saboreado los placeres que da el ser Rey, y no estaba de ninguna manera dispuesto a renunciar a ellos.

—Pero, Isabel —señaló—, un Rey gobierna por voluntad de su pueblo, y si no llega a agradar al pueblo, entonces no tiene derecho a la corona.

—En Castilla hay todavía muchos que se complacen en llamar Rey a Enrique —contestó Isabel.

—Isabel querida —continuó su hermano—, sois muy buena y muy justa. Enrique no ha sido bondadoso con vos, ha procurado imponeros un matrimonio repugnante..., y sin embargó, vos dais la impresión de defenderlo.

—Es que esto no es cuestión de bondad, hermano —precisó la infanta—. De lo que se trata es de lo que está bien, y Enrique es el Rey de Castilla vos sois el impostor.

Alfonso le sonrió.

—Debemos consentir en las diferencias —respondió—. Me alegro de que, aunque me consideréis un impostor, sigáis amándome.

—Sois mi hermano, y eso nada puede alterarlo. Pero espero que un día se llegue a un acuerdo y que seáis proclamado el heredero del trono. Tales son mis deseos.

—Los nobles jamás lo aceptarán.

—Porque ellos van en busca del poder, no de lo que es justo y recto, y siguen valiéndose de nosotros, Alfonso, como de marionetas que les son útiles para sus planes. Al apoyaros están apoyando lo que consideran mejor para sí mismos, y también los que defienden a Enrique lo hacen por razones egoístas. Pero el bien sólo puede llegar por la vía de la justicia.

—Bueno Isabel, aunque parecería que estuvierais del lado de mis enemigos...

—¡Eso nunca! Estoy siempre con vos, Alfonso, pero vuestra causa debe ser la causa justa, y en este momento no sois más que el heredero del trono, pero no el Rey.

—Debo deciros Isabel, que jamás os obligaría a contraer un matrimonio que os disgustara, y que ningún obstáculo pondría a vuestra boda con Fernando de Aragón.

—Querido hermano, vos me deseáis la felicidad, lo mismo que yo a vos. Por el momento regocijémonos por el hecho de estar juntos.

—En breve partiré hacia Ávila, Isabel, y vos debéis venir con nosotros.

—Con gusto lo haré —consintió la infanta.

—Es una maravilla teneros a mi lado, me gusta contar con vuestro consejo. Y debéis saber, Isabel, que con frecuencia lo sigo. Nuestra discrepancia se limita únicamente a este importante punto. Dejadme hermana que os diga algo: no es mi deseo ser injusto. Si fuera un poco mayor diría a esos hombres que no alegaré derecho alguno sobre la corona mientras mi medio hermano viva, o mientras un consenso común no lo obligue a renunciar a ella. Eso haría, claro que sí, Isabel. Pero no tengo la edad suficiente, y debo obedecer a esos hombres, bien lo veis, Isabel. ¿Qué sería de mí si me negara a hacerlo?

—¿Quién puede saberlo?

—Porque bien veis Isabel, que en ese caso no sería ni el amigo de esos hombres, ni el de mi hermano Enrique. Estaría en esa árida tierra de nadie que hay entre ellos, y no sería amigo de ninguno y sí enemigo de ambos.

En esos momentos era cuando Isabel advertía que un niño asustado seguía mirando por los ojos de su hermano Alfonso, el Rey usurpador de Castilla.

Mientras Alfonso y sus hombres se dirigían hacia la pequeña aldea de Cardeñosa, a un par de leguas de distancia, Isabel se quedó en Ávila. Había sentido la necesidad de detenerse unos días en el convento de Santa Clara, donde las monjas la recibieron en compañía de Beatriz y Mencia.

La infanta deseaba hacer unos días de retiro para meditar y orar.

Ya no rogaba que se hiciera realidad su matrimonio con Fernando porque cuando pensaba que debería dejar Castilla para dirigirse a Aragón no podía dejar de recordar que eso significaba también abandonar a su hermano.

—En este momento él me necesita —comentaba con Beatriz—. Ah, cuando está con sus hombres, cuando se ocupa de los asuntos de estado, nadie creería que es poco más que un niño. Pero yo sé que muchas veces es apenas un chiquillo perplejo. Creo que si se pudieran arreglar las cosas para poner término a este desdichado conflicto, nadie seria más feliz que Alfonso.

—En una corona —caviló Beatriz— hay cierta magia que hace que aquellos que la sienten pesar sobre su cabeza se resistan tercamente a abandonarla.

—Y sin embargo, en lo profundo de su corazón, Alfonso sabe que todavía no tiene derecho a ceñírsela.

—Vos lo sabéis princesa, y yo de verdad creo que si quisieran ceñir con ella vuestra frente antes de que sintierais vos que es vuestra de derecho, no lo aceptaríais. Pero vos querida señora, sois una en un millón. ¿No os he dicho acaso que sois buena..., como pocos lo son?

—No me conocéis, Beatriz. ¿No me regocijé con la muerte de Carlos..., y con la de don Pedro? ¿Cómo puede ser buena quien reacciona con júbilo ante la desdicha de otros?

—¡Bah! —exclamó Beatriz, olvidando la deferencia que se debe a una princesa—. En ocasiones así, habríais sido inhumana si no os regocijabais.

—Un santo no lo habría hecho, de manera que os ruego Beatriz, que no me endoséis el sayo de la santidad porque os veríais tristemente desilusionada. Y si ahora ruego por la paz de nuestro país, no es porque sea buena; sino porque sé que con el país en paz seremos todos mucho más felices... Enrique, Alfonso y yo.

En el convento de Santa Clara se rezaron, a petición de Isabel, plegarias especiales por la paz. Para la infanta la vida del convento era estimulante, se sentía dispuesta a abrazar su austeridad y con agrado se entregaba a las oraciones y a la contemplación.

Isabel había de recordar esos días pasados en el convento como el término de cierto período de su vida, pero no podía saber, mientras recorría los corredores de piedra, mientras escuchaba las campanas que la llamaban a la capilla y el canto de las voces que en ella se elevaban, que estaban preparándose acontecimientos que habrían de obligarla a desempeñar un importante papel en el conflicto desencadenado en torno de ella.

Quien le trajo la noticia fue Beatriz, a quien habían pedido que lo hiciera porque nadie más se atrevía a dársela.

Isabel vio acercarse a Beatriz con el rostro hinchado por las lágrimas que había vertido, incapaz, por una vez, de encontrar palabras para aquello que tenía que decir.

—¿Qué ha sucedido, Beatriz? —interrogó la infanta, sintiendo ya cómo la alarma le pesaba en el corazón.

Cuando Beatriz sacudiendo la cabeza, empezó a llorar, volvió a interrogarla.

—¿Es Alfonso?

Su amiga hizo un gesto afirmativo.

—¿Está enfermo?

Beatriz la miró. Su mirada era trágica.

—¿Muerto? —susurró Isabel.

Súbitamente, Beatriz encontró las palabras.

—Se retiró a su habitación después de la cena y cuando sus servidores fueron a despertarlo, les fue imposible hacerlo, Había muerto durante el sueño.

—Veneno... —murmuró Isabel, y volviendo el rostro, susurró—: Entonces..., ahora le ha tocado a Alfonso.

Se quedó mirando fijamente por la ventana, sin ver las negras siluetas de las monjas que se encaminaban presurosas a la capilla sin oír la llamada de la campana. Mentalmente veía a Alfonso despertándose de pronto en la noche con el conocimiento de lo sucedido. Tal vez hubiera llamado a su hermana, naturalmente sería a ella a quien llamaría en su angustia.

Entonces..., le había tocado a Alfonso.

Isabel no lloró. Se sentía demasiado aturdida, demasiado vaciada de sentimientos. Se volvió hacia Beatriz.

—¿Dónde sucedió? —quiso saber.

—En Cardeñosa.

—Y la noticia...

—Llegó hace unos minutos. Alguien que venía del pueblo llegó al convento. Dicen que Ávila entera lo sabe, y que toda la ciudad está sumida en el dolor.

—Iremos a Cardeñosa, Beatriz —decidió Isabel—. ¡Iremos inmediatamente, a despedirnos por última vez de Alfonso!

Beatriz se acercó a rodear a su señora con un brazo, sacudiendo tristemente la cabeza, y le habló con voz que se quebraba por la emoción.

—No princesa, de nada os servirá. No haréis más que aumentar vuestro sufrimiento.

—Quiero ver por última vez a Alfonso —repitió Isabel inexpresivamente.

—Os estáis torturando.

—Él desearía que yo fuera. Vamos, Beatriz. Saldremos inmediatamente hacia Cardeñosa.

Mientras Isabel salía a caballo de Ávila, la gente que se encontraba por las calles apartaba de ella su rostro. La infanta estaba agradecida de que todos entendieran su dolor.

Todavía no se había puesto a pensar lo que significaría para ella la muerte de Alfonso. Se había olvidado de estos hombres ambiciosos que de manera tan despiadada habían puesto término a la niñez de Alfonso para convertirlo en Rey, y que ahora volverían la atención sobre ella. En su corazón no había lugar más que para un solo hecho que la abrumaba: que Alfonso, su hermanito, su compañero desde los primeros años, había muerto.

Al entrar en la pequeña aldea de Cardeñosa se quedó sorprendida de no encontrar signo alguno de duelo. Vio un grupo de soldados que se llamaban a gritos alegremente. Al resonar en sus oídos, las rúas le parecieron inhumanas. Al advertir su presencia, los hombres interrumpieron su charla para saludarla, pero la infanta recibió el homenaje como si no se diera cuenta de que le era ofrecido. ¿Era eso todo lo que les importaba Alfonso?

—¿Es ésta la forma en que demostráis respeto por vuestro Rey? —les gritó Beatriz súbitamente encolerizada.

Los soldados la miraron perplejos. Uno de ellos abrió la boca como si tuviera intención de hablar, pero Isabel y su pequeña comitiva habían seguido andando.

Los mozos que les recibieron los caballos tenían el mismo aire despreocupado que los soldados que habían visto por las calles.

—En Cardeñosa no respetáis el duelo como en Ávila. ¿Por qué? —preguntó impulsivamente Beatriz.

—¿Qué duelo, señora? ¿Por qué hemos de estar de duelo?

A Beatriz le costó contenerse para no abofetear en plena cara al muchacho.

—¿Es que no amabais a vuestro Rey? —insistió.

En el rostro del mozo asomó la misma mirada de

perplejidad que habían visto en la cara de los soldados al atravesar la aldea.

Después se oyó una voz que venía del interior de la posada en la que Alfonso había instalado su cuartel general.

—¿Qué sucede? ¿Se ha fatigado la princesa Isabel de la vida conventual y ha venido a visitar a su hermano?

Beatriz vio que Isabel palidecía, y tendió un brazo para sostenerla, pensando que su señora estaba a punto de desmayarse. ¿Podría ser ésa la voz de un fantasma?

¿Podía haber otro que hablara con la voz de Alfonso?

Pero allí estaba Alfonso, lleno de salud y de vigor. Venía a la carrera, atravesando el patio, gritando.

—¡Isabel! No me han mentido entonces. Estáis aquí, hermana.

Isabel se bajó del caballo para correr hacia su hermano. Lo rodeó con sus brazos cubriéndolo de besos y después, tomándole el rostro entre las manos lo miró atentamente.

—Conque sois vos, Alfonso. Sois realmente vos, no un fantasma. Aquí está mi hermano..., mi hermanito...

—Vaya, pues no sé quién más podría ser —bromeó Alfonso.

—Pero dijeron... Cómo... ¡Cómo es posible que se difundan tan perversas falsedades! Oh, Alfonso... ¡Me siento tan feliz!

Y allí, ante los ojos atónitos de mozos de cuadra y soldados, Isabel empezó a llorar, no con desesperación, sino con calma y dulcemente, con lágrimas de felicidad.

También Alfonso se enjugó los ojos y, rodeando a su hermana con un brazo, la condujo al interior de la posada. Junto a ellos entró Beatriz.

—Fue un rumor malvado —explicó—. En Ávila están llorando vuestra muerte. Oímos decir que habíais muerto durante la noche.

—¡Esos rumores! —exclamó Alfonso—. ¿Cómo se inician? Pero no nos preocupemos ahora por eso. Qué bueno es teneros conmigo, Isabel. ¿Os quedaréis aquí algún tiempo? Esta noche tenemos una fiesta especial... Lo más parecido a un banquete que se puede disponer en este lugar —y dirigiéndose a sus hombres, continuó—: He aquí a mi hermana, la princesa Isabel. Ordenad que preparen un banquete digno de ella.

Alfonso estaba profundamente conmovido por la emoción de su hermana. El hecho de que Isabel fuera habitualmente tan dueña de sí le hizo tomar conciencia de la profundidad de los sentimientos de la infanta, y temió ser él mismo incapaz de dominar los suyos. Constantemente tenía que recordarse que ya no era un niño pequeño, sino un Rey.

Hizo venir al posadero.

—Deseo un banquete especial —ordenó—, en honor de la llegada de mi hermana. ¿Qué podéis ofrecernos?

—Alteza, tengo algunos pollos..., muy buenos y muy tiernos, y también hay truchas...

—Haced todo lo posible para ofrecernos un banquete como jamás hayáis servido, porque ha llegado mi hermana, y esto es para mí muy importante.

Dicho esto, se volvió hacia su hermana, y de nuevo los dos se abrazaron.

—Isabel, cuánto me alegro de que estemos de nuevo juntos —susurró Alfonso—. Quisiera que lo estuviéramos con toda la frecuencia posible. Hermana, os necesito a mi lado. Sin vos..., me siento todavía un poco inseguro.

—Sí, Alfonso, sí —respondió la infanta con la misma voz baja y tensa—, es menester que estemos juntos. Los dos nos necesitamos. En el futuro..., no debemos separarnos.

Alegre fue la cena que sirvieron esa noche en la posada de Cardeñosa.

La trucha estaba deliciosa, al punto de que así lo comentó Alfonso, quien se sirvió una nueva ración.

Todo el mundo estaba alegre. Qué agradable, decían, era que se les hubieran reunido las señoras. Además, habían oído decir que la princesa Isabel tenía la intención de acompañar a su hermano en sus futuros viajes por sus dominios.

Cuando se retiraron a su cuarto, Isabel y Beatriz hablaron de todo lo sucedido durante el día, maravillándose de que hubieran podido salir de Ávila sumidas en tal dolor, para ese mismo día encontrarse en Cardeñosa con tanto júbilo. Mientras peinaba a su señora, comentó Beatriz:

—Y sin embargo, me sorprende que puedan empezar a correr semejantes rumores.

—No es difícil entenderlo, Beatriz. Son tantos los que ocupan altos cargos y mueren de muerte súbita que se hace muy fácil creer la historia de que ha habido otra muerte así.

—Sí, debe de ser —asintió Beatriz, y no quiso seguir con el tema, temerosa de estropear con ello el placer del día.

Sin embargo, se sentía un poco inquieta. Ávila estaba apenas a dos leguas de Cardeñosa, y el rumor se había adueñado de toda la ciudad. ¿Cómo era posible, estando tan cerca?

Pero no quiso demorarse cavilando en ese terrible momento en que le habían traído la noticia y se había dado cuenta de que tenía la obligación de dársela a Isabel.

La infanta se despertó temprano y por un momento no pudo recordar dónde estaba. Después volvieron a su memoria los acontecimientos del día anterior, de ese día extraño que había empezado con tanto dolor y había terminado en júbilo.

Naturalmente, estaba en la posada de Cardeñosa. Se quedó tendida, inmóvil, pensando en el momento en que Alfonso salió de la posada y en que ella, por unos instantes, creyó estar viendo un fantasma. Ahora, pensaba, estaré siempre con él, lo asumiré como un deber, ya que después de todo es un niño, y es mi hermano.

Tal vez pudiera influir sobre él, persuadirlo de que no podía ser legítimo Rey mientras Enrique viviera. Si lo declaraban heredero del trono nada tendría que objetar Isabel, que creía sin ninguna duda que la pequeña Juana no tenía derecho alguno a ese título. En lo sucesivo, se dijo, Alfonso y yo ya no nos separaremos.

Se oyó un golpe a la puerta, y la princesa invitó a entrar a su visitante.

Apareció Beatriz, pálida y alterada.

—Alteza, ¿queréis venir a la habitación de Alfonso? —preguntó.

Isabel se enderezó, aterrada.

—¿Qué ha sucedido?

—Me han pedido que os lleve junto a él.

—¡Está enfermo! —Volvieron a invadirla todos los temores del día anterior.

—No pueden despertarlo —explicó Beatriz—. No entiendo qué es lo que puede haber sucedido.

Arrojó una bata sobre los hombros de Isabel y ambas se dirigieron al cuarto de Alfonso.

Tendido en su cama, el muchacho tenía un aspecto extraño.

Isabel se inclinó sobre él.

—Alfonso... Alfonso, hermano, soy Isabel. Despertaos. ¿Es que algo os duele?

No hubo respuesta. La habitación, que apenas si tenía un ventanuco, estaba a oscuras.

—No puedo verlo bien —murmuró Isabel mientras le tocaba la frente, cuya frialdad la sobresaltó. Cuando intentó tomarle la mano, ésta se le escapó y volvió a caer, yerta, sobre el cobertor.

Horrorizada, Isabel se volvió hacia Beatriz, que estaba de pie tras ella.

La joven dama de honor se acercó más a la figura tendida sobre el lecho, le apoyó una mano sobre el corazón y allí la dejó inmóvil durante unos momentos, mientras pensaba cómo decir lo que ya sabía que era inevitable decir.

Se volvió hacia Isabel.

—No —gimió ésta—. ¡No! —Beatriz no le respondió, pero la infanta sabía que no había manera de esquivar la verdad.

—Pero, ¿cómo...? ¿Cómo? —balbuceó—. Pero... ¿Por qué...?

Beatriz la rodeó con un brazo.

—Enviemos en busca de los médicos —suspiró, e irritada se volvió hacia el paje de Alfonso—. ¿Por qué no hicisteis venir antes a un médico?

—Señora, cuando vine a despertarlo y no me respondió, me asusté y fui a buscaros. No habían pasado más de diez minutos desde que entré en esta habitación y lo encontré tal como está. Entonces acudí a vos, seguro de que me diríais qué era lo que debía hacer.

—Id en busca de los médicos —ordenó Beatriz. El paje salió e Isabel miró a su amiga con ojos acongojados.

—¿Ya sabéis que no hay nada que puedan hacer los médicos, Beatriz?

—Señora amada, me temo que así es.

—Entonces... —balbuceó Isabel—, entonces lo he perdido. Después de todo, lo he perdido.

Beatriz la abrazó, sin que Isabel le respondiera ni le ofreciera resistencia.

Cuando los médicos entraron en la habitación, la infanta los observó con indiferencia mientras se aproximaban a la cama y cambiaban entre sí miradas significativas.

Beatriz sintió que perdía el dominio de sí.

—Pero, vamos, ¡decid algo! —los exhortó—. Está muerto..., ¿no es eso? ¿Está muerto?

—Eso tememos, señora.

—Y..., ¿no se puede hacer nada?

—Es demasiado tarde.

—Demasiado tarde —repitió para sí Isabel—. Qué tonta fui al pensar que podría ayudarlo, al creer que podría salvarlo. ¿Cómo podría haberlo salvado, a no ser teniéndolo junto a mí día y noche, probando yo cada bocado de su comida antes de que él se lo llevara a los labios?

—Pero, ¿cómo...? ¿Cómo...? —gemía Beatriz, pero era una pregunta que ninguna de ellas podía responder.

La infanta comprendía ahora por qué se habían difundido los rumores en Ávila. Los conspiradores no habían trabajado con total unidad. Algo debía de haberles fallado en la posada, cuando los portadores de la noticia ya estaban en viaje y comenzaban a anunciarla de acuerdo con algún plan preestablecido.

Es decir que la noticia de la muerte de Alfonso había empezado a circular antes de que realmente sucediera.

¿Cómo era posible que Alfonso hubiera muerto de forma tan repentina, si no había habido alguien que interrumpiera deliberadamente su vida?

Pocas horas antes rebosaba de salud y de vida, y ahora había muerto.

Pobre Alfonso, pobre e inocente Alfonso, eso era lo

que él había temido en aquellos primeros días en que tanto hablaba del destino de otros. Y ahora le había tocado a él..., de la misma manera que había temido.

Isabel confiaba en que su hermano no hubiera sufrido mucho. Era increíble que ella hubiera estado tan cerca, y que él se hubiera despertado en su agonía mientras su hermana dormía tranquilamente, sin darse cuenta.

Vio que los ojos de Beatriz se posaban sobre ella, llameantes. Beatriz querría descubrir quién era el culpable de todo eso. Beatriz querría vengarse.

Pero, ¿de qué serviría? Con eso, Alfonso no les sería devuelto.

Heredera del trono

En el convento de Santa Clara, Isabel se entregó al duelo por su hermano.

Permanecía inmóvil, pensando en los días pasados, cuando ella y su madre se habían recluido en Arévalo con el pequeño Alfonso. Ahora, su madre aún vivía, si es que se podía llamar vivir a esa existencia. Y ella, Isabel, estaba sola para hacer frente a un mundo turbulento.

En ocasiones, la infanta miraba con envidia a las jóvenes monjas que estaban a punto de tomar el velo y de separarse para siempre del mundo.

—Ojalá pudiera yo aislarme así —comentaba con Beatriz.

Pero Beatriz, siempre libre en el hablar, sacudía la cabeza.

—No señora mía, no es eso lo que deseáis. Bien sabéis qué gran futuro os aguarda, y no sois mujer de volver la espalda a su destino. Ni es para vos la vida de las monjas de clausura. Un día seréis reina, y vuestro nombre será recordado y reverenciado por las generaciones futuras.

—¿Quién puede decirlo? —murmuraba Isabel—. ¿No podríais, acaso, haber hecho la misma profecía a mi pobre Alfonso?

No había pasado mucho tiempo en el convento cuando hubo de recibir a un visitante. El arzobispo de

Toledo en persona, como representante de la confederación que se había alzado en contra del Rey, había viajado hasta el convento para hablar con la infanta. Ella lo recibió con reservas, y él se mostró desacostumbradamente humilde.

—Mis condolencias, Alteza —expresó al saludarla—. Sé cuánto sufrís por esta gran pérdida, y mis amigos y yo nos unimos a vuestro dolor.

—Sin embargo —señaló Isabel—, es posible que en este momento Alfonso estuviera vivo, si jamás hubiera sido proclamado Rey de Castilla.

—Es verdad que no habría estado en Cardeñosa, y que tal vez no se hubiera contagiado la plaga.

—O comido la trucha —precisó Isabel.

—Ay, vivimos tiempos peligrosos —murmuró el arzobispo—. Por eso necesitamos un gobierno de mano firme, y un monarca capaz de integridad.

—Los tiranos no pueden menos que ser peligrosos en un país donde se enfrentan dos gobernantes. Creo que tal vez mi hermano no habría muerto si hubiera contado en su intento con la bendición de Dios.

—Alteza, si tal como vos lo insinuáis su muerte fue debida a la trucha, entonces es, seguramente, obra de la criminalidad del hombre, y no de la justicia de Dios.

—Sería posible —insistió Isabel— que si Dios hubiera mirado con buenos ojos el ascenso de Alfonso al trono, hubiera evitado su muerte.

—Quién puede decirlo —suspiró el arzobispo—. Venía a recordaros, Alteza, la triste situación de Castilla y la necesidad de reformas.

—No es necesario que me lo recordéis —respondió Isabel—, pues sobre el estado de nuestro país me han llegado informes que me llenan de una consternación tal que, aunque lo intentara, no podría olvidarlos.

El arzobispo inclinó la cabeza.

—Alteza —aventuró—, nuestro deseo es proclamaros Reina de Castilla y de León.

—Os lo agradezco —replicó Isabel—, pero mientras viva mi hermano Enrique, nadie más tiene derecho a la corona. Durante demasiado tiempo se han prolongado en Castilla los conflictos, debidos en su mayor parte al hecho de que hubiera en ella dos soberanos.

—Alteza, ¿no querréis decir que rehusáis ser proclamada Reina?

—Eso es, exactamente, lo que quiero decir.

—Pero..., es increíble.

—Yo sé que es lo correcto.

—Pero, Alteza, si fuerais Reina podríais empezar inmediatamente a enderezar todo lo que está torcido en Castilla. Contaríais con mi apoyo y con el de mi sobrino, y eso podría ser el comienzo de una nueva época para el país.

Isabel permaneció en silencio, imaginando todo lo que anhelaba hacer por su país. Más de una vez había proyectado que reforzaría la Hermandad, que intentaría atraer de nuevo a su pueblo a una vida más religiosa, que establecería una corte que fuera directamente lo opuesto de la corte de su hermano.

—Nuestra Reina actual —murmuraba el arzobispo— está haciéndose notar por la vida de lascivia que lleva. Tiempos hubo en los que se contentaba con un solo amante, ahora necesita muchos. ¿No veis acaso, Alteza, qué mal ejemplo está dando con ello a nuestro pueblo?

—Bien que lo veo —respondió Isabel.

—¿Por qué vaciláis, entonces?

—Porque, por buenas que sean nuestras intenciones, irán al fracaso a menos que tengan como fundamento una causa justa. Si hubiera yo de aceptar lo que me ofrecéis sé que estaría haciendo algo malo, y por eso rechazo vuestro ofrecimiento.

El arzobispo quedó atónito. No había creído en la auténtica piedad de la infanta, ni pensaba que pudiera ella resistirse al ofrecimiento de la corona.

—Lo que me agradaría —prosiguió Isabel— sería llegar a una reconciliación con mi medio hermano. Nuestras dificultades proceden de la contienda entre dos facciones en guerra. Empecemos por tener paz, y puesto que creéis que la hija de la Reina es ilegítima, quien sigue en el orden de sucesión soy yo.

El arzobispo levantó la cabeza.

—¿Estáis de acuerdo con eso? —preguntó Isabel.

—Naturalmente que estoy de acuerdo, Alteza. He ahí la raíz de todos nuestros problemas.

—Entonces, puesto que estáis seguros de que la Reina ha cometido adulterio, yo debo ser proclamada heredera del trono. Así se pondría término a esta guerra y las cosas estarían como deben estar.

—Pero, Alteza, lo que os ofrecemos es nada menos que el trono.

—Jamás lo aceptaré —declaró firmemente Isabel— mientras viva mi medio hermano Enrique.

El azorado arzobispo tuvo que comprender, finalmente, que la infanta hablaba con absoluta seriedad.

Su hermana quería verlo, cavilaba Enrique. Pues bien, ya no era la tranquila chiquilla cuya modalidad serena había instalado entre los dos una barrera de reserva.

Isabel era ahora una persona importante. Villena y el arzobispo querían convertirla en Reina, y al parecer, lo único que les impedía coronarla como habían coronado a Alfonso era la firme negativa de ella.

Isabel había declarado que lo que quería era la paz. ¡La paz!, pensaba Enrique. Nadie podría desearla más que yo.

Estaba dispuesto a renunciar a cualquiera de sus posesiones, listo para consentir en cualquier propuesta que le hicieran, con tal de alcanzar tan anhelada meta.

Quería que Villena volviera a ser su amigo, porque tenía gran fe en él.

El cardenal de Mendoza, que desde la época de aquella ceremonia celebrada junto a las murallas de Ávila apoyaba la causa de Enrique con toda la fuerza de su enérgica naturaleza, no era su amigo, como lo había sido antaño Villena. Enrique temía al cardenal. Y en cuanto a Beltrán de la Cueva, duque de Albuquerque, era más amigo de Juana que de Enrique, los dos se apoyaban recíprocamente, y con frecuencia Enrique tenía la sensación de que no estaban de su parte.

Ahora, Villena y el arzobispo de Toledo, que habían remplazado a Alfonso por Isabel como figura decorativa, le pedían una entrevista, y Enrique estaba dispuesto a concedérsela.

Se sorprendió al recibir la visita de Villena, la víspera misma de la entrevista. Tan pronto como fue conducido a presencia de Enrique, Villena rogó que lo dejaran a solas con el Rey.

Enrique accedió de muy buena gana: la ocasión le traía a la memoria muchas otras del pasado.

—Alteza —empezó Villena, arrodillándose ante Enrique—, tengo grandes esperanzas de que las cosas entre nosotros pronto vuelvan a ser lo que fueron.

Enrique sintió que los ojos se le llenaban de lágrimas.

—Levantaos, amigo mío —exhortó—, y decidme lo que os trae.

—Se os pedirá que en Toros de Guisando aceptéis

ciertas proposiciones, Alteza, y es posible que se os haga difícil acceder a ellas.

Villena se había puesto de pie y le sonreía, como solía sonreírle en la época de su antigua amistad.

Por el rostro de Enrique pasó una sombra de agotamiento.

—¿Quisierais aceptar mi consejo? —prosiguió Villena.

—Con placer lo tendré en cuenta—respondió Enrique.

—Alteza, si hubiera condición que os parezca imposible, no os preocupéis demasiado por ella.

—¿A qué os referís?

—A que en este momento lo necesario es la paz. Si más adelante sentís que las condiciones que os fueron impuestas eran injustas... —Villena se encogió de hombros.

Enrique sonrió. Le encantaba volver a tener a Villena de su parte. Villena era un hombre que podía hacerse cargo de todos los asuntos de estado, un hombre que atemorizaba a todos los que se ponían en contacto con él, y sería muy deseable dejar otra vez todo en sus manos, tan capaces.

—Es deseable, Alteza, que por el momento tengamos paz.

—Muy deseable —coincidió Enrique.

—Entonces, accederéis a los términos que se os planteen, y más adelante, si nos parecen insostenibles, volveremos a examinarlos.

—¿Os referís a que lo haremos vos y yo?

—Si Vuestra Alteza quiere hacerme la gracia de escuchar mi consejo, será para mi una gran alegría ofrecerlo.

Lágrimas de debilidad brillaron en los ojos de Enrique. La larga rencilla había terminado. El astuto Villena había abandonado el campo contrario para ser una vez más su amigo.

La reunión se efectuó en una posada conocida como la Venta de los Toros de Guisando. El nombre de Toros de Guisando derivaba de los toros de piedra que habían quedado en el lugar desde que lo invadieran los ejércitos de Julio César, según rezaban las inscripciones latinas.

Allí, Enrique abrazó con gran ternura a Isabel, y se alegró al advertir que el encuentro de ambos no dejaba de conmoverla.

—Isabel —le dijo—, con tristeza nos encontramos. Los santos saben que no guardaba yo resentimiento alguno contra Alfonso. No fue él quien se ciñó la corona, otros se la impusieron. Como vos, estoy sediento de paz. ¿Será acaso imposible que logremos aquello que tan fervientemente anhelamos?

—No, hermano, no ha de serlo —respondió Isabel.

—He oído decir, querida mía —prosiguió Enrique—, que os habéis negado a permitir que os proclamaran Reina de Castilla. Sois tan buena como prudente.

—Hermano —contestó Isabel—, en este momento no puede haber más que un monarca en Castilla, y de derecho, ese monarca sois vos.

—Isabel, ya veo que llegaremos a entendernos.

Todo eso era muy conmovedor, pensaba el arzobispo, pero ya era hora de pasar a los aspectos prácticos.

—El primer punto de nuestra declaración, y el más importante —anunció—, es que la princesa Isabel debe ser proclamada heredera de las coronas de Castilla y de León.

—Consiento en ello —aceptó Enrique.

Isabel se quedó admirada de su presteza en la aceptación, que sólo podía significar la admisión de que la hija de su mujer no era hija de él.

—Sería necesario —continuó el arzobispo— que se

concediera una amnistía a todos aquellos que hayan participado en la contienda.

—Concedida —dijo Enrique—, y con alegría.

—Aunque me apene decirlo —siguió diciendo el arzobispo—, la conducta de la Reina no es la que podría elevarla a los ojos de su pueblo.

El rey meneó tristemente la cabeza. Desde que Beltrán se había dedicado con tanto interés a la política, Juana se había puesto en busca de amantes mejor dispuestos a hacer de ella la principal preocupación de su vida..., y los había encontrado.

—Debemos exigir que haya un divorcio —precisó el arzobispo—, y que la Reina sea enviada otra vez a Portugal.

Enrique vacilaba, preguntándose cómo iba a hacer frente a la cólera de Juana si aceptaba semejante condición, pero confió en su capacidad para dejar semejante responsabilidad en manos de algún otro. Después de todo, en Portugal Juana podría encontrar amantes con tanta facilidad como en Castilla. Ya le aseguraría él —si es que tenía que hablarle del asunto— que la decisión no había sido de su incumbencia.

Sus ojos se encontraron con los de Villena, y entre los dos se cruzó una mirada de entendimiento.

—Sí... Doy mi consentimiento —dijo el Rey.

—Se convocarán las Cortes con el fin de dar a la princesa Isabel el título de heredera de las coronas de Castilla y de León.

—Así se hará —asintió Enrique.

—Además —prosiguió el arzobispo—, la princesa Isabel no será obligada a casarse en contra de sus deseos, ni debe tampoco hacerlo sin vuestro consentimiento.

—De acuerdo —repitió Enrique.

—Entonces —proclamó el arzobispo—, la princesa

Isabel es la heredera de las coronas de Castilla y de León.

Beatriz se regocijaba de que su señora hubiera sido proclamada heredera de la corona.

Era la manera más segura de calmar su dolor, pues Isabel estaba empeñada en dominar sus emociones para poder consagrarse a la enorme tarea que, si llegaba a la madurez, habría casi seguramente de corresponderle.

La princesa estaba decidida a lograr, durante su gobierno, el engrandecimiento de Castilla.

Se entregó a la meditación y a la plegaria, se puso a estudiar historia, la de su país tanto como la de otros. Esa dedicación, decía Beatriz a Mencia, era como el leño al que se aferra alguien que se ahoga.

De otra manera, Isabel no habría podido superar el tremendo golpe que había sido para ella la muerte de Alfonso, doblemente difícil de soportar por cuanto, tras haberlo dado por muerto, había tenido la enorme alegría de encontrarlo con vida, pero sólo para volver a perderlo pocas horas más tarde.

Beatriz estaba decidida a cuidar de su señora, ya que no dudaba que no eran pocos los que estaban dispuestos a ensayar con ella alguna trucha envenenada. Estaban los partidarios de la reina Juana y de su hija, a quienes nada podría venir mejor que la muerte de Isabel.

Pero Isabel no moriría, había decidido Beatriz, y Beatriz se salía siempre con la suya.

Isabel, heredera de las coronas de Castilla y de León, ya no era simplemente la hermana de Alfonso, el Rey usurpador: ahora eran muchos los que pedían su mano en matrimonio.

A España llegaron embajadores de Inglaterra, en busca de una novia para Ricardo de Gloucester, hermano del rey Eduardo IV, que también antes de casarse con Elizabeth Grey había pensado en Isabel como posible Reina. Isabel sería muy adecuada para Ricardo.

—Vaya, con ese matrimonio sería posible que algún día fuerais Reina de Inglaterra —comentó Beatriz.

—Pero, ¿cómo podría servir a Castilla, siendo Reina de Inglaterra? —objetó Isabel.

También había un pretendiente de Francia, el duque de Guiana, hermano de Luis XI que —desde el momento en que por entonces Luis no tenía herederos— ocupaba el primer lugar en la línea de sucesión al trono de Francia.

—Seríais Reina de Francia —señalaba Beatriz, pero Isabel se limitaba a menear la cabeza, sonriendo.

—¿Todavía pensáis en Fernando?

—Siempre me he considerado comprometida con Fernando.

—Os habéis hecho una imagen de él —decíale con ansiedad Beatriz—. ¿Y si fuera falsa?

—No creo que pueda serlo.

—Pero, princesa, ¿cómo podéis estar segura? ¡Son tantas las decepciones de la vida!

—Escuchadme, Beatriz —decía fervorosamente Isabel—. Para mí, no hay otro matrimonio que el matrimonio con Fernando. Mediante él, uniremos Castilla y Aragón, ¿no comprendéis lo que significará eso para España? A veces creo que es parte de un gran designio..., de un designio divino. Ya veis de qué manera van desapareciendo todos los obstáculos que se interponen entre Fernando y el trono de Aragón. Y parece que lo mismo sucede con mi camino hacia el trono de Castilla. ¿Es posible que sea simplemente coincidencia? No puedo creerlo.

—Entonces, pensáis que Fernando y vos sois elegidos por Dios.

Isabel entrecruzó las manos y levantó los ojos, y Beatriz contuvo el aliento ante la expresión de arrebato que se pintó en el rostro de su señora.

—Creo que la voluntad de Dios es hacer de toda España un país cristiano —declaró Isabel—. Creo que es su deseo que España sea fuerte. Creo que Fernando y yo, una vez unidos, haremos su voluntad y expulsaremos de estas tierras a todos los que no pertenezcan a la Santa Iglesia Católica.

—¿Queréis decir que vos y Fernando, juntos, convertiréis o expulsaréis del país a todos los moros y a todos los judíos, y que acercaréis a la fe cristiana a cuantos sigan otras religiones? ¡Qué difícil tarea! Desde hace siglos están los árabes en España.

—Pues no es razón para que deban seguir permaneciendo en ella.

Beatriz estaba llena de dudas. Isabel, que parecía tan fuerte, era sin embargo vulnerable. ¿Y si su Fernando no era el hombre que ella esperaba? ¿Si era lascivo como don Pedro, débil como su medio hermano Enrique?

—Vos seréis fuerte y capaz de hacerlo, eso lo sé —declaró Beatriz—. Pero debéis tener un compañero igualmente fuerte y devoto de vuestra fe. ¿Cómo podéis saber si él lo es?

—¿Acaso dudáis de Fernando?

—No es mucho lo que sé de Fernando. Isabel, haced frente a la verdad, ¿qué es lo que sabéis vos de él?

—Esto sé: que es mi esposo prometido, y que no he de aceptar otro.

Durante un rato, Beatriz permaneció en silencio.

—¿Por qué no enviáis un hombre a Aragón —sugirió después—, para que pueda conocer a Fernando y deciros lo que deseáis saber de él? Hacedlo ir a Aragón y a Francia. Que conozca al duque de Guiana y os informe qué clase de hombre es, que conozca a Fernando para que podáis saber cómo es. Podríais enviar a vuestro capellán, Alfonso de Coca, que es hombre de confianza.

Los ojos de Isabel centellearon.

—Lo enviaré, Beatriz —accedió—, pero no porque yo necesite esa seguridad. Lo enviaré para que vos podáis estar segura de que Fernando es el marido para mí... El único.

El marqués de Villena fue a visitar a su tío, el arzobispo de Toledo. Villena estaba un tanto inquieto porque no se sentía seguro de cómo reaccionaría su tío ante el giro que tomaban los acontecimientos.

Villena era un hábil estadista y en cambio, el arzobispo era un guerrero, y además un hombre que para buscar su propio beneficio necesitaba creer en su causa. No era como su sobrino, hombre capaz de modificar sus lealtades por la sencilla razón de que hacerlo así pudiera servir a sus propósitos más inmediatos.

Por eso el marqués dio comienzo a la conversación con cautela.

—Isabel no será jamás la marioneta que era Alfonso —observó.

—Es verdad —asintió el arzobispo—. En ella tenemos una auténtica Reina, a quien será un placer servir. Lo único que lamento es su negativa a dejarse proclamar Reina. Moralmente, claro, tenía razón, pero no puedo dejar de pensar que habría sido ventajoso para nuestro país que Isabel se ciñera la corona que tan poco se adecua a las sienes de Enrique.

Villena permaneció en silencio; a su tío le complacía en Isabel la misma cualidad que él deploraba. Villena no quería una mujer con ideas propias para el gobierno de

Castilla, quería un títere a quien él pudiera manejar, y eso no era fácil de explicar a su fogoso tío.

—Después de todo —siguió diciendo el arzobispo—, no creo que la muerte de Alfonso haya sido tan calamitosa. Pienso que en su hermana hemos encontrado a nuestra Reina, que cuenta con mi lealtad, y de quien creo que empieza a comprender que mi deseo es servirla —riendo, el arzobispo hizo una pausa—. Hasta ahora, tiende a desconfiar de mí. ¿Acaso no había tomado yo partido por los rebeldes? Y la infanta es tan leal a la corona, tan decidida está a defender su dignidad, que se duele de los rebeldes.

—Vamos, tío —señaló Villena—, os habéis dejado embrujar por la princesa.

—Admito que es mucho lo que me impresiona, y que para mí es un placer servirla.

—Pero tío, ¿qué puede saber una muchacha de cómo se gobierna un país?

—Descuidad sobrino, ella jamás intentará hacer lo que esté más allá de sus fuerzas. Y os aseguro que el gobierno del país es algo que no tardará en aprender. Isabel está consagrada a su tarea, y ésa es la forma en que todo Rey y toda Reina deberían asumir sus deberes.

—Hum —masculló Villena—. Advierto tío, que os habéis ablandado.

—¡Ablandado! Jamás. Pero estoy firmemente del lado de nuestra futura Reina, y si alguien la atacara, no tendréis que quejaros de la blandura de Alfonso Carrillo.

—Bueno, bueno... Entonces, estáis satisfecho con el giro de los acontecimientos.

—Me siento más confiado que nunca en el porvenir de Castilla.

Villena se apresuró a despedirse de su tío.

Ya no tenía nada que decirle, sabía que las opiniones de ambos divergían por completo.

Ya no podrían seguir trabajando juntos, pues que habían tomado partidos opuestos.

Al separarse del arzobispo, Villena se dirigió a las habitaciones de Enrique.

El Rey lo recibió con ansiedad. No atinaba a demostrarle suficientemente su gratitud, a tal punto estaba encantado de tener de nuevo a Villena entre sus partidarios.

La reina Juana lo había abandonado. Se había puesto tan furiosa al saber que él había accedido al divorcio que se había ido a Madrid, donde vivía escandalosamente, tomando un amante tras otro como un abierto desafío al veredicto sobre ella que había significado el acuerdo de Toros de Guisando. De nada había servido que Enrique le explicara que no tenía la intención de mantener su palabra respecto de lo que se había convenido en la reunión con Isabel. Juana estaba tan furiosa de que él hubiera fingido siquiera que se divorciaría de ella, que partió echando chispas.

No era un problema muy grave, porque ya hacía tiempo que su mujer le daba más inquietud que placer. Enrique estaba feliz con sus amantes, y tenía cuidado de elegir aquellas que no se interesaran por la política.

Además, tenía a su querido amigo Villena, que había vuelto a ofrecerle amistad y consejo, y que tan diestramente se había hecho cargo de todo y le explicaba lo que tenía que hacer.

Villena le explicó que acababa de estar con su tío, y que el arzobispo prestaba ahora fidelidad a Isabel, tal como antes Villena se la había dado a Alfonso.

—Es hombre de una sola idea, que a veces puede cegarse y no ver su propio beneficio —señaló—. Después de todo, es hombre de iglesia y necesita tener fe en algo, y ahora ha depositado esa fe en Isabel, que ha conseguido apelar a su sentimiento de rectitud. Es lamentable Alteza, pues hemos perdido un valioso aliado.

—Querido Villena, creo que os las arreglaréis muy bien sin él.

—Es posible. Pero la que me inquieta un poco es nuestra Isabel, y abrigaba la esperanza de que le interesara una alianza matrimonial con Inglaterra o con Francia. Sería una tranquilidad saber que ya no está en Castilla.

Enrique hizo un gesto afirmativo.

—Si ella no estuviera —continuó Villena—, sería muy simple proclamar heredera del trono a la pequeña Juana.

—Mucho más fácil —asintió Enrique.

—Pues bien, Isabel se niega a aceptar la alianza con Inglaterra, y está preparándose a declinar con Francia. Ya sabéis por qué: su afecto está puesto en Fernando.

Mientras hablaba, el rostro de Villena se endureció. De ninguna manera estaba dispuesto a permitir que se concretara la alianza con Aragón, bien sabía él que ése sería el final de sus ambiciones. Juntos, Isabel y Fernando serían oponentes formidables para sus planes. Villena sabía exactamente lo que quería: un Rey títere y una heredera títere, para ser él el hombre más poderoso de Castilla. ¿Dónde se podía encontrar un Rey títere más adecuado que Enrique, ni una heredera títere más dócil que la Beltraneja? Era muy burdo tener que cambiar de actitud de esa manera, pero Villena no veía forma de evitarlo. Isabel había demostrado sin lugar a dudas que no quería ser un títere y, por consiguiente, tendría que desaparecer.

—No podemos tener aquí al entrometido de Fernando —continuó—. Antes de que nos diéramos cuenta, estaría gobernando Castilla. Por eso me propongo enviar una embajada a Portugal. Tengo razones para creer que Alfonso estaría dispuesto a renovar su petición de mano.

—Es un plan excelente —se regocijó Enrique. Si Isabel se casara con él, sería Reina de Portugal.

—Y al serlo, desaparecería finalmente del escenario castellano —concluyó Villena.

—Pues enviemos entonces una embajada a Portugal.

—Alteza, anticipándome a vuestras órdenes, he dispuesto ya que esa embajada saliera hacia Portugal.

—Siempre hacéis exactamente lo que yo mismo haría —se admiró Enrique.

—Es el mayor de mis placeres, Alteza. Además, tengo otras noticias. Hay muchos poderosos nobles, entre ellos los de la familia Mendoza, que no están de acuerdo con el tratado de Toros de Guisando. Sostienen que no se ha demostrado la ilegitimidad de la infanta Juana, y que es ella y no Isabel la verdadera heredera del trono.

—¿Ah, sí? —preguntó sin entusiasmo Enrique.

—Y pienso —prosiguió insidiosamente Villena—, que cuando nuestra Isabel se haya ido a Portugal no tendremos dificultad en proclamar heredera del trono a vuestra hija.

—Es lo que yo desearía —suspiró Enrique—. Entonces, con Isabel en Portugal y Juana proclamada heredera del trono de Castilla, ya no habría más tensiones, y por fin tendríamos paz.

Beatriz se dirigió presurosa a las habitaciones de su señora en el castillo de Ocaña, donde residía Isabel.

—Alteza, ha regresado Alonso de Coca.

—Traedlo inmediatamente a mi presencia —ordenó la infanta.

Cuando el capellán se hizo presente, Isabel lo recibió con afecto.

—Cuánto tiempo parece haber pasado desde que os fuisteis —lo saludó.

—Alteza, sólo el deseo de cumplir con vuestras órdenes pudo demorarme, tal era mi ansiedad por volver a Castilla.

Beatriz ardía de impaciencia.

—Venid, sentaos —invitóle Isabel—, y decidme lo que visteis en la corte de Francia y en la de Aragón.

Alonso de Coca comenzó a relatar a su señora las costumbres de la corte francesa, señalando que la mezquindad y el desaliño del Rey eran tales que hasta sus cortesanos se avergonzaban de él.

—Y el duque de Guiana —exclamó Beatriz.

Alonso de Coca meneó la cabeza.

—Pues veréis, infanta... Es un hombre débil, cuyos modales parecen más bien los de una mujer. Además, tiene las piernas tan flojas que es incapaz de bailar, y casi da la impresión de ser deforme. También tiene débiles los ojos, que le lagrimean continuamente, de modo que parece que estuviera siempre llorando.

—No creo que me interese mucho un marido semejante —caviló Isabel, mirando con seriedad a Beatriz—. Y ¿qué sucedió durante vuestra permanencia en la corte de Aragón? ¿Pudisteis ver a Fernando?

—Sí pude, Alteza.

—Bueno, bueno —lo apremió la impaciente Beatriz—, ¿y qué hay de Fernando? ¿También le lloran los ojos? ¿Tiene las piernas débiles?

Alonso de Coca río.

—Ah princesa, ah señora... Fernando no se parece en nada al duque de Guiana. Su figura es la que corresponde a un joven príncipe. Sus ojos echan luz, no vierten lágrimas. Tiene las piernas tan fuertes que le permiten algo más que bailar, le permiten luchar junto a su padre, y ganarse la admiración de todos con su bravura. Es bello de rostro y alto de espíritu. Ningún príncipe podría ser más digno de una princesa joven, hermosa y espiritual.

Isabel miraba con aire de triunfo a Beatriz, que sonrió a su vez ampliamente.

—Pues bien, me alegro— murmuró—. Me alegro de corazón. No es lo que yo me temía. Ahora sí puedo desear felicidad y larga vida a Isabel y Fernando.

Uno de los pajes acudió a toda prisa a las habitaciones de Beatriz, que estaba conversando con Mencia de la Torre.

El muchacho estaba pálido y tembloroso, y Beatriz se alarmó. Sabía que cuando sucedía algo inquietante, los sirvientes deseaban siempre que fuera ella quien le diera la noticia a Isabel.

—¿Qué sucede? —interrogó.

—Señora, que anoche clavaron en las puertas un papel.

—¿De qué papel se trata?

—¿Es que debería habéroslo traído, mi señora?

—Sin pérdida de tiempo.

El paje se retiró, y Beatriz se volvió hacia Mencia.

—¿Qué sucederá ahora? —murmuró—. Oh, me temo que nuestra princesa esté aún muy lejos de los brazos de su Fernando.

—Deberías mandar a alguien en su busca —sugirió Mencia—. Seguramente, él vendría.

—Olvidas que en Toros de Guisando ella prometió que no se casaría sin consentimiento del Rey, así como él prometió a su vez que no se la obligaría a desposarse contra su voluntad. Eso bien podría ser causa de que

Isabel jamás se casara, pues que al parecer tales condiciones pueden llevar a un callejón sin salida. A eso se debe que no se comunique con Aragón. Isabel quiere mantener su promesa. Pero me preguntó qué será lo que ha sucedido, y qué papel es ése.

En ese momento regresaba el paje, que se lo entregó. Beatriz lo leyó rápidamente y se dirigió a Mencia.

—Esto es obra de sus enemigos. Declaran que los procedimientos de Toros de Guisando no son válidos, que no se ha demostrado la ilegitimidad de la princesa Juana y que ella es, además, la heredera del trono. Se niegan a aceptar a Isabel.

Beatriz retorció el papel entre sus manos.

—Creo que se avecinan días tormentosos para Isabel —murmuró—, y para Fernando.

Colérico, el marqués de Villena se dirigía a Ocaña a visitar a Isabel.

Iba decidido a demostrarle que debía obedecer los deseos de Enrique —que eran los suyos propios— a quien había ofendido gravemente al rechazar de nuevo al Rey de Portugal.

Isabel había recibido en el Castillo de Ocaña al arzobispo de Lisboa, y al formular éste las proposiciones de su Rey, le había dicho con toda firmeza que no tenía intención de casarse con él. Muy irritado, el arzobispo de Lisboa se había retirado a su alojamiento en Ocaña, declarando que eso era un verdadero insulto para su señor.

Tal era la razón de que Villena fuera a visitar a Isabel.

La infanta lo recibió con dignidad, sin tratar empero de ocultar el hecho de que consideraba una impertinencia de parte de Enrique que en la reunión de Toros de Guisando había convenido en que Isabel no sería obligada a casarse en contra de su voluntad, enviar de esa manera a Villena como emisario.

—Princesa —empezó Villena al ser llevado a su presencia, con una sequedad destinada indudablemente a hacerle saber que no la consideraba heredera del trono—, el Rey desea haceros saber que deplora profundamente vuestra actitud hacia Alfonso, Rey de Portugal.

—No entiendo por qué ha de deplorarla —respondió Isabel—. Con toda cortesía he explicado que declino su ofrecimiento. No podía hacer menos, ni debía hacer más.

—¡Que declináis su ofrecimiento! ¿Con qué motivo?

—Que no es el matrimonio de mi elección.

—Es el deseo del Rey que os caséis con el Rey de Portugal.

—Lamento no poder coincidir en este asunto con los deseos del Rey.

—Que os caséis con el Rey de Portugal es una orden del Rey.

—El Rey no puede ordenarme tal cosa y esperar a que le obedezca. ¿Ha olvidado acaso nuestro acuerdo en Toros de Guisando?

—¡Vuestro acuerdo en Toros de Guisando! Eso es algo, querida princesa, que no se toma en serio en Castilla.

—Pues yo lo tomo en serio.

—De poco os servirá si nadie más lo hace. El Rey insiste en que os caséis con el Rey de Portugal.

—Y yo en negarme.

—Lo lamento infanta, pero si no accedéis es posible que me vea yo forzado a tomaros prisionera, y que el Rey os obligue a permanecer en la fortaleza real hasta que os sometáis a sus órdenes.

Alarmada, Isabel sintió que se le aceleraba el corazón. La pondrían prisionera, y ella sabía lo que podía suceder con los prisioneros a quienes se deseaba quitar de en medio. Con calma, miró a Villena, sin que su aspecto exterior traicionara el miedo que sentía.

—Debéis darme algún tiempo para considerarlo —respondió.

—Os dejaré, y volveré a veros mañana —prometió Villena—. Pero cuando regrese, debéis decirme que consentís en el matrimonio, porque si no... —se encogió de hombros—. Me dolería haceros prisionera, pero en mi condición de servidor del Rey, debo obedecer sus órdenes.

Con esas palabras y una inclinación, se retiró.

Sin pérdida de tiempo, Isabel llamó a Beatriz para contarle todo lo sucedido.

—Ya veis —le dijo—, que están decididos a deshacerse de mí, y de una manera u otra lo conseguirán. Me han ofrecido una alternativa: puedo ir a Portugal como novia de Alfonso, o tendré que ir a Madrid como prisionera del rey. Beatriz, tengo la sensación de que si voy a Madrid, un día me encontraréis como sus sirvientes encontraron a Alfonso.

—¡Eso no sucederá! —declaró apasionadamente Beatriz.

—Y la alternativa... ¡El matrimonio con Alfonso! Juro que preferiría la prisión de Madrid.

—Ya nos hemos demorado demasiado —precisó Beatriz.

—Sí —asintió Isabel, cuyos ojos empezaron a chispear—. Ya nos hemos demorado demasiado.

—El Rey —prosiguió diciendo Beatriz— ya no cumple las promesas que formuló en Toros de Guisando.

—Entonces —continuó Isabel—, ¿por qué habría de cumplirlas yo?

—¡Exactamente! ¿Por qué? Se podría enviar un mensajero a Aragón, es tiempo de que defináis vuestro compromiso. Iré a hablar con el arzobispo de Toledo y con don Federico Enríquez, el abuelo de Fernando, para decirles que deseáis verlos con toda urgencia.

—Eso es —asintió Isabel—. Enviaré una embajada a Aragón.

—No son momentos para pensar en la modestia femenina —insistió Beatriz—. Es éste un matrimonio de gran importancia para el estado. El padre de Fernando ya ha pedido vuestra mano, ¿no es verdad?

—Sí, así es, y mis enviados irán a decirle que estoy ya dispuesta para el matrimonio.

—Ya es hora de que Fernando venga a Castilla. Pero Villena está aquí, Isabel, y es hombre decidido. Bien podría ser que antes de que podamos tener noticias de Fernando haya llevado ya a la práctica su amenaza y os encontréis en la prisión de Madrid —Beatriz se estremeció—. Pero tendrán que llevarme con vos, y yo probaré cualquier cosa antes de que os la llevéis a los labios.

—¡De mucho serviría! —exclamó Isabel—. Si estuvieran empeñados en envenenarme, lo harían también con vos. Y, ¿qué haría yo sin vos, Beatriz? No, no debemos caer en sus manos. No debemos ir a la prisión de Madrid, y creo que sé cómo conseguirlo.

—Entonces os ruego que me lo digáis, Alteza, pues me tenéis con el alma en un hilo.

— Villena tendría que sacarme de Ocaña, y el pueblo de Ocaña me ama..., y no ama al Rey. Si difundimos la noticia de que me encuentro amenazada, se congregarán en torno a mí, y a Villena se le hará imposible llevarme.

—Ésa es la solución —coincidió Beatriz—. Ya me ocuparé yo de eso, y conseguiré que en todo el pueblo se sepa que Villena ha venido a obligaros a contraer un matrimonio que os disgusta, y que vos habéis jurado no aceptar otro marido que el gallardo Fernando de Aragón.

La multitud llenaba las calles de Ocaña. La gente rodeaba el castillo, gritando hasta quedarse ronca.

—¡Isabel para Castilla! —clamaban—. ¡Fernando para Isabel!

Los chiquillos formaban bandas que paseaban alzando estandartes. En algunos de ellos habían dibujado grotescas figuras que representaban al maduro Rey de Portugal, en otros la imagen era la del joven y apuesto Fernando.

Las canciones que entonaban eran un pintoresco elogio del porte y la bravura de Fernando, o hacían mofa del decrépito y libertino monarca portugués.

Y el propósito declarado de los desfiles y las canciones era:

—Queremos a Isabel, heredera de la corona de Castilla y de la de León. Y queremos que Isabel se case con quien desee casarse, y como un solo hombre nos levantaremos en contra de quien intente impedírselo.

Mientras observaba el movimiento popular desde las ventanas de su alojamiento, el marqués de Villena, colérico, hizo crujir los dientes.

Isabel le había ganado ese encuentro. ¿Cómo podría llevársela prisionera en medio de esa muchedumbre rebelde? Lo harían pedazos antes que permitírselo.

El arzobispo de Toledo y don Federico Enríquez estaban con Isabel.

El arzobispo se había declarado totalmente a favor de la alianza matrimonial con Aragón, ya que —según explicó— ése sería el medio de lograr la unidad de Castilla y Aragón, y unidad era lo que se necesitaba en toda España. El arzobispo había adoptado el sueño de Isabel, el de una España totalmente católica, y ponía a los pies de la infanta todo su ardor y su fanatismo.

—La embajada —se entusiasmó— debe ser enviada con toda celeridad hacia Aragón. No dudéis de que nuestros enemigos están empezando a inquietarse, ni de que harán todo lo que esté a su alcance para que se concrete la alianza con Portugal. Y eso, Alteza, sería desastroso, como lo sería cualquier matrimonio que os exigiera alejaros de Castilla.

—Estoy totalmente de acuerdo con vos —declaró Isabel.

—Pues entonces, ¿por qué vacilamos? —exclamó don Federico Enríquez—. Que la embajada salga sin pérdida de tiempo, y os aseguro que muy en breve estará mi nieto en Castilla, reclamando a su prometida.

12

Fernando de Castilla

Un gran dolor embargaba al rey de Aragón: su amada esposa se moría, y él no podía hacer nada para impedirlo.

También Juana Enríquez tenía plena conciencia de su estado. Durante varios años había luchado con una enfermedad interna que sabía fatal, y sólo la rara intrepidez de su espíritu la había mantenido durante tanto tiempo con vida.

Llegó, sin embargo, el momento en que hubo de admitir que no le quedaban sino unas pocas horas de vida.

Sentado junto a su lecho, el Rey le sostenía una mano entre las suyas.

También Fernando estaba con ellos, y cuando los ojos de la Reina se posaban en su hijo, encontradas emociones se pintaban en su rostro.

Allí estaba su Fernando, su hermoso hijo de dieciséis años, con su pelo rubio y sus rasgos enérgicos, a los ojos de su madre tan bello como un dios. Por él Juana se había convertido en la mujer que era, y ni siquiera en su lecho de muerte podía arrepentirse de nada de lo hecho.

Era ella, esa mujer fuerte, la responsable del estado de cosas existentes en Aragón. Había ocupado su lugar junto a su marido y su hijo en la lucha por aplastar la rebelión. Tenía la prudencia necesaria para comprender que eran afortunados al seguir siendo dueños de Aragón, y era mucho lo que había arriesgado por Fernando.

Los catalanes no olvidarían jamás lo que ellos llamaban el asesinato de Carlos. Se habían negado a admitir en Barcelona a ningún miembro de las Cortes aragonesas y, en lugar de Juan de Aragón, habían elegido para que los gobernara a René le Bon de Anjou, pese a que se trataba de un hombre de edad e incapaz de luchar, como habría tenido que hacerlo, en defensa de lo que le había sido concedido.

Pero tenía en cambio un hijo, Juan, duque de Calabria y de Lorena, un audaz aventurero que con la secreta ayuda del astuto Rey de Francia se las arregló para presentar batalla al Rey de Aragón. El rey Juan de Aragón ya no era joven, y aunque contaba con la ayuda de su enérgica esposa y de Fernando, su valeroso hijo, había veces en que sentía que entre él y la victoria final se interponía el fantasma de Carlos, el hijo asesinado.

Desde hacía algunos años, a Juan había empezado a fallarle la vista, y en ese momento el Rey vivía en el diario terror de quedar completamente ciego.

Ahora, junto al lecho de su esposa, decíase: "Lo mismo que la vista, ella me será arrebatada, pero para mí perderla significará mucho más que perder la vista." ¿Hubo alguna vez hombre tan acosado? Y el Rey creía saber por qué la buena fortuna le rehuía. Y también el espectro de Carlos sabía la respuesta.

Con ese estado de ánimo permanecía junto al lecho de Juana. Aunque no podía verla con claridad, recordaba hasta el último detalle de su rostro bienamado. Y no podía ver al gallardo muchacho arrodillado junto a él, pero su memoria guardaría por siempre el recuerdo del rostro joven y ansioso.

—Juan —murmuró la reina mientras sus dedos apretaban los de él—, ya no puede faltar mucho.

Sin hablar, el Rey le oprimió la mano, consciente de que era inútil negar la verdad.

—Me voy con muchos pecados sobre la conciencia —murmuró Juana.

El Rey le besó la mano.

—Sois la mujer mejor y más valiente que jamás haya vivido en Aragón..., y en cualquier parte.

—Como esposa y madre, la más ambiciosa —asintió Juana—. Viví para vosotros dos, y todo lo que hice fue por vosotros. Bien lo recuerdo. Y tal vez por eso merezca en alguna medida ser perdonada.

—No hay necesidad de perdón.

—Juan, siento aquí una presencia que no es la vuestra, ni la de Fernando... Es otra.

—Aquí no hay nadie más que nosotros, madre —la tranquilizó Fernando.

—¿Es verdad? Entonces, es que mi mente divaga. Me pareció ver a Carlos a los pies de mi cama.

—Imposible, querida mía —susurró Juan—. Hace ya mucho que ha muerto.

—Muerto está... Pero quizá no haya paz en su tumba.

Fernando levantó los ojos para mirar a su madre moribunda, a su padre envejecido, a punto de quedarse ciego. Se acerca el final de la antigua vida, pensaba. Al irse ella, él no la sobrevivirá mucho tiempo.

Fue como si Juana percibiera los pensamientos de su hijo, como si viera en su amado Fernando todavía a un niño. El muchacho tenía dieciséis años, era todavía demasiado joven para librar batalla contra Lorena, para luchar contra el astuto Luis. Juan no debía morir. Si ella había cometido crímenes, pensó la agonizante, y por Fernando los volvería a cometer, esos crímenes no debían ser en vano.

—Juan —preguntó—, ¿estáis ahí?

—Sí, esposa mía.

—Vuestros ojos, Juan. Vuestros ojos... ¿Es verdad que no podéis ver?

—Día a día los siento más turbios.

—En Lérida hay un médico, un judío. Me han dicho que puede realizar milagros. Dicen que hay ciegos a quienes ha devuelto la vista. Es lo que debe hacer con vos, Juan.

—Mis ojos están más allá de cualquier recuperación, querida mía. No penséis en mí. Vos, ¿estáis cómoda? ¿No hay nada que podamos hacer para agradaros?

—Debéis dejaros operar por ese hombre, Juan, es necesario. Fernando...

—Aquí estoy, madre mía.

—Ah, Fernando, hijo mío, mi único hijo. Estaba hablando con vuestro padre. No puedo olvidar que por más que seáis valiente como un león, sois todavía joven. Debéis estar con él, Juan, hasta que sea un poco mayor. No debéis quedar ciego, debéis ver a ese judío, prometédmelo.

—Os lo prometo, querida mía.

La reina pareció quedar satisfecha y se recostó en las almohadas.

—Fernando —susurró—, tú serás Rey de Aragón. Es lo que siempre ambicioné para ti, hijo mío.

—Sí, madre.

—Y serás un gran Rey, Fernando. Recordarás siempre los obstáculos que se interpusieron en el camino hacia tu grandeza y la forma en que tu padre y yo fuimos quitándolos, uno a uno.

—Lo recordaré, madre.

—Oh Fernando, hijo mío... Oh Juan, esposo querido... ¿No estamos solos, verdad?

—Sí, madre, sí que lo estamos.

—No estamos aquí más que nosotros tres, mi amor —susurró Juan.

—Os equivocáis —insistió Juana—; hay otro. Hay aquí otra presencia. ¿Es que no la sentís? No, vos no podéis verle, es por vuestros ojos. Debéis ver a ese judío, esposo. Me lo habéis prometido y es una promesa sagrada, formulada junto a mi lecho de muerte. Fernando, tú tampoco puedes verlo, porque eres demasiado joven para ver. Pero aquí hay alguien más, que me mira fijamente desde los pies de la cama. Es mi hijastro Carlos. Su presencia aquí es una advertencia, está aquí para que no pueda yo olvidar mis pecados.

—Está divagando —murmuró Fernando—. Padre, ¿queréis que llame a los sacerdotes?

—Sí, hijo mío, llámalos. Me temo que ya queda poco tiempo.

—Fernando, ¿por qué me dejas?

—Pronto estaré de regreso, madre.

—Fernando, acércate más. Fernando, hijo mío, vida mía, jamás me olvides. Te he amado, hijo mío, como pocos son amados. Oh, Fernando querido, qué caro le has costado a tu madre.

—Ya es tiempo de llamar a los sacerdotes —se alarmó el Rey—. Fernando, no te demores, que nos queda muy poco tiempo. No hay tiempo más que para el arrepentimiento y la despedida.

Fernando salió, dejando juntos al Rey y a la Reina de Aragón, y el rey Juan se inclinó a besar los labios yertos de la mujer por cuyo amor había asesinado a su hijo primogénito.

El rey Juan de Aragón yacía inmóvil mientras el judío le practicaba la operación en el ojo. El médico se había mostrado renuente. Por dispuesto que estuviera a poner a prueba su habilidad con hombres de menor rango, temía la suerte que podía correr si fracasaba operando al Rey.

Juan se mantenía inmóvil, apenas si sentía el dolor, y hasta casi se alegraba de sentirlo.

Tras haber perdido a su mujer, ya no le interesaba vivir. Durante mucho tiempo, Juana había sido todo para él. El Rey la veía como la esposa perfecta, tan bella, tan valiente, tan decidida. No quería afrontar el hecho de que debido a la ambición de ella por su hijo, Aragón había debido pasar por una guerra civil, larga y sangrienta. Juan la había amado con toda la devoción de que era capaz y, una vez desaparecida ella, no conocía otro placer que llevar a la práctica sus deseos.

Por eso estaba ahora tendido en el diván, por eso confiaba su vida a las manos del médico hebreo. Sabía que, si era posible que él salvara la vista, de ese hombre dependía.

En España no había doctores comparables con los judíos, cuya habilidad médica había adelantado muchísimo más, y ese hombre sabía que, si salvaba los ojos del Rey de Aragón, su fortuna estaba hecha.

Y cuando recupere la vista de un ojo, pensaba Juan, me dedicaré (como ella lo habría deseado) a asegurar para Fernando la sucesión del trono de Aragón.

La operación fue un éxito: Juan había recuperado la vista de un ojo. Envió a llamar de nuevo al médico.

—Ahora —le dijo— debéis repetir la misma operación en el otro ojo.

El médico tenía miedo. Lo había hecho una vez, pero ¿podría repetirlo? Con esas operaciones, el éxito no siempre estaba asegurado.

—Alteza —se defendió—, no podría volver a intentarlo con el otro ojo, los astros son adversos al éxito.

—¡Qué astros ni astros! —protestó Juan—. No penséis en los astros, y devolvedme la vista al otro ojo.

En la corte todos se estremecieron al saber lo que estaba a punto de suceder, creyendo que, desde el momento en que las estrellas se oponían a que fuera realizada la operación, ésta no podría tener éxito.

El médico era presa de gran temor, pero parecióle más adecuado obedecer al Rey que a las estrellas, y la operación se realizó.

De tal manera Juan de Aragón, que tenía ya casi ochenta años, se curó de su ceguera y, obediente a los deseos de su difunta esposa, se preparó para conservar, para Fernando, la corona de Aragón.

Al recuperar la vista, Juan de Aragón recobró también buena parte de la energía que había sido característica de él en el pasado. Era hombre despierto y astuto, y su punto vulnerable había sido el amor que sentía por Juana Enríquez, tanto más fuerte cuanto que era función de la fuerza de su carácter. Su amor por su esposa lo había llevado a dar al hijo de ésta todo el afecto que era capaz de dar a sus hijos, privando así de él a los de su primera esposa. Juan sabía que la guerra, que tantos años había durado y de tal manera lo había empobrecido y había empobrecido a Aragón, tenía como única causa la forma en que él había tratado a Carlos. Juana le había exigido que Carlos fuera sacrificado para que Fernando pudiera convertirse en heredero de su padre, y el Rey le había concedido de buen grado todo lo que ella pedía, ya que se le hacía imposible negarle nada.

Ahora, Juan no lamentaba nada de lo que había hecho. Estaba tan decidido como lo había estado su mujer a que Fernando fuera el monarca de Aragón.

No le quedaba mayor placer que contemplar a ese

hijo, gallardo y viril en su juventud, que bajo la tutela de su madre se había preparado para desempeñar el gran papel que le habían reservado.

Si antes de ser padre, pensaba Juan, me hubiera imaginado un hijo que fuera todo aquello que yo deseaba, habría sido exactamente como Fernando.

Fernando era vigoroso, era valiente, apreciaba lo que tenía, porque tenía plena conciencia de que había sido ganado con sangre y angustia, y estaba tan resuelto a conservarlo como lo habían estado sus padres a ganarlo para él.

Qué bendición ha sido para mí Fernando, solía decir su padre.

Tal era la situación cuando la embajada que encabezaban Gutiérrez de Cárdenas y Alonso de Palencia, dos fieles servidores de Isabel, llegó a la corte de Aragón.

Juan los recibió con gran placer, pues sabía cuál era su misión; sólo lamentaba que Juana no hubiera vivido para presenciar ese triunfo. Fue a las habitaciones de su hijo y cuando los dos se quedaron solos le dijo que había llegado la embajada de Isabel.

—No podríamos recibir mejor noticia —expresó—. Me es imposible imaginar alianza alguna que hubiera dado mayor placer a tu madre.

—Isabel... —caviló Fernando—. Me han dicho que es bien parecida, aunque un poco mayor que yo.

—Un año. ¿Qué es un año, a vuestra edad?

—No mucho, probablemente. Pero además, tengo entendido que es mujer de voluntad propia.

Juan lo miró, riendo.

—A ti te tocará adueñarte de su voluntad. De lo que estamos seguros es de que está muy dispuesta a amarte. Ha rechazado a muchos pretendientes, y en cada una de esas ocasiones ha declarado que era tu prometida.

—Ha de ser fiel, entonces —conjeturó Fernando.

—Pero hay condiciones —prosiguió Juan—. Al parecer, los castellanos creen que nos confieren un gran honor al entregarnos la mano de su futura Reina.

—¡Un honor! —exclamó acaloradamente Fernando—. Pues, ¡debemos hacerles entender que nosotros somos de Aragón!

—Ay, Aragón. Triste es, en este momento, el estado de Aragón. Loados sean los santos, hijo, si no sé cómo habremos de prepararte dignamente para tu boda. Pero consideremos con calma este asunto y no disputemos con Castilla. Dejemos que por ahora crean que nos confieren realmente un gran honor. Debemos conseguir que el matrimonio se celebre cuanto antes, y luego demostrarás tú a Isabel que eres el amo y señor.

—Eso haré —prometió Fernando—. Me han contado que es hermosa pero altanera. Y un poco gazmoña —sonrió— pero ya le enseñaré yo a dejar de lado su gazmoñería.

—Debes recordar que no es una moza de taberna.

—Claro que no, pero tal vez las mozas de taberna no difieran tanto de las reinas, en algunos aspectos.

—No quisiera que nadie oyera tales observaciones y se las transmitiera a Isabel, de modo que ten cuidado. Y ahora, escúchame. Isabel es evidentemente una joven decidida, y te lleva un año de ventaja. En cuanto a ti, pese a tu poca edad, has estado en batalla y has llevado, en alguna medida, la vida del soldado. Y aunque ella ha vivido una vida de retiro ello no debe inducirte al error, la han educado para ser Reina. Las condiciones del acuerdo matrimonial son éstas: debes vivir en Castilla y no salir de allí sin el consentimiento de Isabel.

—¡Qué! —interrumpió Fernando—. Pero eso será como ser su esclavo.

—Un momento, hijo mío. Piensa en las riquezas de Castilla y de León y piensa luego en nuestra pobre Aragón. Llegado el momento, tú serás el amo, pero al principio es posible que debas mostrarte algo más humilde de lo que desearías.

—Está bien —asintió Fernando—. ¿Qué más?

—No has de adueñarte de propiedades que pertenezcan a la corona, ni hacer designaciones sin consentimiento de tu esposa. Juntamente firmarás todo decreto que sea de naturaleza pública, pero Isabel asignará personalmente las prebendas eclesiásticas.

Fernando sonrió burlón.

—Y la ayudarás de todas las formas posibles en la guerra contra los moros —prosiguió su padre.

—Eso haré con todas mis fuerzas, y de todo corazón.

—Debes respetar al Rey actual, y no reclamar que nos sean devueltas las propiedades castellanas que antaño nos pertenecieron.

—Pues sí que hace un trato favorable, esta Isabel.

—Aporta también una excelente dote, y además, es la heredera de Castilla. Hijo mío, a tu madre y a mí nos costó mucho aseguraros la corona de Aragón. Ahora Isabel viene a ofrecerte Castilla.

—Entonces, padre, ¿aceptaremos estas condiciones?

—Con gran júbilo, hijo mío... Aunque me parece que no se te ve tan complacido como deberías estarlo.

—Paréceme que debemos humillarnos más de lo que yo quisiera.

Juan rodeó con un brazo los hombros de su hijo.

—Vamos, vamos, Fernando. No dudo que no tardarás en llevar la voz cantante. Eres un apuesto joven y recuerda que por más que sea la futura Reina de Castilla, Isabel no deja de ser una mujer.

Fernando rió alegremente, completamente confia-

do en su capacidad para gobernar Aragón, Castilla...,
y a Isabel.

Isabel sabía que su situación era peligrosa y que, tarde o
temprano, el marqués de Villena se enteraría del envío de
la embajada a Aragón; sabía también que, si se descubría
que la infanta había llevado las cosas tan lejos como para
firmar un acuerdo con Aragón, Villena no se detendría
ante nada con tal de evitar su casamiento con Fernando.

Villena y Enrique se habían dirigido al sur de Castilla
para someter la última fortaleza de los rebeldes y, apro-
vechando la ausencia de ambos, Isabel se fue sin ostentación de Ocaña a Madrigal.

Allí fue recibida por el obispo de Burgos, cosa que la
alarmó un tanto, porque el prelado era sobrino de Villena, y la princesa pensó que tal vez guardara más fidelidad
al marqués que a su otro familiar, el arzobispo de Toledo.

No se equivocaba. Sin pérdida de tiempo, el obispo
envió a su tío Villena un mensajero para ponerlo al tanto de la llegada de Isabel.

"Hacedla vigilar", decía la respuesta de Villena, "so-
bornad a sus sirvientes, y si descubrís que se ha puesto en
contacto con Aragón, informádmelo sin pérdida de
tiempo."

El obispo estaba ansioso por servir a su poderoso tío, y
no pasó mucho tiempo sin que los sirvientes que rodeaban
a Isabel hubieran recibido ofrecimientos de soborno para
informarlo sobre las actividades de la infanta; muchas de
las cartas que ésta escribía pasaron por las manos del obispo de Burgos antes de ser enviadas a sus destinatarios.

No pasó, por consiguiente, mucho tiempo sin que el
obispo supiera hasta dónde habían llegado las cosas entre
Isabel y Fernando.

Villena, furioso, echaba chispas en contra de Isabel.

—Ahí tenéis a vuestra piadosa hermana —recriminó a Enrique—. Hace votos de que no se casará sin vuestro consentimiento, pero tan pronto como le volvemos la espalda, se pone en comunicación con Aragón.

—También nosotros rompimos nuestra parte del acuerdo —sugirió tímidamente Enrique.

Villena hizo chasquear los dedos.

—Lo que podemos hacer ahora, es tomarla prisionera —exclamó—. Fue una estupidez no haberlo hecho antes.

—Pero lo intentamos —le recordó Enrique—, y el pueblo de Ocaña nos lo impidió. Me temo que Isabel tenga, como tenía Alfonso, ese algo que les gana la lealtad del pueblo.

—¡La lealtad del pueblo! —se burló Villena—. Ya la pondremos donde no pueda apoyarse en ella, y el galante Fernando no pueda rescatarla. Daremos órdenes inmediatamente para que el arzobispo de Sevilla se dirija a Madrigal, llevando consigo una fuerza suficiente para apoderarse de ella y hacerla nuestra prisionera.

—¿Y qué sucederá con el pueblo de Madrigal? ¿Acaso no se opondrán, como los de Ocaña, a que hagamos de Isabel nuestra prisionera?

—Les advertiremos que, en caso de que se opongan al arresto, provocarán nuestro disgusto. Los asustaremos de tal manera que no se atreverán a ayudarla.

Enrique parecía preocupado.

—Después de todo, es mi hermana.

—Alteza, ¿estáis dispuesto a dejar este asunto en mis manos?

—Como siempre, amigo mío.

Cuando le anunciaron que el principal ciudadano del pueblo de Madrigal pedía ser llevado a su presencia, Isabel lo recibió inmediatamente.

—Alteza —expresó el visitante—, vengo en nombre de mis conciudadanos. Estamos en gran peligro, tanto nosotros como Vuestra Alteza. Hemos recibido del Rey la información de que estáis a punto de ser arrestada y de que, en caso de que intentemos ayudaros, seremos castigados. Vengo, pues, a advertiros que intentéis escapar, porque en vista de semejantes amenazas, los ciudadanos de Madrigal no nos atrevemos a ayudaros.

Graciosamente, Isabel le agradeció la advertencia y mandó a buscar a dos de sus servidores, en quienes sabía que podía confiar sin reservas.

—Quiero que os hagáis portadores de dos mensajes míos —les dijo—: uno para el arzobispo de Toledo y el otro para el almirante Enríquez. Se trata de un asunto de la mayor urgencia, y no hay un segundo que perder. Partiréis en seguida, y a toda prisa.

Tan pronto como hubieron partido los mensajeros, Isabel envió a un paje en busca de Beatriz y de Mencia. Llegadas éstas a su presencia, les anunció con calma:

—Nos vamos de Madrigal. Quiero que vosotras salgáis antes que yo. Id a Coca, que no está lejos, y esperadme allí.

Beatriz estuvo a punto de protestar, pero había ocasiones en que Isabel le recordaba que su señora era ella, y en esos casos Beatriz advertía rápidamente su intención.

Un poco dolidas, las dos damas de honor se retiraron. Isabel se tranquilizó hasta que supo que habían partido. Sabía que si el obispo de Sevilla llegaba a arrestarla, tomaría también prisioneras a sus amigas y confidentes, y deseaba que Beatriz y Mencia estuvieran a salvo aunque ella no pudiera salvarse.

En Coca, Beatriz y Mencia estarían seguras, pero la infanta no. Isabel necesitaba de la firme protección de hombres armados.

Empezó entonces la ansiosa vigilia. Isabel esperaba en la ventana. No tardaría en oír el ruido de las caballerías que se acercaban, y los gritos de los hombres, y era posible que todo su futuro dependiera de los acontecimientos de ese día. Isabel no sabía qué podía sucederle si caía en manos del arzobispo de Sevilla. Entonces sería prisionera del Rey —o más exactamente, de Villena—, y la infanta no creía que le fuera fácil recuperar la libertad.

¿Qué le reservaría entonces el futuro? ¿Un matrimonio forzado? ¿Con Alfonso de Portugal, tal vez? ¿Con Ricardo de Gloucester? De alguna manera iban a tratar de librarse de ella, y querrían desterrarla, ya fuera a Portugal o a Inglaterra. ¿Y si Isabel se negaba?

¿Se repetiría el antiguo modelo familiar? Alguna mañana, ¿la encontrarían sus doncellas como sus servidores habían encontrado a Alfonso?

¿Y Fernando? ¿Qué pasaría con él? Había aceptado ansiosamente el acuerdo matrimonial, e Isabel estaba segura de que, lo mismo que ella, comprendía la gloria que podía surgir de la unión de Castilla y Aragón. Pero una vez que Isabel cayera en manos del arzobispo de Sevilla, una vez que Villena fuera dueño de su destino, eso significaría el fin de todos sus sueños y sus esperanzas.

En ese estado de ánimo, la infanta esperaba.

Finalmente, oyó lo que su oído acechaba y después..., lo vio. Ahí estaba: orgulloso, militante, el arzobispo de Toledo, ahora su fiel servidor, dispuesto a arrebatarla bajo las narices mismas del obispo de Burgos, desbaratando así su intención de entregársela a su tío Villena.

Oyó de nuevo la voz, resonante.

—Conducidme ante la princesa Isabel.

Su silueta se alzó ante ella.

—Alteza, no hay tiempo que perder. Tengo soldados

abajo. Son suficientes para asegurar que podamos salir de aquí sanos y salvos, pero sería mejor si partiéramos antes de la llegada de las tropas de Sevilla. Venid con toda rapidez.

Así fue como Isabel y su escolta abandonaron Madrigal, muy poco antes de que llegara el arzobispo de Sevilla, sólo para enterarse de que su presa había desaparecido.

—¡Adelante! —tronó Alfonso Carrillo, arzobispo de Toledo y en lo sucesivo el más firme partidario de Isabel—. Rumbo a Valladolid, donde podemos estar seguros de la leal bienvenida que se tributará a la futura Reina de Castilla.

Fue una alegría para Isabel ser recibida con aclamaciones por los ciudadanos de Valladolid, y saber que allí la consideraban su futura Reina.

Pero una vez terminado el triunfante desfile, el arzobispo vino a hacerle presente lo que la infanta ya sabía: que no era momento para demorarse.

—Conozco a mi sobrino, el marqués de Villena —explicó el arzobispo—. Es hombre de muchos recursos, y astuto como un zorro. Sería para mí un placer hacerle frente en el campo de batalla, pero no quisiera tener que desafiar su retorcida diplomacia. Hay una sola cosa que en este momento debemos hacer sin pérdida de tiempo, y es acelerar el matrimonio.

—Dispuesta estoy a que nos demos prisa —le aseguró Isabel.

—Entonces Alteza, despacharé inmediatamente enviados a Zaragoza, y esta vez informaremos a Fernando que es indispensable que acuda sin dilación alguna a Castilla.

—Que así se haga —asintió Isabel.

Al enterarse de que Isabel se le había escapado, Villena se puso furioso.

—Pensar —se decía— que se lo debo a mi propio tío.

Después se rió, con una risa en la que vibraba una nota de orgullo.

Seguro que el viejo pícaro habría de llegar antes que ese tonto de Sevilla, díjose, divertido al pensar que incluso estando, como estaban, en lados opuestos, eran los miembros de su familia los que decidían el destino de Castilla.

Luego fue a hablar con el Rey.

—Conozco a mi tío, y puedo jurar que lo primero que hará será traer a Fernando a Castilla. Hará que se case con Isabel, y de ese modo tendremos en contra no sólo a los partidarios de Isabel, sino también a Aragón. Además, una vez que se haya casado, perderemos la esperanza de librarnos de ella. Es indispensable que Isabel y Fernando no se encuentren jamás.

—Pero, ¿cómo podremos evitarlo?

—Tomando prisionero a Fernando tan pronto como ponga los pies en Castilla.

—¿Podéis hacer tal cosa? ¿Cómo?

—Alteza, debemos hacerlo. Formulemos nuestros planes. Fernando llegará por la ciudad fronteriza de Osma, donde recibirá la ayuda de Medinaceli. Eso es lo que él cree. Pero debemos asegurarnos de que Medinaceli sea partidario nuestro, no de Isabel.

—Eso no será fácil —señaló el Rey.

—Ya lo conseguiremos —aseguró Villena, entrecerrando los ojos—. Amenazaré a nuestro amigo el duque de Medinaceli con las penalidades más crueles si se atreve a ayudar a Fernando. Os aseguro Alteza, que el duque será uno de nuestros informantes, y que tan pronto como Fernando llegue, lo sabremos. —Y agregó—: El Rey y la Reina de Aragón llegaron a muchos extremos para hacer de él el heredero de la corona, y a no menos extremos hemos de llegar nosotros para asegurarnos que jamás se acerque a la de Castilla. Doy por supuesto que cuento con la autorización de Vuestra Alteza para ocuparme del duque de Medinaceli...

—Haced lo que queráis, pero ¡cuánto me alegraré el día que todas estas luchas se acaben!

—Dejad el asunto en mis manos, Alteza. Una vez que hayamos doblegado a nuestra altanera Isabel, y la hayamos despachado a Portugal, o donde fuere..., entonces, os prometo que tendremos paz en esta tierra.

—Ruego a los santos que sea así sin tardanza —suspiró Enrique.

A la llegada de la embajada a Zaragoza, el rey Juan de Aragón se encontró en un brete.

Envió a buscar a Fernando.

—Se han complicado las cosas —le dijo—. He sabido por el arzobispo de Toledo que Villena se ha propuesto impedir el matrimonio, y el arzobispo teme que lo consiga, a menos que la ceremonia se celebre con prontitud. Me sugiere que debes partir inmediatamente hacia Valladolid.

—Pues bien padre, estoy dispuesto.

Juan de Aragón gimió.

—Hijo mío, ¿cómo podrás ir a Castilla como novio de Isabel, si en el tesoro no hay más de trescientos enriques? Harías una lamentable figura.

—No puedo ir como un mendigo, padre —asintió con gravedad Fernando.

—Pues no sé de qué otra manera podrías ir. Yo abrigaba la esperanza de tener un respiro que me permitiera conseguir el dinero necesario para tu viaje. He de hacerte Rey de Sicilia, para que entres en Castilla con la dignidad del Rey, pero ¿cómo es posible que hayamos de enviarte sin la pompa necesaria, sin el atuendo adecuado y todo lo demás que puedas necesitar para tu boda?

—Entonces, debemos esperar...

—Pero una demora podría significar que perdiéramos a Isabel. Villena está empeñado con todo su poder en evitar vuestro matrimonio. Creo que su plan es dejar a Castilla libre de Isabel, tal vez mediante una boda, o quizá por otros medios y, sin duda, poner en lugar de ella a la Beltraneja. Hijo mío, es posible que te signifique una lucha llegar hasta Isabel... —Juan se detuvo y una sonrisa apareció en su rostro—. Escucha, Fernando, creo que tengo la solución para nuestro problema. Escúchame, que te la diré brevemente para que después sometamos este plan a un consejo secreto.

—Ansioso estoy de oír lo que proponéis, padre —respondió Fernando.

—Será peligroso para ti cruzar la frontera en Guadalajara. Esa zona es propiedad de la familia Mendoza, que como bien sabes, apoya a la Beltraneja. Si viajaras como corresponde a tu condición, con la embajada, los nobles y tus sirvientes, te sería imposible atravesar la frontera sin ser advertido. Pero ¿qué dirías, hijo mío, de hacerlo con un grupo de mercaderes y disfrazado como si fueras uno de sus sirvientes? Te garantizo que de esa manera podrías llegar a Valladolid sin ser molestado.

Fernando frunció la nariz con disgusto.

—¡Disfrazado de sirviente, padre!

Juan rodeó con un brazo los hombros del joven.

—Es la solución —insistió—. Debes recordar, Fernando, que lo que está en juego es un reino. Y ahora que lo considero, creo que es la única forma en que puedes abrigar la esperanza de llegar, sano y salvo, a reunirte con Isabel. Además, ¡piensa! Es un plan que nos da la excusa que necesitábamos. Desatinado sería equiparte como a un Rey, si has de viajar como el lacayo de un comerciante.

Tan pronto como el tabernero recibió al grupo de mercaderes, le llamó la atención su lacayo: el muchacho tenía aire de insolencia y era evidente que se sentía superior a la situación en que estaba.

—Oye, muchacho —lo llamó, mientras los comerciantes eran conducidos hacia su mesa—, tendrás que ir a los establos a ocuparte de que a las mulas de tus amos no les falten el agua y el pienso.

Los ojos del arrogante joven relampaguearon, y durante un momento el tabernero pensó que su actitud era la de quien está a punto de sacar la espada..., si la tuviera. Uno de los mercaderes intervino.

—Dejad, buen hombre, que vuestros mozos se ocupen de las mulas, y les den agua y pienso mientras nosotros nos sentamos a la mesa. Queremos que nuestro sirviente esté aquí para atendernos.

—Como os plazca, mis buenos señores.

—Traednos los platos —prosiguió el comerciante—, que de lo demás se ocupará nuestro sirviente. Quisiéramos que nos dejaran comer nuestra comida en paz, pues que tenemos que hablar de negocios.

—Sólo estoy para serviros, señores.

Cuando el posadero se hubo retirado, Fernando sonrió burlonamente.

—Me temo que no hago un lacayo muy convincente.

—Si se tiene en cuenta que es un papel que jamás habíais representado, Alteza, lo estáis haciendo muy bien.

—Sin embargo, tengo la sensación de que este hombre me considera un sirviente nada habitual, y eso es algo que debemos evitar. Me alegraré de que todo esto termine, porque es un papel que no me sienta.

Fernando palpó con disgusto la áspera tela de su jubón de sirviente.

Era lo bastante joven como para envanecerse de su apariencia personal, y como durante toda su vida había vivido en el temor de perder su herencia, su dignidad le era especialmente cara. Era menos filósofo que su padre, y menos capaz de digerir la indignidad que significaba para él tener que entrar furtivamente en Castilla, como un mendigo. Había tenido que aceptar el hecho de que Castilla y León eran más importantes que Aragón, y se le hacia difícil admitir que él, en su condición de hombre y de futuro esposo, tuviera que ocupar el segundo lugar, después de la que sería su mujer.

Las cosas no debían seguir siendo así, se decía, una vez que Isabel y él se hubieran casado.

—Esta mascarada no habrá de prolongarse durante mucho tiempo, Alteza —le aseguraron—. Cuando lleguemos al castillo del conde de Treviño, en Osma, ya no será necesario que sigáis viajando tan innoblemente. Y Treviño nos espera para darnos la bienvenida.

—Pues me consume la impaciencia. No veo el momento de que lleguemos a Osma.

El tabernero había regresado, precediendo a un sirviente que les traía una gran fuente humeante de olla. El guisado olía bien, y durante un momento los hombres lo olfatearon con tal avidez que Fernando, que había estado apoyado en la mesa, conversando con los mercaderes, se olvidó por completo de adoptar su actitud de sirviente.

El posadero se quedó tan sorprendido que se detuvo y se quedó mirándole.

Inmediatamente, el muchacho comprendió que se

había traicionado e intentó fingir una actitud de humildad.

—Espero que el tabernero no sospeche que no somos lo que pretendemos —comentó cuando él y sus amigos volvieron a quedarse a solas.

—Si se muestra demasiado curioso, Alteza, ya nos ocuparemos de él.

Al oír estas palabras, Fernando señaló que sería mejor que dejaran de darle el tratamiento de Alteza mientras no terminaran el viaje.

Mientras todos estaban comiendo, uno de los hombres levantó repentinamente la vista y alcanzó a ver en la ventana un rostro que desapareció inmediatamente, de manera que no estaba seguro de si se trataba del tabernero o de uno de sus sirvientes.

—¡Mirad hacia la ventana! —advirtió en voz baja, pero los otros ya no llegaron a verlo.

Cuando explicó lo sucedido, la inquietud se apoderó de todo el grupo.

—Creo que no cabe duda de que les resultamos sospechosos —señaló Fernando.

—Pues yo voy cortarles el pescuezo a ese entrometido del tabernero y a todos sus sirvientes —gritó uno de los miembros de la banda.

—Eso sí que sería una locura —le hizo notar otro—. Tal vez aquí muestren ese mismo tipo de curiosidad ociosa hacia todos los viajeros. Comed lo más rápido que podáis, y partamos. Bien puede ser que alguien haya enviado ya un mensaje a nuestros enemigos para advertirles que hemos llegado a esta posada.

—No es posible que adviertan nada raro en un grupo de comerciantes... No, es curiosidad y nada más, amigos. Comamos en paz.

—Sí, comamos, ciertamente —asintió Fernando—,

pero será peligroso que nos demoremos. Es indudable que mi actitud nos ha traicionado. Salgamos de aquí lo antes posible. Pasaremos la noche fuera, o bien en alguna otra posada que nos parezca segura... Pero no aquí.

Comieron presurosamente y en silencio, y después uno del grupo llamó al posadero para pedir la cuenta.

Al salir de la posada siguieron cabalgando, pero no era mucha la distancia que habían recorrido cuando empezaron a reírse de sus temores. El tabernero y sus servidores eran unos zoquetes que no tenían cómo saber que el heredero de Aragón llegaba a Castilla, y todos ellos se habían atemorizado sin causa alguna.

—¡Que pasemos la noche fuera! —exclamó Fernando—. Por cierto que no. Ya encontraremos una posada y pasaremos en ella una noche de sueño reparador.

De pronto, el hombre que había pagado al posadero exhaló un grito de desaliento.

—¡La bolsa! —clamó—. Debo de habérmela dejado sobre la mesa de la posada.

El desánimo se apoderó de todos, ya que la bolsa contenía el dinero necesario para afrontar los gastos del viaje.

—Debo volver en su busca —expresó el hombre.

Se hizo un breve silencio, y después volvió a hablar Fernando.

—¿Y si realmente hubieran sospechado? —preguntó— ¿Si os tomaran prisionero? No, ya estamos muy lejos de aquella posada. Seguiremos adelante, aunque no tengamos dinero. Castilla es un galardón demasiado importante para perderlo por recuperar unos pocos enriques.

Era bien entrada la noche cuando llegaron junto a las murallas del castillo de Treviño.

En el interior del castillo reinaba la tensión.

El conde había dado sus instrucciones.

—Debemos estar preparados para un ataque de nuestros enemigos, que nos saben partidarios de Isabel, y no ignoran que ofreceremos abrigo al príncipe de Aragón cuando pase por aquí, camino de Valladolid. Bien puede ser que los hombres del Rey intenten atacar el castillo y adueñarse de él para ser ellos, y no nosotros, quienes se encuentren aquí a la llegada de Fernando. Por consiguiente, manteneos alertas, y no dejéis entrar a nadie. Guardad bien el puente levadizo y estad preparados en las murallas con vuestros proyectiles.

Así fue como, a la llegada de Fernando y sus acompañantes, en el castillo estaban armados hasta los dientes.

Los viajeros venían agotados, ya que habían cabalgado durante toda la noche y el día siguiente, sin tener el dinero necesario para una comida. Cuando llegaron ante las puertas del castillo, Fernando dejó escapar un grito de alegría.

—¡Abrid! —exclamó— ¡Abridnos sin demora!

Pero uno de los guardias que los observaban desde las murallas almenadas, decidido a defender el castillo ante los enemigos del conde, creyó que los que estaban allí abajo eran hombres del Rey.

Por eso, empujó uno de los enormes guijarros que con esa intención habían sido colocados en las almenas y lo dejó caer, con el propósito de matar al hombre que se había separado un poco del grupo.

El hombre no era otro que Fernando, y el cálculo del guardia había sido exacto: la enorme piedra se precipitó sobre él.

—¡Alteza! —gritó uno de sus hombres, que lo observaba, y el tono de urgencia de su voz fue tan cortante que Fernando, alertado, se apartó de un salto.

La advertencia le había llegado justo a tiempo: la piedra cayó exactamente en el lugar donde él había estado. El heredero de Aragón había escapado de la muerte por muy poco.

—¿Es ésta la bienvenida que nos prometisteis? —vociferó Fernando, sorprendido y colérico—. Tras largo viaje con este disfraz llego donde vosotros, yo, el príncipe de Aragón, y después de haberme prometido socorro, ¡hacéis todo lo posible por matarme!

La consternación invadió el castillo. Se encendieron antorchas y en las almenas aparecieron rostros que atisbaban.

Gritos y crujidos acompañaron el descenso del puente levadizo, y el conde de Treviño en persona se adelantó presuroso a arrodillarse ante Fernando, pidiéndole perdón por el error que tan fácilmente podía haber hecho que toda la empresa terminara en tragedia.

—Tendréis mi perdón tan pronto como nos deis de comer —le aseguró Fernando—. Mis hombres y yo nos morimos de hambre.

El conde impartió a sus servidores las órdenes necesarias, y el grupo de visitantes atravesó el puente y penetró en el enorme vestíbulo. Allí, sentados a una mesa cargada de vituallas que para ellos habían preparado, los viajeros se repusieron mientras recordaban, riendo, sus aventuras. La parte más peligrosa del viaje había terminado. Al día siguiente volverían a partir en compañía de una escolta armada que, por orden de Isabel, les facilitaría el conde de Treviño. De allí se dirigirían a Dueñas, donde Fernando dejaría su papel de humilde lacayo y se encontraría con muchos nobles anhelantes de unirse a su causa, ansiosos de acompañarle a Valladolid, a reunirse con Isabel.

13

El matrimonio de Isabel

En la casa de Juan de Vivero, la más significativa de Valladolid, que había sido puesta a su disposición cuando Isabel entró triunfante en la ciudad, la infanta esperaba.

Pensaba que ése era hasta ese día, el momento más importante de su vida. Durante años, Isabel había soñado casarse con Fernando y, de no ser por su propia decisión, se habría visto ya hacía tiempo forzada a contraer otro matrimonio. Ahora, Fernando estaba a escasa distancia de allí, y esa misma noche lo vería ante ella.

No le resultaba fácil dominar su emoción. Pero debía mantener la calma, debía recordar que no era simplemente una princesa de Castilla, era su futura Reina.

Tenía una excelente dote para aportar a su marido, y eso la regocijaba. Pero, a pesar de su dignidad y de su posición, tenía un motivo de incertidumbre: se preguntaba si sería atractiva para Fernando, porque quería que el matrimonio fuera perfecto. No se trataba solamente de lograr la fusión de Castilla y Aragón para hacer una España más fuerte, una España cristiana; su unión debía ser también el matrimonio de dos personas cuyos intereses y afectos debían entretejerse al punto de convertirlas en una sola.

Ese segundo factor era el causante de la ansiedad de Isabel.

Yo sé que amaré a Fernando, se decía la infanta, pero

¿cómo puedo estar segura de que él también me amará? Aunque fuera un año menor que ella, su prometido había llevado la vida de un hombre; en cambio Isabel, por más que la hubieran preparado para entender los asuntos de estado, había llevado la vida retirada que había sido indispensable para no contaminarse en la licenciosa corte de su hermano.

El almirante y el arzobispo le habían hablado con gran seriedad de la manera de encarar la entrevista.

—No olvidéis —habíale advertido el arzobispo—, que en tanto que él solamente puede haceros Reina de Aragón, vos le ofrecéis las coronas de Castilla y de León. ¿Qué es Aragón, comparada con León y Castilla? Jamás debéis permitirle olvidar que vos aportáis a este matrimonio más de lo que aporta él, que vos seréis la Reina y que su título de Rey será simplemente de cortesía.

—No creo —se opuso suavemente Isabel—, que un matrimonio como éste deba empezar con una lucha por el poder.

—Confío —declaró tercamente el arzobispo— en que no os dejéis dominar por su apostura.

—Confío —replicó Isabel con una sonrisa— en encontrar algún placer en ella.

El arzobispo la observó con seriedad. Grande era su admiración por ella, y tal era la razón de que hubiera decidido darle su apoyo, pero quería que la infanta recordara que él era, en gran medida, responsable de que ella se encontrara en la posición en que estaba, y que entendiera que, si quería seguir contando con su cooperación, debía prestar atención a sus consejos..., y seguirlos.

Alfonso Carrillo no tenía la menor intención de permitir que sobre Fernando recayera demasiado poder, ni que el príncipe de Aragón ocupara, como principal asesor de Isabel, el lugar que había tenido él, el arzobispo de Toledo.

—Podría ser aconsejable —siguió diciendo— que se exigiera a Fernando algún acto de homenaje, simplemente como reconocimiento de que, en lo tocante a Castilla y León, la posición de él es inferior.

Isabel sonreía, pero habló con voz firme.

—No estoy dispuesta a exigir un homenaje tal a mi marido —declaró.

Cuando se separó de ella para prepararse a recibir a Fernando, que en breve llegaría de Dueñas con una pequeña escolta de cuatro hombres, el arzobispo no se sentía del todo satisfecho.

Era medianoche cuando Fernando llegó a la casa de Juan de Vivero.

Vestido con ropa que le habían prestado, no llegaba ya como lacayo de los mercaderes, sino como Rey de Sicilia.

El arzobispo le dio la bienvenida cuando ambos se encontraron. Fernando se alegró de que su avispado padre hubiera tenido la previsión de concederle el título de Rey. En el arzobispo de Toledo había una arrogancia que no pasó inadvertida para Fernando, quien se preguntó si ese hombre no habría impartido a Isabel la misma cualidad. Sin embargo, en el momento mismo en que se le ocurría esa idea, Fernando sonrió. Él sabía cómo arreglárselas con las mujeres... E Isabel, por más heredera de Castilla y de León que fuera, era una mujer.

—La princesa Isabel os espera —díjole el arzobispo—, y me ha encargado que os conduzca a su presencia.

Fernando inclinó la cabeza y el prelado lo guió hacia las habitaciones de Isabel.

—Su Alteza, don Fernando, Rey de Sicilia y príncipe de Aragón.

Isabel se puso de pie y durante unos segundos permaneció inmóvil, estremecida por la fuerza de sus emociones.

Ahí estaba Fernando, en carne y hueso, su sueño convertido en realidad, tan apuesto como ella había imaginado... Pero no, más aún, se apresuró a decirse, pues ¿cómo podía ninguna persona, imaginaria o real, compararse con el gallardo joven que estaba ahora de pie ante ella?

¡Fernando, con sus diecisiete años, con el pelo rubio y la piel bronceada por los efectos del aire y del sol, hombre adulto en su físico, esbelto y perfectamente proporcionado! Tenía la frente amplia y despejada, la expresión alerta y era todavía demasiado joven y demasiado virgen como para que esa vivacidad pudiera ser interpretada como codicia.

Isabel se sintió invadida por la alegría: el Fernando que se erguía ante ella parecía salido directamente de sus sueños.

Y era cortés además. Le tomó la mano, inclinándose reverente sobre ella. Después, levantó los ojos hasta el rostro de su prometida y una sonrisa brilló en ellos, ya que tampoco a él le desagradaba lo que veía.

Una mujer joven, más bien alta, de cutis tan terso como el suyo, y con un resplandor rojizo en el cabello que resultaba encantador. Y lo que más le agradó fue esa gentileza, esa expresión casi dulce de los ojos azules.

Era encantadora Isabel... Tan agradable, tan joven..., tan maleable, pensó Fernando.

Ebrio de juventud, se prometió que muy pronto sería el dueño y señor de Castilla, de León..., y de Isabel.

—Con todo mi corazón os doy la bienvenida —lo saludó ella—. Y Castilla y León os dan la bienvenida. Mucho tiempo hace que esperamos vuestra llegada.

Fernando, que había conservado en la suya la mano de ella, se inclinó con gesto rápido a besarla con una pasión que hizo subir un débil tinte a las mejillas de su prometida y le llenó de destellos los ojos.

—Ojalá —murmuró— hubiera venido hace meses... Hace años...

Los dos juntos se dirigieron hacia las dos ornamentadas sillas que habían sido dispuestas una junto a la otra, a manera de tronos.

—¿Habéis tenido un viaje arriesgado? —interrogó Isabel, y cuando él le habló de sus aventuras en la posada y del episodio en el castillo del conde de Treviño, la princesa se puso pálida al pensar en lo que tan fácilmente podía haberle sucedido.

—Pero eso no tiene importancia —le aseguró Fernando—. Aunque vos no lo sepáis, más de una vez he enfrentado, junto a mi padre, la muerte en el campo de batalla.

—Pero aquí, ahora, estáis seguro —respondió Isabel, en cuya voz vibraba una nota de euforia. Sentía que su matrimonio había sido dispuesto por el Cielo, y que en la tierra nada había capaz de impedir que se celebrara.

El arzobispo, que de pie junto a ellos escuchaba la conversación, empezó a impacientarse.

—El matrimonio —les recordó— no es todavía un hecho. Incluso ahora, nuestros enemigos seguirán haciendo todo lo que esté a su alcance para impedirlo. Es menester celebrarlo lo antes posible, y yo os sugiero que no esperéis más de cuatro días.

Fernando dirigió a Isabel una mirada apasionada que ella, sorprendida por la perspectiva de que el matrimonio se celebrara en forma tan inmediata, le devolvió.

—Es necesario —prosiguió el arzobispo— que sin demora os comprometáis solemnemente. Tal es la causa de que Vuestra Alteza haya debido llegar a Valladolid a hora tan avanzada.

—Entonces —declaró Isabel— hagámoslo sin pérdida de tiempo.

El arzobispo los declaró solemnemente comprometidos y allí, en presencia de los escasos testigos, Isabel y Fernando unieron ceremoniosamente sus manos.

Así será, hasta que la muerte nos separe, decíase la infanta, que se sentía invadida por una felicidad mucho mayor que ninguna que hasta entonces hubiera conocido.

Una febril actividad se desplegaba en la casa de Juan de Vivero, donde había de celebrarse el matrimonio entre la heredera de Castilla y el heredero de Aragón.

Todo debía hacerse con la mayor prisa. Era muy escaso el tiempo disponible para preparativos, ya que en cualquier momento podían verse interrumpidos por los soldados del Rey, llegados para impedir ese matrimonio que, había decidido Villena, no debía alcanzar a celebrarse.

Isabel se encontraba alternativamente entre el éxtasis y la angustia.

Cuatro días le parecían tan largos como cuatro semanas, y cada vez que se producía una conmoción en el patio o que un grito se elevaba desde abajo, la infanta se estremecía de miedo.

Aparte del hecho de que en cualquier momento podían llegar los partidarios de su medio hermano, había otras causas de angustia: ella tenía muy poco dinero, y Fernando ninguno. ¿Cómo podían celebrar el matrimonio sin dinero?

Y se trataba del matrimonio más importante de España.

Eso exigía una celebración, pero ¿cómo podían ornamentar la casa, cómo podían ofrecer un banquete, sin dinero?

No había más que una respuesta: debían conseguirlo prestado.

No era un comienzo muy feliz, pensaba Isabel.

Fue un problema que no pudo tratar con Fernando, porque después del primer encuentro a medianoche y del solemne compromiso, el príncipe había regresado a Dueñas, para allí esperar el momento de entrar en Valladolid como novio de Isabel, en la ceremonia pública.

Pero el dinero, después de todo, se consiguió sin dificultad.

Isabel es la heredera de Castilla y de León, se dijeron muchos de aquellos a quienes les fue planteado el problema. Un día será Reina, y entonces no olvidará a quienes le facilitaron el dinero para su boda.

Había, sin embargo, un motivo más de preocupación.

Como entre Isabel y Fernando había cierto grado de consanguinidad, antes de que pudieran casarse sería necesario conseguir una dispensa papal.

La dispensa no había llegado aún, de modo que Isabel acudió al arzobispo de Toledo.

—Temo que debamos postergar el matrimonio —le dijo.

—¡Postergar el matrimonio! —clamó, atónito, el arzobispo—. Es imposible. Puedo deciros sin lugar a dudas que, si lo postergamos, jamás se celebrará. Vuestro hermano y mi sobrino bien se ocuparán de que nunca podamos estar más próximos a celebrarlo que ahora.

—Hay una cosa de la mayor importancia que habéis olvidado, y es que no nos ha llegado aún la dispensa papal.

Aunque se sintió realmente alarmado, el arzobispo

procuró disimularlo. No estaba seguro de que fuera posible conseguir una dispensa del Papa, que era amigo de Enrique y de Villena.

—Y si el Papa os negara la dispensa, ¿os casarías con Fernando? —indagó cautelosamente.

—Sería imposible —respondió Isabel—. ¿Cómo podríamos casarnos sin ella?

—El matrimonio sería válido.

—Pero seríamos censurados por la Santa Iglesia. ¿Qué esperanza podríamos tener de que nuestro matrimonio fuera un éxito, si empezáramos oponiéndonos a los cánones eclesiásticos?

El arzobispo guardó silencio al percibir ese nuevo aspecto del carácter de Isabel. Siempre la había conocido como devota, pero también otros eran devotos... Por lo menos, iban regularmente a misa y no ignoraban los dogmas de la Iglesia. Pero, ¿quién habría de permitir que las reglas de la Iglesia obstaculizara el cumplimiento de sus deseos? Isabel, evidentemente.

Con toda premura, Alfonso Carrillo tomó una decisión.

—No temáis —la tranquilizó—, que la dispensa nos llegará a tiempo. He puesto al tanto de nuestra urgencia a todos los interesados.

—No sé qué haría yo sin vos, amigo mío —musitó Isabel.

El arzobispo le devolvió la sonrisa, esperando que ella recordara esas palabras y jamás tratara de despojarlo de su poder para concedérselo a Fernando.

En sus habitaciones, el arzobispo escribía. Lo hacía lentamente y con grandísimo cuidado.

Cuando terminó, dejó la pluma para observar atentamente lo escrito.

Era una dispensa perfecta. A Isabel jamás se le ocurriría que no hubiera llegado del Papa.

El arzobispo se encogió de hombros.

Había veces en que la osadía de los hombres debía hacerse cargo de las cosas. Él tenía que guiar a la Isabel, heredera de Castilla y de León, por la senda que debía recorrer, y esa senda pasaba por el matrimonio con Fernando.

Y si Isabel era demasiado escrupulosa respecto a su obligación hacia la Iglesia, pues había veces en que era preciso recurrir a un pequeño engaño.

El arzobispo enrolló el pergamino y se dirigió a las habitaciones de la infanta.

—Con gran júbilo vengo a anunciar a su Alteza que ha llegado la dispensa.

—¡Oh, qué feliz me hace eso! —Isabel tendió la mano, y el arzobispo le entregó el rollo.

Se quedó mirándola con ansiedad mientras ella leía el documento, pero evidentemente, su regocijo era demasiado para que se detuviera a estudiarlo con mucha atención.

Cuando Isabel se lo devolvió, el arzobispo volvió a enrollar el pergamino.

—Qué maravilla —se admiró la princesa—, la forma en que uno a uno van desapareciendo los obstáculos en nuestro camino. Me temía yo que todavía a estas alturas pudiera suceder algo que impidiera el matrimonio. El Santo Padre es muy amigo de mi hermano y del marqués, y me angustiaba la idea de que se negara a darnos la dispensa. Pero Dios ha tocado su corazón y aquí la tenemos. Con frecuencia me parece que es por voluntad de Dios que Fernando y yo nos casamos, pues parece que cada vez que nos vemos enfrentados con algún obstáculo que se nos presenta como insuperable, sucede algún milagro.

El arzobispo, que era hombre convencido de que cuando la Divina Providencia se olvida de enviar un milagro desde el Cielo, la astucia de los hombres puede sustituirlo por alguno bien terrenal, inclinó piadosamente la cabeza.

Mucha gente se había reunido en el vestíbulo de la casa de Juan De Vivero, para presenciar la ceremonia nupcial celebrada por el arzobispo de Toledo.

Aunque el recinto había sido decorado tan ricamente como les había sido posible, la boda parecía más bien la de la hija de algún noble venido a menos. Parecía increíble que se tratara del casamiento de la futura Reina de Castilla.

Era, sin embargo, lo mejor que se había podido hacer con dinero prestado y con tanta prisa, y si faltaban el resplandor de las joyas y el crujido de los brocados, su ausencia perdía toda importancia ante la felicidad que irradiaban los rostros de los jóvenes novios.

Mirarlos era un goce: tan jóvenes, tan sanos, tan apuestos. Sin duda, decíanse los observadores, ese apresurado matrimonio era el más novelesco que se hubiera realizado jamás en España. Y si faltaban las celebraciones que por lo común anunciaban y acompañaban a tan significativas ceremonias, eso ¿qué importaba? Finalmente, Castilla y Aragón habíanse unido, y los habitantes de Valladolid se quedaron roncos de tanto gritar su júbilo cuando la joven pareja salió de la casa de Vivero para ir a misa y más tarde cuando almorzaron en público para que todo el pueblo pudiera verlos y ser testigo de la alegría que los embargaba al estar juntos.

Ese recíproco contentamiento no se disipó cuando les llegó el momento de quedar a solas.

Fernando con su experiencia de joven mundano,

Isabel con cierta aprensión, pero ¡tan dispuesta a seguirle donde él quisiera conducirla! Fernando creía poder moldear según su voluntad a esa mujer, su Isabel, parangón de tantas virtudes, virginal a la vez que apasionada, dueña de increíble dignidad pero que ahora esperaba sus deseos.

—No sabía yo que tal fortuna pudiera ser mía —le dijo.

—Pues yo lo sabía —respondió Isabel, sonriéndole con su sonrisa apacible y delicada, mientras pensaba en todas las vicisitudes de su vida, azarosa al punto de que sólo su coraje y su fe en el futuro habían hecho posible el triunfo sobre tan adversas circunstancias.

No, a Isabel no le sorprendía verse por fin casada con el hombre que había elegido, ni le maravillaba que él le prometiera ser todo lo que ella había esperado.

Creía firmemente que, desde siempre, todo había debido ser como era.

—Fernando —le dijo—, trabajaremos siempre los dos juntos. Seremos como uno solo. Todo lo que tengo es vuestro, todo lo que tenéis es mío. ¿No es esto una maravilla?

Fernando la besó con pasión creciente, asegurándole que así era en verdad, y tanto más cuanto que ella tenía para ofrecer mucho más que él.

—Isabel..., esposa mía, amor mío —murmuró—. Qué maravilla es, realmente, que además de toda vuestra belleza, de todas vuestras virtudes, sea vuestra también Castilla. Pero aunque no fuerais la futura Reina de Castilla —añadió—, si no fuerais más que una moza de taberna, yo os amaría, Isabel. ¿Me amaríais vos si no pudiera yo ofreceros Aragón?

Al preguntarlo, no esperaba respuesta, tan seguro estaba de su capacidad para conquistarla.

Pero Isabel se quedó pensativa. Aunque le amaba con todo su corazón, no creía que a la futura Reina de Castilla le fuera posible amar a un mozo de taberna.

Fernando la había levantado en sus brazos. Era tan fuerte que podía hacerlo con toda facilidad, y la infanta sintió en la mejilla el calor de su aliento.

No tuvo necesidad de responder a las preguntas de Fernando, porque se vio arrastrada a una nueva aventura que dominó sus sentidos y le hizo olvidar su dignidad y su amor por la verdad, al menos temporalmente.

Fernando, el aventurero, el hombre de acción, se consideraba el varón que triunfa de todos los obstáculos y a quien la mujer, más débil, debe siempre someterse.

Aunque no con absoluta claridad, Isabel lo percibía. Su matrimonio debía ser perfecto, pensaba, y la armonía no debía interrumpirse, ni en el Consejo ni en la alcoba.

Por eso se mostró dócil, ávida de aprender, sinceramente ansiosa de agradarle. Era verdad que en el dormitorio de ambos Fernando debía ser el amo, debía ser él quien la llevara, paso a paso, por las diversas sendas del placer sensual.

Con frecuencia, Fernando se había dicho que, por más que Isabel fuera la futura Reina de Castilla, era también una mujer. No se le había ocurrido que aunque fuera mujer, no olvidaría jamás que era la futura Reina de Castilla.

14

La muerte de Enrique

Enrique recibió la primera noticia del matrimonio mediante un mensajero de Isabel.

Al leer la carta de su media hermana, se estremeció.

—Pero si esto es exactamente lo que queríamos evitar —gimió—. Ahora tendremos en contra de nosotros a Aragón. Oh, ¡qué hombre tan desafortunado soy! Ojalá no hubiera nacido para ser Rey de Castilla.

Temeroso de la tormenta que con ello provocaría, dudaba en mostrar a Villena la carta de Isabel.

Mientras se entregaba a la ensoñación, la carta se le escapó de las manos. Pensando en la pobre Blanca, deseó no haberse separado de ella. Qué terribles debían de haber sido sus últimos días, en el castillo de Ortes. ¿Habría sospechado los planes que se urdían para asesinarla?

—Si ella se hubiera quedado en Castilla viviría aún —murmuró para sí—. ¿Y estaría yo en peor situación? No tendría a mi hija, pero... ¿es mía? En toda la corte siguen llamándola la Beltraneja. ¡Pobre pequeña, qué pruebas le esperan!

Enrique meneó la cabeza. Era un triste destino, haber nacido, como ella, para convertirse en centro de las querellas por un trono. Y también había estado Alfonso...

Si no se hubiera deshecho de Blanca, si hubiera tratado de llevar otra clase de vida, habría sido más feliz. Ahora, no lo rodeaban más que escándalos y conflictos...

Juana, su Reina, lo había abandonado para irse a vivir escandalosamente en Madrid. Las historias referentes a sus aventuras eran interminables: había tenido muchos amantes, y de esas uniones habían nacido varios hijos ilegítimos.

Jamás había habido un hombre que tan fervientemente deseara la paz, ni tampoco uno a quien de manera tan constante la paz se le hubiera negado.

Imposible dejar de dar la noticia a Villena. Si él se demoraba en hacerlo, el marqués lo sabría de alguna otra fuente.

Pidió a un paje que hiciera ir a su presencia a Villena, y cuando el marqués acudió, con un gesto de impotencia, el Rey le entregó la carta de Isabel.

La furia tiñó de púrpura el rostro de Villena.

—¡Entonces, el matrimonio se ha realizado! —gritó el marqués.

—Es lo que ella dice.

—Pero, ¡es una monstruosidad! ¡Fernando en Castilla! Bien sé lo que podemos esperar de ese hombre. Nadie hay más ambicioso que él en toda España.

—No creo que Isabel intentara usurpar el trono —repuso débilmente Enrique.

—¡Isabel! ¿Cree Vuestra Alteza que algo pesará ella en los asuntos de estado? Se verá empujada a la revuelta. Madre de Dios, de un lado ese marido joven y ambicioso, y del otro mi tío Carrillo, siempre dispuesto al combate... Ese matrimonio debería haber sido evitado a toda costa.

—Hasta el momento, no han causado mucho daño.

Con un gesto hosco, Villena apartó su mirada del Rey.

—Hay una cosa que debemos hacer —afirmó—. La princesa Juana tiene ya casi nueve años. Encontraremos para ella un novio adecuado y la proclamaremos la verdadera heredera de Castilla —Villena empezó a reírse—. Entonces, tal vez nuestro galante joven advenedizo de Aragón empiece a preguntarse si, después de todo, ha hecho un matrimonio tan brillante.

—Pero son muchos los que apoyan a Isabel. Cuenta con el firme respaldo de Valladolid y de muchas otras ciudades.

—Y nosotros tenemos a Albuquerque, tenemos a los Mendoza. Y no dudo que muchos otros se plegarán a nuestra causa. ¡Pediría a Dios que vuestra Reina no estuviera dando tales escándalos en Madrid! Con eso se da cierto viso de verdad a la calumnia de que la princesa Juana no es vuestra hija.

—Mi querido Villena, ¿vos creéis que lo sea?

El rostro de Villena se empurpuró un poco más.

—Creo que la princesa Juana es la verdadera heredera de las coronas de Castilla y de León —replicó—; y, por Dios y todos sus santos, ¡que la desgracia caiga sobre todo aquel que así no lo crea!

Enrique suspiró.

¿Por qué será tan fatigosa la gente?, se preguntaba. ¿Por qué es tan belicoso Villena? ¿Por qué tenía Isabel que contraer ese matrimonio que les traía tantas complicaciones a todos?

—¿Es que jamás tendremos paz? —preguntó con irritación.

—Sí —respondió Villena, desdeñoso—, cuando Isabel y su ambicioso Fernando aprendan que no deben interponerse en el paso de la auténtica heredera de Castilla.

—No creo que lo aprendan jamás —señaló con displicencia Enrique, pero Villena no lo escuchaba.

Estaba ya urdiendo nuevos planes.

En Dueñas, la corte era desusadamente pequeña. El dinero era tan escaso que con frecuencia se hacía difícil mantener el reducido grupo de sus integrantes, pero pese a ello, Isabel jamás se había sentido tan feliz.

Estaba profundamente enamorada de Fernando, y encontraba en él el más apasionado y bondadoso de los maridos, encantado a su vez de que la inteligencia de su mujer estuviera a la altura de sus encantos físicos, y de que Isabel tuviera tan profundo conocimiento de los asuntos políticos.

Tal vez esos meses fueron para los dos tan preciosos porque ambos sabían que no eran más que transitorios. No siempre habrían de vivir en tal pobreza. Había de llegar el día en que dejarían su humilde alojamiento para residir en alguno de los castillos, rodeados por toda la pompa y las ceremonias que eran características de los soberanos de Castilla y de León.

Fernando estaba ansioso por ver llegar ese día y, en cierto modo, Isabel también. Perderían entonces, tal vez, las deliciosas intimidades de la vida que ahora llevaban, pero por más placer que encontrara en ella, Isabel no debía olvidar que ella y Fernando no se habían unido para deleitarse en placeres sensuales, sino para hacer de España un país poderoso, para unir a todos los españoles y llevarlos a la religión verdadera, para liberar al país de la anarquía y restaurar la ley y el orden, y para rescatar de la dominación de los infieles hasta el último palmo de suelo español.

Pocos meses después de su matrimonio descubrió Isabel, con gran alegría, que se encontraba encinta.

Al saber la noticia, Fernando la abrazó, encantado.

—Vaya, Isabel mía —exclamó—, ¡sois realmente dueña de todas las virtudes! No sólo sois bella y de gran inteligencia, sino también fecunda. Es más de lo que me habría atrevido a esperar. ¡Y se os ve satisfecha, amor mío!

Y por cierto que Isabel lo estaba. Sabía que de ella nacerían grandes gobernantes, porque tal era su destino.

En el monasterio de Loyola, no lejos de Segovia, habíanse reunido el Rey, el marqués de Villena, el duque de Albuquerque y varios miembros de la influyente familia Mendoza, amén de otros nobles de alcurnia, con los embajadores franceses.

Entre los presentes estaba también alguien a quien no se veía con frecuencia en tales reuniones. Tratábase de Juana, Reina de Castilla, que había llegado desde Madrid para desempeñar un papel muy especial en la asamblea.

Sentado entre Villena y la Reina, Enrique se dirigió a los reunidos.

—Amigos míos —comenzó—, estamos aquí reunidos con un motivo especial, y os ruego que me prestéis atención y me brindéis vuestro apoyo. Nos hallamos en mitad de un conflicto que en cualquier momento podría llevarnos a la guerra civil. Tal como hizo antes que ella su hermano Alfonso, mi medio hermana, Isabel, se ha erigido en heredera de Castilla y de León. No es mi intención olvidar que en un momento yo mismo la designé heredera del trono. Eso fue en el tratado de Toros de Guisando, por el cual ella accedía a no casarse sin mi aprobación. Isabel no ha cumplido su palabra y yo declaro, además, nulo y vacío el tratado de Toros de Guisando, y proclamo que mi hermana Isabel ya no es heredera de los tronos de Castilla y de León.

Entre los asistentes, e iniciado por Villena, Albuquerque y los Mendoza, se elevó un murmullo de aprobación que rápidamente fue subiendo de tono.

Enrique lo acalló con un gesto de la mano.

—Hay alguien cuyo lugar Isabel está usurpando, y es mi hija, la princesa Juana, que tiene actualmente nueve años. Su madre se ha hecho presente hoy aquí para jurar, al mismo tiempo que yo, que la princesa es hija mía, y cuando vosotros hayáis oído y aceptado su testimonio estaréis de acuerdo conmigo en que no puede haber más que una heredera: la princesa Juana.

—¡La princesa Juana! —aclamaron los presentes—. ¡Castilla para Juana!

—Ahora, pediré a la Reina que declare bajo juramento que la princesa Juana es la legítima heredera de España.

Juana se puso de pie. Aunque seguía siendo una mujer hermosa, llevaba firmemente grabadas en el rostro las huellas de la depravación, y en su porte se advertía cierta insolencia que muy poco tenía de regio. Juana estaba bien al tanto de que todos los presentes sabían que un cortejo de amantes la aguardaba en Madrid, y no ignoraba que había hijos fruto de esos amores, pero era evidente que todo eso la tenía sin cuidado.

—Juro —exclamó— que la princesa Juana es hija del Rey, y no de ningún otro.

—¡Castilla para Juana! —gritaron los reunidos. El Rey se levantó para tomar de la mano a su mujer. —Juro, con la Reina, que la princesa Juana es mi hija, y no de ningún otro.

—¡Castilla para Juana!

El Rey se volvió después hacia los embajadores franceses, entre quienes se contaba el conde de Boulogne. El conde se adelantó.

—Con gran placer —continuó Enrique— anunciamos formalmente el compromiso de mi hija Juana con el duque de Guiana, hermano del Rey de Francia, y con la aprobación de los nobles de Castilla se celebrará ahora la ceremonia del compromiso, en la que el conde de Boulogne actuará como representante de su señor.

—¡Viva el duque de Guiana! —exclamaron todos—. ¡Castilla para Juana!

Entretanto, en la casa de Juan de Vivero, Isabel se preparaba para dar a luz.

Se sentía realmente bienaventurada, ensimismada en un puro contacto con su felicidad. Estaba leyendo historia, convencida de la necesidad de sacar provecho de la experiencia de otros. También estudiaba los asuntos de estado y, como era habitual en ella, dedicaba mucho tiempo a la oración y a conversaciones con su confesor. Su vida se dividía entre el estudio, que la infanta consideraba necesario para quien, como gobernante, podía verse enfrentado con una difícil tarea, y sus deberes domésticos de esposa y madre, ya que Isabel estaba decidida a no fracasar en ninguno de los dos papeles.

Le encantaba sentarse con Fernando a hablar de las reformas que se proponía introducir en Castilla. Cuando le llegaban historias del terrible estado de cosas existente, tanto en los distritos campesinos como en las ciudades, Isabel se ponía a planear la forma de llegar a una situación más justa. Quería imponer en Castilla un nuevo orden, y sabía que lo conseguiría, con ayuda de Fernando.

Esas conversaciones íntimas eran tanto más deleitables cuanto que sólo ellos dos las compartían. Antes, todas las discusiones políticas se realizaban bajo el auspicio del arzobispo de Toledo, a quien Isabel se había vuelto porque confiaba en su lealtad y su prudencia. Pero, con la llegada de Fernando, prefería analizar los problemas con él.

¿Qué podía haber de más placentero que una conversación seria que fuese, al mismo tiempo, un *téte-á-téte* entre amantes?

Para el arzobispo, la situación estaba lejos de ser placentera.

En cierta ocasión en que Fernando se dirigía a las habitaciones de Isabel, se encontró con el arzobispo, que se encaminaba al mismo destino.

—Voy a ver a la princesa —anunció Fernando, dando a entender que el arzobispo tendría que esperar.

Alfonso Carrillo, que había sido siempre hombre de genio rápido, recordó al príncipe quién era el principal asesor de Isabel.

—No dudo de que ella misma os dirá que, a no ser por mí, jamás habría sido proclamada heredera del trono.

Fernando era joven y de genio no menos rápido.

—Mi mujer y yo no queremos que nos molesten —replicó—. Ya os haremos llamar cuando os necesitemos.

Los ojos del arzobispo se abrieron horrorizados.

—Creo, Alteza, que olvidáis con quién estáis hablando —señaló.

—¿Que yo lo olvido?

—Os pediría que lo consultarais con la princesa Isabel. Ella os dirá qué es lo que debe a mi lealtad y a mi consejo.

—Pues ya descubriréis vos que a mí no es fácil ponerme andadores, como ha sido el caso con algunos soberanos de Castilla —le espetó Fernando.

El arzobispo inclinó la cabeza para ocultar la furia que le quemaba por dentro, procurando evitar un estallido que podría haber sido desastroso.

"Antes de intentar escaparte de los andadores, gallito —masculló para sus adentros—, asegúrate de que llegas a ser soberano de Castilla."

Colérico, Fernando entró en el dormitorio de Isabel, que estaba tendida en la cama, rodeada por sus doncellas.

—Acabo de encontrarme con ese insolente —relató, furioso—. Parece que él es el Rey de Castilla. Tendrá que aprender a ser un poco más humilde, si quiere conservar su cargo.

—Fernando... —lo detuvo Isabel, con una mirada ansiosa, y tendió la mano hacia él—. Creo que sería prudente actuar con cautela. Es mucho mayor que nosotros. Es hombre prudente, y me ha sido leal.

—¡Eso no me interesa! —estalló Fernando—. Tendré que recordarle con quién habla.

—Sin embargo —le recordó Isabel—, no estamos en una situación tan estable.

Parte de la indignación que Fernando había sentido con el arzobispo se dirigió ahora contra Isabel. ¿Pretendería decirle lo que debía hacer? Ella, que no era más que una hembra..., y él era su marido.

—Creo —empezó a decir, fríamente—, que para esos asuntos podéis confiar en mí.

Isabel dejó escapar un grito.

—Son los dolores, Alteza, que están haciéndose más frecuentes —explicó una de las mujeres, mientras se aproximaba al lecho.

En su cama, Isabel descansaba, con su hijo en los brazos.

Junto a ella estaba Fernando, sonriente.

—Una hija, Fernando —murmuró ella—. Debería haber sido un varón.

—Prefiero esta niña antes que ningún varón —declaró Fernando, inundado por la primera oleada del orgullo de su paternidad.

—Entonces, me siento completamente feliz.

—Ya tendremos hijos varones.

—Oh, sí que los tendremos.

Súbitamente dominado por la emoción, Fernando se arrodilló junto al lecho.

—Lo único que importa ahora, mi amor, es que hayáis salido con bien de esta prueba.

Isabel le acarició suavemente el pelo.

—¿Acaso dudasteis de que saliera?

—Amándoos como os amo, no pude dejar de sentir miedo.

—No —susurró Isabel—. Nada debéis temer en el futuro, Fernando. Algo me dice que vos y yo tendremos muchos hijos, y que nos esperan muchos años fructíferos.

—Oh, Isabel... Me avergonzáis. Vos siempre pensáis en vuestro deber.

—Cuando mi deber es amaros y serviros..., a vos, y a Castilla, soy una mujer feliz.

Con una mezcla de fervor y de ternura, Fernando le besó la mano.

—Esta pequeña se llamará Isabel —anunció—; y esperemos que se parezca a su madre.

Al enterarse de la rencilla habida entre Fernando y el arzobispo de Toledo, el rey Juan de Aragón se inquietó.

Inmediatamente, escribió a Fernando.

"Tened cuidado, hijo mío. Es una imprudencia ofender a un hombre tan influyente. Os aconsejo que lo aplaquéis inmediatamente y que en lo sucesivo actuéis con gran cautela."

Pero Juan conocía a su hijo. Sabía que era impulsivo, y demasiado joven tal vez para la situación en que se encontraba. Se le haría muy difícil aplacar al arzobispo, y bien podría ser que la lealtad del prelado empezara a perder firmeza.

Es necesario que yo esté informado de cómo están las cosas en Castilla, se dijo el anciano Rey.

La situación estaba erizada de peligros. ¿Podría ser que la joven pareja no lo advirtiera? Muchas grandes familias apoyaban las pretensiones de la Beltraneja, y respecto al problema de la sucesión, Castilla estaba dividida. Nada podía ser más alarmante. Y ahora, Fernando ponía en peligro la amistad de uno de sus defensores más decididos y más poderosos.

En cuanto al propio Juan, poco respiro le dejaban sus problemas.

El duque de Lorena, a quien los catalanes habían elegido como gobernante, había muerto, y todos sus hijos eran demasiado pequeños para ocupar su lugar. Es decir, que los catalanes no tenían quién los guiara y Juan veía en este hecho la posibilidad de zanjar las diferencias con ellos y restablecer el orden. Pero los catalanes no cederían tan fácilmente. El resultado de su resistencia fue un riguroso bloqueo de Barcelona, que terminó por predisponerlos a la negociación.

Cuando Juan entró en la ciudad se quedó aterrado ante los evidentes signos del hambre que allí reinaba. Como estaba tan ansioso por sellar la paz como el propio pueblo de Barcelona, fue al palacio, donde juró que la constitución de Cataluña sería respetada.

Terminada, después de diez largos años, la guerra civil, Juan sintió, por fin, como si hubiera podido apaciguar el espíritu de su hijo mayor.

La paz no se logró hasta fines del año 1472, y durante ese tiempo, la situación en Castilla no dejó de darle motivos de ansiedad.

La hija de Isabel y de Fernando —la pequeña Isabel— tenía ya dos años; en la pequeña corte de Dueñas la pobreza era aguda, y Juan estaba muy angustiado por la suerte de su hijo; aunque anhelaba tenerlo consigo, se daba cuenta de que la presencia de Fernando en Castilla era necesaria. Isabel tenía sus partidarios, y Juan había oído decir que muchos de ellos habían desertado de la causa del Rey y de la Beltraneja a la muerte del duque de Guiana, en mayo de ese mismo año. La situación era alarmante.

Entonces estallaron en Aragón nuevos conflictos.

Cuando Juan de Aragón le pidiera dinero prestado, Luis XI de Francia había tomado como garantía las provincias de Rosellón y la Cerdeña, cuyos habitantes se quejaban ahora amargamente de sus amos extranjeros y habían enviado a Juan un emisario para decirle que, si los liberaba, volverían de muy buen grado a ser sus súbditos.

Juan se preparó inmediatamente para la campaña, en tanto que Luis, exasperado por lo que estaba sucediendo, enviaba un ejército contra Aragón.

El arzobispo de Toledo se presentó ante Fernando e Isabel.

Fernando apenas si podía disimular la irritación que provocaba en él el arzobispo.

El príncipe estaba preocupado y, a causa de él, lo estaba también Isabel. Por más que ella le recordara que su padre era militar de gran bravura y habilísimo estratega y que no había motivos para temer por él, al pensar en la edad del anciano Rey la inquietud de Fernando persistía. Estaban hablando del nuevo giro que tomaban las cosas en Aragón cuando les fue anunciada la visita del arzobispo.

Carrillo estaba secretamente complacido consigo mismo. Estaba considerando seriamente si no sería mejor abandonar la causa de Isabel para volver a abrazarla la de la Beltraneja. Tenía la sensación de que de parte del Rey y de la princesa no habría que esperar intromisiones en el manejo de los asuntos de estado, a no ser, claro, las de su sobrino el marqués de Villena. Pero ellos dos se entendían, estaban cortados por la misma tijera y llevaban la misma sangre en las venas, de modo que ninguno de los dos interferiría en el ámbito del otro. Y si no demoraba en cambiar de actitud, él, Carrillo, podía ser enormemente útil para los partidarios del Rey.

Sin embargo, no estaba ansioso por volver a cambiar de partido, porque no tenía la conciencia flexible de su sobrino. Para él, lo que tenía suprema importancia era su necesidad de llevar la batuta. Estaba dispuesto a defender una causa perdida, siempre que el que tomara las decisiones fuera él. No podía soportar encontrarse en una posición subordinada, y en una posición así se sentía relegado desde la llegada de Fernando.

Ahora, de pie ante Fernando y Isabel, expresó su honda preocupación en lo referente a los sucesos de Aragón.

Fernando se lo agradeció fríamente.

—Mi padre es un experto guerrero —expresó—, y no albergo dudas respecto a su victoria.

—Sin embargo, los franceses pueden disponer de poderosas fuerzas para ese conflicto —respondió el arzobispo.

Alarmada, Isabel miró a su marido, que se había sonrojado y empezaba a perder los estribos.

Sugeriría —continuó el arzobispo— que en caso de que decidierais que es vuestro deber acudir en ayuda de vuestro padre, los castellanos os proporcionáramos hombres y armas —al decirlo, se volvió a Isabel—. Sé que Vuestra Alteza no opondría obstáculo alguno a que se ayudara así a vuestro suegro, y que hablo investido de vuestra autoridad.

Para gran diversión del arzobispo, Fernando estaba desgarrado por sus emociones, y era aún demasiado joven para ocultarlas. Le encantaba la perspectiva de ayudar a su padre, pero al mismo tiempo, lo irritaba que el arzobispo diera a entender que sólo por orden de Isabel podría él contar con hombres y armas.

Isabel hizo una profunda inspiración. Se sentía feliz en compañía de su marido y de su hijita de dos años, y la idea de que Fernando saliera a combatir la aterrorizaba. Rápidamente, miró a su marido, que a su vez se había vuelto hacia ella, para preguntarle:

—¿Podría yo soportar dejaros?

—Debéis cumplir vuestro deber, Fernando —respondió Isabel.

La idea de volver a Aragón, donde no lo tratarían como el consorte de la futura Reina, sino como heredero del trono, era tentadora. Además, Fernando amaba a su padre, que era demasiado anciano para intervenir en el combate.

El arzobispo les sonrío con aire bondadoso. Por un tiempo, postergaría su decisión. Sacado Fernando del paso, él se sentiría mucho mejor... Y Fernando iría a Aragón.

—Sí —asintió pausadamente el príncipe— debo cumplir con mi deber.

Largo tiempo había pasado sin que Beatriz de Bobadilla viera a Isabel, y muchas veces pensaba en ella y añoraba la antigua amistad.

Desde aquellos días en que fuera la más íntima de las damas de honor de Isabel, la vida había cambiado para Beatriz. Se encontraba en una situación difícil, porque su marido era oficial de la casa del Rey, y la división en el país era nítida: de un lado los que apoyaban al Rey, del otro los partidarios de Isabel.

Andrés de Cabrera había sido designado gobernador de

la ciudad de Segovia, y ocupaba allí el Alcázar, receptáculo de los tesoros del Rey. Andrés se encontraba, además, en una situación de gran responsabilidad, lo que hacía que para su mujer fuera muy difícil comunicarse con Isabel.

Beatriz se irritaba sobremanera ante ese estado de cosas.

Sentía gran devoción por su marido, pero también era grande su afecto por Isabel, y Beatriz no era mujer de medias tintas. Necesitaba ser no menos devota como amiga que como esposa.

Era frecuente que debatiera con su marido la situación del país, haciéndole ver que no podía haber prosperidad alguna en una comarca donde, mientras siguiera habiendo dos facciones en desacuerdo respecto de quién debía ser la heredera del trono, se estaría siempre oscilando al borde de la guerra civil.

En una ocasión en que Andrés se dolía del comportamiento arrogante del marqués de Villena, Beatriz atrapó al vuelo la oportunidad que había estado esperando.

—Andrés —le dijo—, se me ocurre que si no fuera por ese Villena, que es actualmente gran maestre de Santiago, se podría poner término a ese conflicto.

—Ah, querida mía —respondió Andrés, meneando la cabeza—, estarían aún las dos herederas. No será posible tener paz mientras estén divididas las opiniones respecto de si quien tiene derecho al título es la princesa Isabel o la princesa Juana.

—La princesa Juana. ¡La Beltraneja! —se mofó Beatriz—. Todo el mundo sabe que se trata de una bastarda.

—Pero la reina juró...

—¡La reina juró! Sólo por capricho. Esa mujer juraría cualquier cosa. Bien sabéis, Andrés, que Isabel es la legítima heredera del trono.

—Cuidado, esposa mía. Recordad que estamos al

servicio del Rey, y que el Rey ha concedido la sucesión a su hija Juana.

—¡No es su hija! —clamó Beatriz, golpeándose con el puño derecho la palma de la mano izquierda—. Y tampoco él se lo cree. ¿Acaso no hubo un momento en que hizo de Isabel su heredera? El pueblo quiere a Isabel. Os diré una cosa: creo que si, en ausencia de Villena, pudiéramos reunir a Isabel con Enrique, podríamos hacer que él la aceptara como heredera, con lo que ya no se seguirían hablando tonterías sobre la Beltraneja. ¿Acaso algo así no sería bueno para el país?

—Y para vos, Beatriz, que así volveríais a estar con vuestra amiga.

—Es verdad que me gustaría volver a verla —admitió, casi con dulzura, Beatriz—. Y también a su hijita. Me pregunto si se parece a Isabel.

—Bien —dijo Andrés—, ¿qué es lo que estáis tramando?

—Enrique viene aquí con frecuencia —le recordó Beatriz.

—Así es.

—A veces, sin Villena.

—Exactamente.

—¿Qué sucedería si Isabel estuviera también aquí? ¿Si preparáramos un encuentro entre los dos?

—¡Que Isabel venga aquí..., a territorio enemigo!

—¿Cómo podéis llamar a mi casa territorio enemigo? Cualquiera que intentara hacerla prisionera en mi casa tendría que pasar antes sobre mi cadáver.

Andrés posó la mano en el hombro de su mujer.

—Habláis con demasiada ligereza de la muerte, querida mía.

—El que gobierna este país es Villena. Gobierna al Rey y os gobierna a vos.

—Eso no. Eso jamás lo conseguirá.

—Bueno, entonces, ¿por qué no hemos de invitar aquí a Isabel? ¿Por qué no ha de encontrarse ella con Enrique?

—Primero, sería necesario tener la autorización de Enrique —le advirtió Andrés.

—Bueno, de eso me encargaré yo... Siempre y cuando él venga aquí sin Villena.

—Estáis jugando un juego peligroso, querida mía.

—¡Al diablo con el peligro! —exclamó Beatriz, haciendo chasquear los dedos—. ¿Tengo vuestro permiso para hablar con el rey, la próxima vez que venga aquí solo?

Andrés soltó la risa.

—Querida Beatriz —le respondió—, bien sé que cuando me pedís permiso es una simple formalidad. ¿De manera que habéis decidido hablar con Enrique en la primera oportunidad que se os presente?

Beatriz hizo un gesto afirmativo.

—Sí, lo he decidido —declaró.

Sabía que no le resultaría difícil.

La vez siguiente, mientras Villena estaba ocupado en Madrid, el Rey fue a quedarse en el palacio de Segovia. Beatriz le pidió autorización para hablar con él.

—Alteza —comenzó—, ¿me perdonaréis el atrevimiento de haceros cierta pregunta?

Enrique se alarmó, temeroso inmediatamente de que estuviera a punto de perturbar su paz.

Sin hacer caso de su expresión preocupada, Beatriz se apresuró a seguir hablando.

—Sé que, lo mismo que yo, Vuestra Alteza ama la paz por encima de todas las cosas.

—En eso tenéis razón —asintió Enrique—. Desearía

que no hubiera más conflictos. Desearía que los que me rodean aceptaran las cosas como son, y las dejaran así.

—Hay quien eso quisiera, Alteza, pero hay otros, próximos a vos, que provocan las tensiones. Y sin embargo, bien fácil sería tener mañana mismo paz en toda Castilla.

—¿Cómo, pues? —quiso saber Enrique.

—Pues bien, Alteza, sin ser experta en política, sé que en esta rencilla se enfrentan dos opiniones. Parte del país apoya a Vuestra Alteza, y la otra parte a Isabel. Si hiciérais de ella vuestra heredera, aplacaríais a aquellos que se os oponen, y los que son vuestros partidarios seguirían siéndolo. Por consiguiente, se pondría así término al conflicto.

—Pero la heredera del trono es mi hija Juana.

—Alteza, el pueblo jamás la aceptará. Como bien sabéis, he servido a Isabel, y la amo tiernamente. Sé que lo que ella ansía es el fin de las hostilidades. Isabel es verdaderamente vuestra hermana, de ello no hay sombra de duda. Pero en lo tocante a la princesa Juana..., hay por lo menos grandes dudas respecto de su legitimidad. Si os avinierais solamente a un encuentro con Isabel, a hablar con ella, a dejarla que os diga cuánto la aflige el conflicto planteado entre vosotros...

—¡Encontrarme con ella! Pero, ¿cómo? ¿Dónde?

—Podría venir aquí, Alteza.

—Eso no sería permitido.

—Pero Vuestra Alteza lo permitiría... Y en cuanto a los que no lo harían, no es necesario que estén al tanto.

—Si le enviara yo un mensaje, se enterarían inmediatamente.

—Alteza, si yo fuera a buscarla y os la trajera aquí, no se enterarían.

—Si partierais vos hacia Aranda, donde entiendo que

en este momento se encuentra Isabel, todos conjeturarían cuál es el fin de vuestra misión, y sabrían que vuestro propósito es traerla aquí para que se reúna conmigo.

Los ojos de Beatriz destellaron.

—Pero, Alteza..., es que no iría a título personal. Iría disfrazada.

—Señora mía, esto no es más que un disparatado proyecto vuestro—declaró Enrique—. No penséis más en ello.

—Pero, si pudiera yo traerla a vuestra presencia, secretamente... ¿La recibiríais, Alteza? —insistió Beatriz.

—No podría negarme a un encuentro con mi hermana. Pero terminemos con esto.

Beatriz inclinó la cabeza y cambió de tema.

Enrique pareció quedarse contento, pero no sabía que Beatriz había empezado a dar forma a sus planes.

Solitaria, Isabel cavilaba en el palacio de Aranda. Pensaba en Fernando, y estaba preguntándose cuánto debía prolongarse la separación de ambos.

Sentada con una de sus damas junto a un gran fuego, dedicadas a sus labores de aguja, al levantar de vez en cuando la mirada la princesa veía por las ventanas cómo caía la nieve. Pensó que los caminos debían de estar helados, y se estremeció al imaginar cómo podía estar el tiempo en Aragón.

Estaba cosiendo una camisa, pues Isabel se había mantenido fiel a su voto de hacer ella misma todas las camisas que usara Fernando, cosa que, además, se había convertido entre ellos en una pequeña broma íntima.

—Cada una de vuestras camisas la coseré yo, hasta la última puntada —habíale dicho—. Ninguna otra mujer debe coseros vuestras prendas... Únicamente yo.

Fernando, a quien siempre conmovían profundamente esos gestos femeninos, estaba encantado. Isabel suspiró. Para Fernando, era más digna de amor su femineidad que su inclinación a gobernar; prefería verla ocupada en la costura y no en los asuntos de estado.

Una de sus damas, sentada cerca de la ventana, mirando hacia fuera, anunció que había entrado en el patio una campesina que llevaba en el arzón de su silla un gran paquete.

—Pobre mujer, parece que tiene frío y hambre. Quién sabe si traerá algo para vender.

Isabel dejó a un lado su labor para acercarse a la ventana. Sentía que era su deber interesarse por todos sus súbditos, y estaba enseñando a la pequeña Isabel a que fuera considerada con todos. Algún día, le recordaba, podrían ser sus súbditos, ya que si ella y Fernando no llegaban a tener hijos varones, su primogénita llegaría a ser Reina de Castilla.

—¡Pobre mujer, ciertamente! —exclamó—. Bajad pronto, no sea que la hagan salir, y haced que la inviten a entrar y comer algo. Y si trae mercancías para vender, es probable que tenga algo que nos haga falta en la casa.

La doncella partió a cumplir las órdenes recibidas, pero no tardó en regresar, con la consternación pintada en el rostro.

—Alteza, la mujer pregunta si puede veros.

—¿Qué es lo que quiere?

—Se negó a decirlo, Alteza, pero se mostró muy insistente. Además, Alteza, no habla como una campesina, aunque sea ése su aspecto.

Isabel suspiró.

—Decidle que estoy ocupada —ordenó—. Pero preguntadle qué es lo que quiere, y después venid a decirme qué os contesta.

La infanta se detuvo y levantó una mano a modo de advertencia, pues acababa de oír una voz que protestaba acaloradamente y cuyo acento de autoridad era inconfundible. Y ella conocía esa voz.

—Id inmediatamente a buscar a esa mujer para traerla a mi presencia —ordenó.

Momentos después, la mujer se detenía en el umbral de la puerta.

Ella e Isabel se miraron, y después, despojándose de su capa raída, Beatriz le tendió los brazos. El momento no admitía ceremonias, y la princesa corrió hacia ella para abrazarla.

—¡Beatriz! Pero, ¿por qué? ¿Cómo habéis venido así?

—¿Podríamos hablar a solas? —preguntó Beatriz, y con un gesto Isabel indicó a las demás mujeres que se retiraran.

—Era la única manera de venir—explicó Beatriz—, así que vine así... y sola. Si hubiera procedido de otra manera, Villena se habría enterado. Se trata de que vengáis a Segovia, donde se encuentra en este momento el Rey; la reunión será un secreto mientras no hayáis podido encontraros y hablar con él. Es la única manera.

—¿Enrique ha expresado el deseo de verme?

—Enrique os verá.

—Beatriz, ¿qué significa esto?

—Que sabemos, señora querida, que la reconciliación entre vos y Enrique significaría para el pueblo de Castilla la posibilidad de dejar de vivir bajo la amenaza cotidiana de la guerra civil.

—Pero... ¡Enrique lo sabe!

—Enrique está ávido de paz, y no será difícil persuadirlo si podemos evitar la influencia de Villena.

—Beatriz, me estáis pidiendo que acuda a un encuentro con Enrique. ¿No recordáis que trataron de capturarme y de hacerme prisionera? ¿No recordáis lo que hicieron con Alfonso?

—Lo que os pido es que vengáis al Alcázar de Segovia. Allí no puede aconteceros ningún daño. Está bajo la vigilancia de Andrés... Y Andrés está bajo la mía.

—Fuisteis siempre una mujer decidida —rió Isabel—. ¿Acaso Andrés os ama menos por eso?

Beatriz miró de frente a su amiga.

—También vos sois fuerte —señaló—. ¿Acaso Fernando os ama menos por eso?

Y advirtió que una leve sombra atravesaba el rostro de Isabel mientras su amiga respondía.

—No lo sé.

En compañía del arzobispo de Toledo, Isabel entró en Segovia.

Enrique la recibió con ternura. y mientras la abrazaba, los ojos se le llenaron de lágrimas.

—Sabéis, hermana querida, que todo este conflicto no es obra mía.

—Bien que lo sé, Enrique —contestó Isabel—, y el estado de nuestro país es para mí causa de tanto dolor como para vos.

—Ansioso estoy de tener paz —afirmó Enrique, con vehemencia desacostumbrada.

—Lo mismo que yo.

—Entonces, Isabel, ¿por qué no podemos tenerla?

—Porque hay nobles celosos que nos rodean, y que se disputan entre sí el poder.

—Pero, si nosotros somos amigos, ¿qué importancia tiene todo lo demás?

—Es por el asunto de la sucesión, Enrique. Vos sabéis que yo soy la verdadera heredera de Castilla. Soy vuestra medio hermana... El único miembro de vuestra familia.

—Pero, está mi hija.

—Si vos no creéis que Juana lo sea, Enrique.

—Su madre lo juró.

—Tampoco a ella le creéis, Enrique.

—¿Quién puede decirlo? ¿Quién?

—Ya veis —prosiguió Isabel—, que sólo con que me aceptarais como heredera del trono, no habría más conflicto. Si vos y yo fuéramos amigos y nos dejáramos ver juntos, qué felicidad reinaría en Castilla y en León.

—Ansioso estoy de verlos felices.

—Entonces, Enrique, podríamos empezar por corregir estos errores, y así devolveríamos el país a la ley y el orden. No tiene sentido este conflicto referente a quien ha de ser la heredera, cuando hay tantas cosas importantes que esperan consideración.

—Ya lo sé. Bien lo sé.

Sin esperar a que lo anunciaran, el arzobispo se acercó a ellos. Había asumido completamente la autoridad.

—Si os avenís a caminar por la ciudad llevando las riendas del palafrén de la princesa, con la intimidad que conviene entre hermano y hermana, Alteza, con ello daríais gran alegría al pueblo de Segovia.

—Mi único deseo es darles alegría —repitió Enrique.

El pueblo de Segovia había expresado vocingleramente su júbilo al ver al Rey caminando por las calles mientras llevaba las riendas del palafrén de su hermana. Eso era una buena noticia. La amenaza de la guerra civil estaba superada. El Rey se había sacudido el yugo de Villena, y empezaba a pensar por sí mismo; sin duda, ahora aceptaría como heredera a Isabel.

Cuando los hermanos regresaron al Alcázar, el pueblo se reunió ante sus puertas para gritar:

—¡Castilla! ¡Castilla! ¡Castilla para Enrique e Isabel!

Con lágrimas en los ojos, Enrique saludaba al pueblo. Hacía mucho tiempo que no lo aclamaban de esa manera.

A altas horas de esa noche, Beatriz acudió presurosa al dormitorio de Isabel. La infanta estaba ya dormida.

—Isabel —susurróle Beatriz al oído—, despertaos. Ha llegado alguien que os espera para veros.

Sobresaltada, Isabel se enderezó en la cama.

—¿Qué sucede, Beatriz?

—Shh —la silenció su amiga—. Todo el palacio duerme.

Se dio la vuelta entonces para hacer un gesto, e Isabel distinguió una figura, alta y familiar, que entraba en la habitación.

Dejó escapar un grito de alegría en el momento en que Fernando se inclinaba sobre la cama para tomarla en sus brazos.

Beatriz los miraba riendo.

—Ha llegado en buen momento —comentó.

—Cualquier momento en que él venga es bueno —respondió Isabel.

—Isabel, querida mía —murmuraba Fernando.

—Ya tendréis luego mucho tiempo para demostraros vuestro afecto —señaló Beatriz—, pero en este momento hay algo importante por resolver. Enrique os ha recibido, Isabel, pero ¿recibirá a vuestro esposo? Es lo que tenemos que considerar. Y pronto se sabría que Fernando está de regreso, y que estáis aquí los dos juntos con el Rey. Una vez que esto llegue a oídos de Villena, el marqués hará todo lo que pueda por impedir que la amistad se renueve entre vosotros. Mañana por la mañana, temprano, debéis pedir audiencia a Enrique, y persuadirle de que reciba a Fernando.

—Oh, lo hará, yo sé que lo hará.

—Debe hacerlo —insistió Beatriz—, es imperativo. Debe reconciliarse con vosotros dos. Pronto será Día de Reyes... ¿es mañana, o pasado mañana? Servirá de excusa para un banquete, que ofreceremos Andrés y yo, y cuando se vea qué amistad os dispensa a los dos el Rey, todos sabrán que reconoce vuestro matrimonio y os acepta, Isabel, como su heredera. Ahora, os dejo. Pero, mientras el Rey no haya recibido al príncipe Fernando, nadie, a no ser aquellos en quienes podemos tener absoluta confianza, debe saber que se encuentra aquí.

Fernando se había despojado de las ropas llenas de polvo con que había viajado e Isabel estaba en sus brazos.

—Parece que hubiera pasado tanto tiempo sin vernos —murmuró el príncipe.

—Estas separaciones no deberían ser necesarias.

—A veces lo son, y hay que aceptarlas. ¿Cómo está nuestra hija?

—Bien, y feliz. Y estará encantada de ver a su padre.

—¿No lo ha olvidado?

—No más que yo. ¿Cómo está Aragón?

—Mi padre es un valiente guerrero, y siempre alcanzará la victoria.

—Lo mismo que vos, Fernando.

Tras un momento de silencio, Isabel volvió a hablar.

—Fue realmente valiente la forma en que Beatriz preparó este encuentro entre nosotros y el Rey...

—Es una mujer valiente, os lo concedo, pero...

—A vos no os gusta Beatriz, Fernando, y eso no debería ser. Es una de mis mejores amigas.

—Sus maneras arrogantes son impropias de una mujer.

—Ahí reside su fuerza.

—Pues a mí no me gustan las mujeres arrogantes —insistió Fernando.

Aunque débilmente, Isabel se sintió alarmada. En su vida de Reina habría ocasiones en que debería tomar sus propias decisiones, y todos los demás deberían respetarla.

Pero ahora, Fernando había regresado a casa tras una larga ausencia, y no era el momento de pensar en las dificultades que los esperaban. Eso pertenecía al futuro, y era mucho lo que el presente tenía para ofrecerles.

Beatriz estaba eufórica. Sus planes para volver a unir a Isabel y Fernando con el Rey habían alcanzado todo el éxito que ella había esperado.

Enrique era maleable y se inclinaba a ir hacia donde soplara el viento; allí en Segovia, en compañía del guardián de su tesoro y de la diligente y decidida esposa de éste, pareció que su amistad con Isabel y Fernando se consolidara.

A caballo, montado entre Fernando e Isabel, bromeando y riendo con ellos por el camino para gran alegría de su pueblo, el Rey había asistido a las celebraciones del Día de Reyes. Así, todos juntos, recorrieron las calles de la ciudad para dirigirse al palacio episcopal, situado entre la catedral y el Alcázar, que era donde se realizaba el banquete de Reyes.

Supervisado por la infatigable Beatriz, el banquete fue un éxito. Los sirvientes se afanaban por servir y atender a los invitados, mientras en las galerías cantaban los trovadores. A la cabecera de la mesa, el Rey tenía a su derecha a Isabel, y a Fernando a su izquierda.

Con radiante satisfacción, Beatriz observaba a su amada señora y amiga; Andrés, entretanto, observaba a su mujer.

Percibía en el aire cierta tensión, una especie de alerta. Era inevitable, se dijo. Tanto conflicto, tanta zozobra, no podían disiparse en un solo y breve encuentro. Enrique comía y bebía con evidente placer, y los ojos se le ponían un tanto vidriosos al posarse en una de las mujeres presentes, de sensual belleza. En tan breve tiempo, Enrique no se había convertido en un Rey prudente, e Isabel no estaba todavía segura en su lugar.

Terminado el banquete, dio comienzo el baile.

Mientras miraba a Isabel, sentada junto al Rey, Beatriz abrigaba la esperanza de que éste invitara a bailar a su hermana. ¿Qué podría haber de más simbólico?

Sin embargo, Enrique no bailó.

—Hermana querida —murmuró—, no me siento del todo bien. Vos debéis iniciar el baile... Vos y vuestro esposo.

Fueron, pues, Isabel y Fernando quienes se levantaron, seguidos, al llegar al centro del salón, por los demás invitados.

Presurosa, Beatriz corrió junto al Rey.

—¿Está todo bien, Alteza? —preguntóle con ansiedad.

—No estoy seguro —respondió Enrique—. Me siento un poco raro.

—Es posible que haga demasiado calor para Vuestra Alteza.

—No lo sé. Siento escalofríos.

Con un gesto, Beatriz llamó a la hermosa joven que durante el banquete había despertado la atención del Rey, pero éste parecía ahora no advertir su presencia.

—Sentaos junto a él y habladle —susurró Beatriz.

Pero el Rey, cerrando los ojos, se había desplomado en su asiento.

Durante toda la noche, el Rey estuvo quejándose en su lecho, diciendo que estaba muy dolorido.

Por Segovia se difundió la noticia de que el Rey estaba enfermo, y se decía que las características de la enfermedad —vómitos, diarrea y dolores de vientre— hacían pensar en un envenenamiento.

En las calles de Segovia, hombres y mujeres guardaban silencio, y al regocijo de ayer sucedía la solemnidad.

¿Podía ser que hubieran inducido al Rey a ir a Segovia para allí envenenarlo? ¿Quién era el responsable de su estado?

Había muchos, entre los que habían contribuido a organizar el banquete, que podían desearle la muerte, pues casi todos los presentes eran partidarios de Isabel y Fernando.

El pueblo de Segovia no quería creer que su amada princesa pudiera ser culpable de semejante crimen.

Al enterarse de la enfermedad del Rey, Isabel se horrorizó.

—Enrique no debe morir —dijo—. Si eso sucede, nos culparán de su muerte.

Beatriz admitió lo atinado de sus palabras.

—Recordad —dijo Isabel— el conflicto que se creó en Aragón cuando el pueblo creyó que Carlos había sido asesinado. ¿Cuántos sufrieron y murieron durante esos diez años de guerra civil?

—Debemos salvar la vida del Rey —asintió Beatriz—, y quien debe atenderle soy yo. No sería prudente que vos estuvierais constantemente en la habitación del enfermo, porque si vuestro hermano muriera os culparía, con toda seguridad.

Fue Beatriz quien se hizo cargo de la atención del Rey, y tal vez gracias a su decisión de impedir su muerte, el enfermo empezó gradualmente a mejorar.

En compañía de sus tropas, el marqués de Villena entró en Segovia y se presentó imperiosamente en el Alcázar.

Isabel y Fernando lo recibieron con una calma que contrastaba con el estado de ánimo de Villena, furioso y alarmado.

El rey no era hombre de fiar. Tan pronto como él, Villena, le volvía la espalda, ya estaba Enrique en tratos con el lado opuesto. Tal vez ahora hubiera aprendido la lección. Villena exigía que lo llevaran inmediatamente a presencia de Enrique.

—Me temo que mi hermano no se encuentra en condiciones de recibir visitas —le advirtió Isabel.

—Exijo ser llevado a su presencia.

—No es aquí donde podéis plantear exigencias —recordóle Isabel.

—Deseo asegurarme personalmente de que recibe la mejor atención posible.

—Haré llamar a nuestra anfitriona, para que ella os asegure que no hay motivos de alarma.

Cuando llegó, Beatriz explicó a Villena que el estado del rey era de franca mejoría, pero que aún no estaba lo bastante bien como para salir de Segovia.

—Debo verlo inmediatamente —insistió Villena.

—Lo siento señor —el tono de Beatriz era de apaciguamiento, pero sus ojos lo desmentían—. El Rey no está todavía en condiciones de recibir visitas.

—Pues me quedaré aquí hasta poder verlo —declaró el marqués.

—Desde el momento en que tan cortésmente la pedís, no podemos negaros nuestra hospitalidad —le contestó Beatriz.

Pero ni siquiera ella pudo impedir que Villena viera al Rey. Había hombres del marqués por todas partes, y no era insuperable la dificultad para hacer llegar a Enrique un mensaje anunciándole que Villena estaba en el Alcázar, y que si en algo valoraba su vida, el Rey debía insistir en verlo sin dilación.

Al sentarse junto al lecho de Enrique, Villena se quedó espantado por el aspecto del Rey. La enfermedad lo había cambiado, se lo veía magro y con la tez amarillenta.

También Enrique pensó que Villena había cambiado. Hasta cierto punto, su intensa vitalidad había disminuido, y su piel tenía un tinte grisáceo.

— Vuestra Alteza jamás debió cometer la tontería de venir aquí —empezó Villena.

—No podía saber que habría de atacarme esta enfermedad —murmuró Enrique, malhumorado.

—Para que os atacara fue, precisamente, para lo que os hicieron venir.

—¿Creéis que intentaron envenenarme?

—Estoy seguro. Y seguirán intentándolo mientras continuéis vos en este lugar.

—Confío en Isabel.

—¡Que confiáis en Isabel! Si lo que ella gana es un trono que no puede ser suyo mientras vos viváis.

—Isabel está segura de que es la legítima heredera, y está dispuesta a esperar.

—Pero no demasiado, al parecer. Alteza, es menester que os saquemos de aquí lo antes posible. Y no debemos permitir que permanezca ignorado este atentado contra vuestra vida.

—¿Qué plan sugerís? —preguntó Enrique, con desánimo.

—Enviaremos fuerzas sobre Segovia, para que entren furtivamente en la ciudad y se apoderen de los puntos vitales. Después, tomarán prisionera a Isabel, acusándola de haber intentado envenenaros, y entonces podremos someterla a proceso.

—Yo no creo que Isabel intentara envenenarme.

—Entonces, no creéis en el testimonio de vuestros sentidos.

—Y la mujer de Cabrera me ha atendido con esmero.

—¡Esa envenenadora!

—Es buena enfermera, y parecía decidida a salvarme la vida. Además, marqués, ¿no pensáis que debo reconocer que Isabel es la heredera del trono? Es a ella a quien quiere el pueblo, y con ayuda de Fernando, conseguirá sacar a Castilla de sus actuales dificultades.

—Pero vuestro testamento, del cual me habéis nombrado ejecutor, expresa claramente que la heredera del trono es vuestra hija Juana.

—Es verdad. La pequeña Juana, que no es más que una niña y se verá rodeada de lobos... Lobos que buscan el poder. Mientras recorría las calles de la ciudad en compañía de Fernando y de Isabel, llegué a la conclusión de que las cosas se simplificarían si yo admitiera que Juana no es mi hija e hiciera de Fernando e Isabel mis herederos.

—Ya veo que el veneno ha sido parcialmente efectivo —se burló Villena—. Tan pronto como estéis en condiciones de viajar debemos salir de aquí rumbo a Cuellar; allí haremos nuestros planes para la captura de Isabel. No estaremos seguros mientras no la tengamos encerrada a buen recaudo. Y mientras vos sigáis en este lugar, seguiré yo temblando por vuestra seguridad.

—Pues yo no —declaró el Rey—. No creo que Isabel permita que me acontezca ningún daño.

Mientras lo miraba desdeñosamente, Villena se llevó una mano a la garganta.

—¿Es que algo os duele? —preguntó Enrique—. Parecéis tan enfermo como yo.

—No es nada, siento cierta sequedad en la garganta. Cierta incomodidad, nada más.

—Pero no se os ve de buen color, como antes.

—Es que apenas si he dormido desde que supe la noticia de que Vuestra Alteza estaba en Segovia, en medio de sus enemigos.

—Ah, más feliz habría sido mi vida de haber sabido distinguir quiénes eran mis enemigos y quiénes mis amigos.

Villena se sobresaltó.

—Habláis como si vuestra vida hubiera terminado. No, Alteza, ya os recuperaréis de este atentado. Y no dejaremos que caiga en el olvido, ya nos aseguraremos de eso.

—Claro que si Isabel estaba al tanto de un plan para envenenarme —asintió Enrique—, merece ser enviada a prisión.

En la ciudad de Cuéllar, donde Villena había hecho llevar al Rey, tomaban forma los planes para la captura de Isabel.

—Las fuerzas entrarán en la ciudad, y se arrojarán explosivos contra el Alcázar —explicó Villena—. Cuando los habitantes sean presa del pánico, ya no nos será difícil apoderarnos de Isabel.

Habían pasado varios meses desde la enfermedad del Rey, pero Enrique no se había recobrado del todo y seguía teniendo ataques de vómitos.

En cuanto a Villena, daba la impresión de que se hubiera agotado la tremenda energía que lo sostenía. Seguía haciendo planes y alimentando ambiciosas expectativas, pero el dolor de garganta aún lo atormentaba, y se le hacía imposible comer ciertas cosas.

En el Alcázar de Segovia, Beatriz y su marido estaban al tanto del proyecto de capturar a Isabel y habían reforzado las guardias en todos los puntos vitales, de modo que cuando las tropas de Villena intentaron entrar furtivamente en la ciudad, fueron descubiertas, y el plan se frustró.

Villena recibió la noticia casi con indiferencia.

Al día siguiente su moral se había derrumbado, y aceptó el consejo de quedarse en cama que le daban sus servidores. En pocos días más, los dolores se habían hecho insoportables, y ya le resultaba imposible tragar nada. Comprendió que no le quedaba mucho tiempo de vida.

En su postración, pensando en todas las ambiciones de su vida, se preguntaba si todo eso había valido la pena. Había alcanzado las cumbres del poder, había sido, en ocasiones, el hombre más poderoso de Castilla, y ahora todo había terminado. Se veía reducido a permanecer en su lecho, víctima de un tumor maligno en la garganta, que conseguiría destruirlo como no habían podido conseguirlo sus enemigos.

Finalmente, la que quedaba era Isabel. El pueblo empezaba a congregarse en torno de ella mientras él, Villena, el hombre que había jurado que la princesa jamás ascendería al trono, se moría sin remedio.

Cuando le dieron la noticia de la muerte de Villena, Enrique no podía creerla. Villena..., ¡muerto!

"Pero... ¿qué haré?" —se preguntaba—. "Ahora, ¿qué haré?"

Continuamente rogaba y lloraba por su amigo. Él, que siempre había creído que moriría antes que Villena, había perdido ahora a su amo y servidor y se sentía desvalido.

Su secretario Oviedo pidió hablar con él.

—Alteza, hay un asunto muy importante del que necesito hablaros —le dijo.

Con un gesto, Enrique indicó que lo escuchaba.

—En su lecho de muerte, el marqués de Villena puso en mis manos este papel. Es vuestro testamento, del cual él debía ser el ejecutor. Me he permitido echarle un vistazo, Alteza, y veo que es un documento de grandísima importancia, puesto que en él designáis vuestra heredera a la princesa Juana.

—Lleváoslo —se fastidió Enrique—. ¿Cómo puedo pensar en semejante cosa cuando mi querido amigo ha muerto y me encuentro completamente solo?

—Pero, ¿qué hago con él, Alteza?

—No me importa lo que hagáis con él. Lo único que deseo es que me dejéis en paz.

Con una reverencia, Oviedo se retiró.

Al estudiar el testamento, se dio cuenta de lo explosivo de sus términos, que de llegar a difundirse podían precipitar a Castilla en la guerra civil.

Sin poder decidir qué hacer, optó por guardarlo temporalmente en una caja que cerró con llave.

Sintiéndose no sólo enfermo, sino por completo agotado, Enrique regresó a Madrid. Sabía que Villena había sido un egoísta, un hombre tremendamente ambicioso, pero sin él se sentía perdido. Creía que el momento más desdichado de su vida había sido la época en que el marqués tomó partido por sus enemigos y brindó su apoyo al joven Alfonso, y recordaba la alegría que había sentido cuando volvió a contar con la lealtad del marqués.

—Y ahora estoy solo —murmuraba Enrique—. Él se ha ido antes que yo, y todos los problemas de que estoy rodeado me enferman y me agotan.

Con frecuencia se sentía mal, como consecuencia de

la enfermedad que había padecido en Segovia y de la cual jamás se había recuperado.

Muchas veces, la compasión de sí mismo le llenaba los ojos de lágrimas, y sus médicos buscaban la forma de arrancarlo de su letargo, pero ahora no había nada que excitara su deseo de vivir. Sus amantes ya no le interesaban, y nada había en la vida capaz de frenar el decaimiento de su espíritu.

Para cuantos estaban próximos a él en la corte se hizo evidente que Enrique tenía los días contados. Los nobles más ambiciosos empezaron a cortejar a Isabel. El cardenal Mendoza y el conde de Benavente, que primero habían apoyado a Alfonso y después a la Beltraneja, preparaban ahora un nuevo cambio de rumbo, esta vez en dirección a Isabel.

La infanta era la sucesora natural. Su carácter despertaba admiración por su naturaleza, podría ser buena Reina, y tenía en Fernando un marido enérgico y activo.

Por eso, entre otros, Mendoza y Benavente acudieron a la corte, para allí esperar la muerte del antiguo soberano y la designación del nuevo.

Era una fría noche de diciembre del año 1474, y Enrique yacía en su lecho de muerte.

En torno a su cama se agrupaban los hombres que habían acudido a verle morir, y entre ellos estaban el cardenal Mendoza y el conde de Benavente. Por la habitación rondaba Oviedo, el secretario del Rey, inquieto por la misión que tenía que cumplir.

—No puede durar mucho, a juzgar por el estertor de su respiración —murmuró Mendoza al oído de Benavente.

—Imposible que le quede más de una hora de vida. Es tiempo de administrarle los últimos sacramentos.

—Un momento, que intenta decir algo.

El cardenal y el conde cambiaron una mirada. Posiblemente, sería mejor que nadie más que ellos escucharan lo que el Rey tenía que decir.

—Alteza —murmuró el cardenal inclinándose sobre el lecho—, vuestros servidores esperan vuestras órdenes.

—La pequeña Juana —murmuró el Rey—. Apenas si es una niña... ¿Qué será de ella?

—Estará bien atendida, Alteza; no os preocupéis por ella.

—Imposible; fuimos tan descuidados, su madre y yo. Es mi heredera..., la pequeña Juana. ¿Quién se ocupará de ella? Mi hermana Isabel es fuerte, puede cuidarse... Pero la pequeña... Es mi heredera, os digo. Es mi heredera.

—El Rey divaga —se apresuró a decir el cardenal, y el conde hizo un gesto afirmativo.

—He dejado un testamento —continuó Enrique—, y en él la proclamo mi heredera.

—¡Un testamento!

El cardenal se sobresaltó, la información era alarmante. Lo único que él y el conde esperaban para presentarse a rendir homenaje a Isabel era la muerte de Enrique, y un testamento podía complicar considerablemente las cosas.

—Lo tiene Villena —murmuró el Rey—. Se lo di a Villena...

—No cabe duda de que el Rey delira —susurró el conde.

—Lo tiene Villena —insistió Enrique—. Él se cuidará de la princesa. Él salvará el trono para Juana.

Uno de los sirvientes se aproximó a los dos hombres que permanecían junto al lecho para preguntarles si debía llamar al confesor del Rey.

—El Rey está delirando —comentó el conde—. Cree que el marqués de Villena está aquí, en palacio.

Los ojos del Rey se habían cerrado y la cabeza se le había caído hacia un lado. Su respiración era estertórea. De pronto abrió los ojos para mirar a los que rodeaban su lecho, evidentemente sin reconocerlos.

—Villena —dijo después, y las palabras salían inciertas de entre sus labios resecos—, ¿dónde estáis, amigo mío? Villena, aproximaos más.

—Su fin está próximo —suspiró el cardenal—. Sí, id a llamar al confesor del Rey.

Mientras el conde y el cardenal salían de la cámara mortuoria, Oviedo corrió tras ellos.

—Señores míos, permitidme una palabra.

Los dos se detuvieron a escucharle.

—El Rey ha dejado en mi poder un documento que mucho me inquieta —explicó Oviedo—, y que estuvo en poder de Villena hasta la muerte de éste. El marqués me lo entregó para que se lo devolviera al Rey, pero Su Alteza me dijo que lo guardara bajo llave, y eso he hecho.

—¿Qué documento es ése?

—Es la última voluntad del Rey, señores míos.

—Pues debéis hacérnoslo ver sin demora.

Oviedo los condujo a una cámara donde guardaba sus documentos secretos y, abriendo la caja, sacó de ella el testamento y se lo entregó al cardenal.

De haber estado solo, el cardenal lo habría destruido; por el momento, Benavente era su amigo, pero por entonces los ánimos cambiaban con gran rapidez en Castilla, y Mendoza no se atrevió a destruir en presencia de testigos un documento de semejante importancia.

Benavente, que los compartía totalmente, le leyó los pensamientos.

—No habléis con nadie de este documento —decidió el cardenal—. Llevádselo al párroco de Santa Cruz, en Madrid, y decidle que lo guarde bajo llave en lugar seguro.

Oviedo lo saludó con una inclinación y se retiró. Durante unos segundos, el conde y el cardenal permanecieron en silencio.

—¡Venid! —exhortó después el cardenal—. Vamos a Segovia, a rendir allí homenaje a la Reina de Castilla.

15

Isabel y Fernando

El día trece de diciembre del año de 1474, una procesión integrada por los nobles y los prelados más distinguidos de Castilla se dirigía al Alcázar de Segovia.

Allí, bajo un rico dosel de brocado, rindieron homenaje a Isabel, Reina de Castilla.

Todos la escoltaron hasta la plaza pública de la ciudad donde se había levantado un estrado.

Ataviada con sus ropas ceremoniales, Isabel montó en su jaca y fue conducida hasta la plaza por los magistrados de la ciudad, mientras uno de sus funcionarios marchaba delante de ella, portando la espada de estado.

Al llegar a la plataforma, Isabel desmontó para ascender a ella y ocupar su lugar en el trono que habían dispuesto allí.

Se sintió profundamente conmovida al ver la muchedumbre que la rodeaba. Sentía que estaba viviendo uno de los grandes momentos de su vida, que empezaba a cumplir el destino para el cual había nacido.

Sólo había dos cosas que la apenaban: una era una desilusión, la otra la llenaba de amargura. La primera era que Fernando no estuviera presente para compartir con ella ese triunfo; pocas semanas antes de la muerte de Enrique había recibido un llamado urgente de su padre y había debido acudir a Aragón. La otra era que su madre no pudiera saber lo que estaba viviendo ese día su hija.

Mientras Isabel, Reina de Castilla por voluntad del pueblo de Segovia, ocupaba su trono, seguía resonando en sus oídos la voz de su madre:

—No olvides jamás que puedes ser Reina de Castilla. —Y ella jamás lo había olvidado.

Oía cómo repicaban las campanas, veía las banderas y estandartes que ondeaban al viento, le llegaba el retumbar de los cañones, y todo le decía: "He aquí a la nueva Reina de Castilla."

Fueron muchos los que se arrodillaron ante ella para besarle la mano y jurarle fidelidad; e Isabel a su vez les decía, con su joven voz dulce, musical, un tanto aguda y casi inocente, que haría todo lo que estuviera en su poder para servir a sus súbditos, por restaurar en Castilla la ley y el orden, y por estar a la altura de su dignidad de Reina.

—¡Castilla! —resonaban las voces entre la muchedumbre—, ¡Castilla para Isabel! ¡Castilla para el rey don Fernando y su reina doña Isabel, Reina y propietaria de los reinos de Castilla y de León!

Oír que mencionaban a Fernando le alegró el corazón. Ahora podría decirle que habían voceado su nombre, y eso le agradaba.

Después descendió de la plataforma para encabezar la procesión que debía dirigirse a la catedral.

Allí Isabel escuchó el Te Deum y sinceramente rogó que le fuera concedido el auxilio divino para no vacilar jamás en el cumplimiento de sus deberes para con sus reinos y su pueblo.

Fernando se dio prisa en volver de Aragón, e Isabel lo recibió con alegría.

¿Era idea de ella, o su marido llevaba la cabeza un poco más alta? ¿No lo veía un poco más orgulloso, más dominante que antes?

—Primero sois mi esposa Isabel, no lo olvidéis. Y

sólo en segundo término, Reina de Castilla —le susurró él durante un momento de pasión.

No esperaba respuesta, de modo que ella no lo contradijo. Fernando había hablado como si las cosas no pudieran ser de otra manera, pero no era así. Aun si Isabel no se hubiera dado cuenta antes, se le había hecho evidente después de las ceremonias celebradas en la plaza y en la catedral.

Aunque amaba a su marido con ternura —y con pasión—, aunque era esposa y madre, Isabel estaba casada con la corona y el pueblo de Castilla, los sufrientes, los ignorantes, esos eran sus hijos.

En ese momento no se lo diría, pero Fernando debía llegar a entenderlo. Y lo entendería, porque también él tenía su deber. Era menor que Isabel y, con toda su experiencia, tal vez fuera menos prudente, aunque ella por nada del mundo se lo diría.

Ya entenderá, se dijo para sí, pero es menor que yo, y no sólo en años; además, es posible que por naturaleza yo sea más seria. Será necesario algún tiempo para que él entienda las cosas de la misma manera que yo.

El almirante Enríquez, abuelo de Fernando, estaba encantado con el giro que tomaban los acontecimientos, y acudió a ponerse a las órdenes de su nieto.

Al día siguiente del regreso de Fernando se presentó ante él y lo abrazó con lágrimas en los ojos.

—Es éste el momento de mayor orgullo en mi vida. Seréis Rey de Aragón y lo sois ya de Castilla.

Fernando parecía un poco mohíno.

—Aquí se oye hablar mucho de la Reina de Castilla, y muy poco del Rey.

—Pues es algo a lo que hay que poner remedio —prosiguió el almirante—. Isabel ha heredado Castilla sólo porque aquí no existe, como en Aragón, la ley sálica. Si aquí tuviera vigencia seríais vos, en vuestra condición de primer varón en la línea de sucesión del trono, que os viene de vuestro abuelo Fernando, el Rey de Castilla, e Isabel simplemente vuestra consorte.

—Exactamente —asintió Fernando—, y eso es lo que yo desearía. Pero donde quiera que vayamos, es Isabel... Isabel..., sin que jamás dejen de recordarme que ella es la Reina propietaria. Es casi como si me aceptaran por resignación.

—Eso habrá que cambiarlo —aseguró el almirante—. Isabel hará todo lo que le pidáis.

Fernando sonrió con presunción, recordando la pasión con que su mujer lo había recibido, confiado en que tal fuera la verdad.

—Pues se cambiará. Isabel me adora y no es capaz de negarme nada.

Isabel lo escuchó consternada.

Fernando hablaba riendo, rodeándola con un brazo, rozándole el pelo con sus labios.

—Entonces será así, amor mío. El Rey y su consorte bien amada, ¿eh? Es mejor así. Bien lo veréis vos, que sois tan razonable.

Aunque Isabel se sentía ahogada por la congoja, había firmeza en su voz al contestar.

—No, Fernando, no lo veo.

Con el ceño desagradablemente fruncido, él la soltó.

—Pero sin duda, Isabel...

No me habléis con esa frialdad, quería gritar ella, pero no dijo nada. Volvió a ver al pueblo congregado en la plaza, a esas buenas gentes que tanto habían sufrido bajo el mal gobierno de su medio hermano. Siguió sin decir nada.

—Entonces, ¡en tan poca estima me tenéis! —protestó Fernando.

—Os tengo en la mayor estima. ¿No sois acaso mi marido y el padre de mi hija?

Él se rió con amargura.

—¡Me habéis traído aquí como semental! ¿Es eso todo lo que significo para vos? Que cumpla la función para la que lo han destinado, que aparte de eso, ¡poco cuenta!

—¿Cómo podéis decir eso, Fernando? ¿Acaso no os pido consejo? ¿No os escucho? ¿No gobernamos juntos estos reinos?

Fernando se irguió en toda su estatura. Por primera vez, Isabel advirtió en sus ojos la luz de la codicia, el gesto arrogante de la boca; percibir esos defectos, sin embargo, no fue causa de que lo amara menos, aunque la confirmó en la creencia de que debía ser ella quien reinara sobre Castilla y León.

—Soy vuestro marido —subrayó él—, y os corresponde escuchar mi consejo.

—En algunas cosas, sí —asintió Isabel, dulcemente—. Pero, ¿habéis olvidado que soy yo la Reina de Castilla?

—¡Olvidado! ¿Cómo podría hacerlo, si vos no me lo permitiríais? Ya veo que al permanecer aquí me rebajo. Bien veo que no cuento aquí para nada. Señora... Alteza, no deseo ya permanecer aquí. ¿Es necesario que para retirarme solicite el permiso de la Reina de Castilla?

—Oh, Fernando... Fernando... —rogó Isabel, cuyos ojos habíanse llenado de lágrimas.

Pero, tras una brusca cortesía, él ya se había retirado.

Fue la primera rencilla, pero Isabel se daba cuenta de lo fácilmente que habrían podido producirse otras.

Hasta ese momento, Fernando había creído que no tendría dificultad alguna para relegarla a un segundo plano.

Isabel deseaba ir a buscarlo, quería decirle que todo lo que ella poseía era de él también. ¿Qué me importa el poder, habría querido decirle, si por tenerlo pierdo vuestro amor?

Pero no podía olvidar la expresión con que él se había alzado ante ella, su Fernando, un poco vanidoso, un poco ávido. El apuesto y varonil Fernando, a quien le faltaban la modestia y la decisión de servir que eran características de Isabel.

Desde ese momento hasta el final de sus días, no podría haber en Castilla más que un gobernante, y ese gobernante debía ser Isabel.

La Reina esperó, luchando con las lágrimas, procurando apaciguar su angustia.

No es el placer lo más importante, no es la felicidad, se recordaba sin descanso. Es cumplir con el propio deber, sea cual fuere la condición que nos haya asignado Dios.

En la corte no ignoraban que Isabel y Fernando habían reñido.

Complacido, el arzobispo de Toledo sonreía astutamente. Ésa era una situación grata a su corazón. El almirante le había llenado la cabeza al gallito de su nieto, pero el arzobispo estaba dispuesto a triunfar sobre el almirante, y si eso requería que Fernando se volviera enfurruñado a Aragón, pues era una lástima.

El arzobispo estaba encantado ante la perspectiva de domeñar la arrogancia de don Fernando.

—En Castilla no hay ninguna ley —precisó ante el Consejo del reino— que impida a una mujer heredar la corona. Además, no se puede plantear siquiera que Isabel sea la consorte del Rey Fernando. Es Fernando el consorte de la Reina Isabel.

Fernando se puso furioso.

—No me quedaré aquí para que me insulten —declaró—. Me vuelvo a Aragón.

La noticia se difundió por el palacio y llegó a oídos de Isabel.

—Fernando está preparándose para regresar a Aragón... Para siempre.

Fernando estaba un poco alarmado por la tormenta que había provocado.

Aunque él se sintiera ofendido y humillado, su padre le diría que era un tonto si regresaba a Aragón. Y bien que lo sería.

Era rápido de genio e impulsivo, pero jamás debería haber expresado su intención de regresar. Ahora, no le quedaba más remedio que irse o colocarse en una posición aún más humillante si se quedaba.

En el palacio estaba difundiéndose ya la noticia de que había un desacuerdo entre Isabel y Fernando, ¡porque Fernando quería tener prioridad, e Isabel se la negaba!

Al darse cuenta, por primera vez, de que en realidad era todavía muy joven, Fernando se sintió atónito.

Junto al palacio habían empezado a reunirse pequeños grupos de gente, en espera de la noticia de que el matrimonio, que tan ideal había parecido, se había deshecho, y de que Fernando regresaba a Aragón.

Todos respaldaban firmemente a Isabel, pensó Fernando mientras los miraba por la ventana, al observar la mirada hosca en sus rostros, y si persistía en su actitud, un clamor de hostilidad lo expulsaría de Castilla.

Pero, ¿qué podía hacer?

Sus sirvientes aguardaban órdenes.

—Me volveré a Aragón —había gritado Fernando,

en presencia de todos ellos—. ¡Estoy impaciente por sacudirme de los zapatos el polvo de Castilla!

Y ahora..., esperaban.

Al oír que alguien entraba en la habitación, Fernando no se apartó de la ventana.

Cuando una voz pronunció con suavidad su nombre, se dio la vuelta.

Allí estaba Isabel. Había dado a todos los sirvientes orden de retirarse y los dos estaban solos.

Durante unos segundos, él la miró hoscamente, y su amor por Fernando aceleró los latidos del corazón de la Reina, que lo veía en ese momento como un niño malcriado, como la pequeña Isabel, la hija de ambos.

—Vamos, Fernando —murmuró Isabel—, no debemos ser enemigos.

—Parece que tal fuera vuestro deseo —masculló él sin poder mirarla a los ojos.

Su mujer se acercó a tomarle la mano.

—No, está muy lejos de serlo. Era yo tan feliz... y ahora...

Se arrodilló a los pies de Fernando y levantó los ojos hacia él.

Durante un momento, Fernando pensó que Isabel venía a pedirle perdón, a ofrecerle todo lo que quisiera, con tal de que se quedara con ella.

Después, se dio cuenta de que hasta ese momento no había conocido a Isabel. Había conocido a una mujer dulce, que estaba ansiosa de agradarle, que lo amaba con una mezcla de pasión y de ternura; y él, demasiado atento a Fernando para ser capaz de atender a Isabel, había creído que la entendía.

Ella le tomó una mano y se la besó.

—Fernando —preguntó Isabel—, ¿por qué ha de haber entre nosotros esta rencilla? Estamos riñendo por el poder como riñen los niños por un puñado de dulces. Un día, vos seréis Rey de Aragón, y tal vez alguna vez queráis pedirme que os ayude a resolver algún problema que se os plantee en el gobierno de vuestro país. Y yo sé que haré lo mismo con respecto al mío. Pensad que si en este asunto se respetara vuestro punto de vista y se introdujera en Castilla la ley sálica, nuestra pequeña Isabel ya no sería la heredera de Castilla y de León. Pensad en eso, Fernando. Vamos, esposo mío, os ruego, os suplico que no llevéis a la práctica la amenaza de abandonarme, porque yo os necesito. Sin vos, ¿cómo podría gobernar estos reinos? Cien veces al día os necesitaré, Fernando. Soy yo, Isabel, quien os lo pide... Quedaos.

Su marido la miró. En sus ojos vio el brillo de las lágrimas, la vio arrodillada ante él. Pero, aunque estuviera de rodillas, Isabel seguía siendo la soberana de Castilla.

Y le ofrecía una forma de salir del atolladero. ¿Cómo podía Fernando regresar a Aragón con nobleza? y lo que ella le decía era: "¿Cómo puedo vivir sin vos, Fernando, cuando os necesito tanto?"

—Tal vez me haya apresurado —murmuró—. Para un hombre, no es fácil...

—No, no es fácil —dijo ansiosamente Isabel, pensando en Fernando, el mimado de su madre y de su padre, y de ella. No, no era fácil para él limitarse a ser el consorte de la Reina, cuando creía que debería haber sido el Rey—. Pero sois ya el Rey de Sicilia, Fernando, y un día lo seréis de Aragón. Y Aragón y Castilla se unirán. Fernando, no debemos permitir qué se arruine la gran felicidad que nos hemos dado el uno al otro. Y pensad en la gran felicidad que aportaremos a Castilla y Aragón.

—Creo que tenéis razón —admitió Fernando.

Ella le sonrió y su sonrisa era radiante.

—Y como vos decís que me necesitáis tanto.

—Es verdad Fernando, ¡es verdad! —exclamó Isabel, poniéndose de pie para arrojarse en sus brazos.

Durante un momento siguieron inmóviles, abrazados.

—Ya veis, Fernando —continuó la Reina—, somos muy jóvenes y tenemos mucho por hacer, y toda la vida por delante.

—Es verdad Isabel—admitió él, tocándole la mejilla y mirándola como si la viera por primera vez y acabara de descubrir en ella algo que hasta entonces le había pasado inadvertido.

—Quiero que todos sepan que las cosas están bien —declaró Isabel—, que todos puedan ser tan felices como nosotros.

Lo llevó hacia la ventana para que el pueblo los viera a los dos, allí de pie.

Isabel puso la mano en la de Fernando, que se la llevó a los labios para besarla.

La comprensión popular fue inmediata.

—¡Castilla! —empezaron a gritar—. ¡Castilla para Isabel..., y para Fernando!

Índice

1. La huída a Arévalo   7

2. Juana de Portugal, reina de Castilla   33

3. Los esponsales de Isabel   61

4. Escándalo en la corte de Castilla   81

5. La Beltraneja 103

6. Asesinato en el Castillo de Ortes 135

7. Alfonso de Portugal: un pretendiente
   para Isabel 145

8. Fuera de las Murallas de Ávila 169

9. Don Pedro Girón 193

10. Alfonso en Cardeñosa 219

11. Heredera del trono 241

12. Fernando de Castilla 265

13. El matrimonio de Isabel   289

14. La muerte de Enrique   301

15. Isabel y Fernando   339